Georg Schmertzing
Geheimnis Maria

So wie ich der Erde erscheine,
erscheine ich dem ganzen All.

GEORG SCHMERTZING

Geheimnis Maria

So wie ich der Erde erscheine,
erscheine ich dem ganzen All.

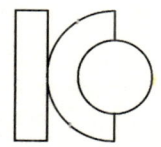

KOMPETENZ VERLAG · DORFEN

Die Deutsche Bibliothek - CIP-Einheitsaufnahme
Schmertzing, Georg:
Geheimnis Maria: so wie ich der Erde erscheine,erscheine ich im ganzen All. / Georg Schmertzing. -
2., erw. Auflage
Dorfen: Kompetenz-Verl., 1998
ISBN 3-931142-08-6

Das Titelbild zeigt die Doppelmadonna von Großgmain.
Sie symbolisiert die irdische Maria, liebevoll zur Erde geneigt,
sowie die himmlische Sophia, ihr Antlitz gen Himmel gerichtet.
Ein Werk von Johann Schwaiger aus dem Jahre 1693.

2. erweiterte Auflage
Umschlaggestaltung: Robert Hofinger
Fotonachweis Umschlag: Nora Schöller, Wien
Lektorat: Isabella Müller
© Copyright Kompetenz Verlag, Dorfen 1996
Alle Rechte, auch die des auszugsweisen Nachdrucks,
der Übersetzung und jeglicher Wiedergabe, vorbehalten.
Satz: grafik & DRUCK, Dorfen
Druck und Verarbeitung: AZ Druck und Datentechnik, Kempten
Printed in Germany
ISBN 3-931142-08-6

Geheimnis Maria

Teil I

Eine Standortbestimmung Marias mit folgenden Kapiteln:

Einleitung
Seite 13

140, Rue du Bac
Seite 15

Das Eingreifen des Jenseitigen
Seite 18

Das neue Frauenbild
Seite 21

Die apokalyptische Frau
Seite 24

Kirche und Maria
Seite 27

Teil II

Maria lehrt die Welt:

Die Königin der Propheten
Seite 31

Die Unbefleckte Empfängnis
Paris 1830
Seite 32

Das wundertätige Skapulier
Paris 1840
Seite 35

Ich habe sie gesehen!
Rom 1842
Seite 36

Die apokalyptische Botschaft
La Salette 1846
Seite 37

Schmerzhafte Königin Polens
Lichen 1850
Seite 51

Küsse die Erde!
Lourdes 1858
Seite 58

Königin der Engel
Anglet 1863
Seite 66

Königin des Rosenkranzes
Valle di Pompei 1872
Seite 67

Heiligt den Sonntag!
Saint-Bauzille 1873
Seite 71

Mutter der Reinheit
Blain-La Fraudais 1873
Seite 72

Die Bekehrerin der Sünder
Pellevoisin 1876
Seite 82

Königin von Irland
Cnoc Mhuire 1879
Seite 83

Die Pietà
Castelpetroso 1888
Seite 85

Die sieben Schwerter
Quito 1906
Seite 86

Schmerzhaftes Herz
Brüssel 1910
Seite 88

Die Zarin von Rußland
Kolomenskoje 1917
Seite 89

Die Königin des Friedens
Fàtima 1917
Seite 90

Frau von den Tränen
Campinas 1930
Seite 109

Königin des Himmels
Beauraing 1932
Seite 110

Jungfrau der Armen
Banneux 1933
Seite 112

Königin des Weltalls
Heede 1937
Seite 114

Mit Leib und Seele im Himmel
Kérizinen 1938
Seite 119

Die große Gnadenvermittlerin
Marienfried 1940
Seite 141

Mutter der göttlichen Gerechtigkeit
Sonnenhalb 1942
Seite 156

Die Frau aller Völker
Amsterdam 1945
Seite 162

Rosa Mystica
Montichiari-Fontanelle 1946
Seite 182

Jungfrau der Offenbarung
Tre Fontane 1947
Seite 196

Maria Immaculata von Nazareth
Caiazzo-Caserta 1948
Seite 200

Muttergottes von Heroldsbach
Heroldsbach 1949
Seite 207

Das slowakische Lourdes
Turzovka 1958
Seite 211

Weltaktion «Liebesflamme»
Budapest 1961
Seite 216

Jungfrau vom Karmel
Garabandál 1961
Seite 227

Die Taube mit silbernen Schwingen
Kairo-Zeitoun 1968
Seite 231

Die Bundeslade
San Nicolas 1983
Seite 238

Maria erscheint weiter
Seite 240

TEIL III

Maria ruft mich
Seite 241

Medjugorje
Seite 243

Schweigetage
Seite 243

TEIL IV

Maria Universalis
Seite 247

Aus Botschaften von 1952 – 1994:

Marienvision
Seite 248

Die himmlische Zwiesprache
Seite 249

Die Gottesgebärerin
Seite 250

Die Mittlerin
Seite 254

Die Reine
Seite 256

Die Kinder
Seite 260

Das Vorbild
Seite 260

Die Schützende
Seite 262

Die große Mutter
Seite 264

Die Miterlöserin
Seite 269

Das große Geheimnis
Seite 270

Über das Grab Mariens
Seite 274

Offene Fragen
Seite 275

Verzeichnis der Erscheinungsorte
Seite 278

Bibliographie
Seite 282

EINLEITUNG

Marienerscheinungen und die damit verbundenen Botschaften, Weissagungen und Wunderwirkungen sind ein Phänomen, das nicht nur Menschen aller Religionen berührt und fasziniert, sondern auch die verschiedensten wissenschaftlichen Richtungen zu Diskussionen und Analysen anregt.

So kommt C. G. Jung, der große Seelenarzt, bei seiner Auseinandersetzung mit der Rolle Mariens zu dem Schluß, daß sie zu den gemeinsamen Urvorstellungen der menschlichen Seele gehöre. In seinem Buch «Antwort auf Hiob» erklärt Jung, daß Marias Stellung den Bedürfnissen des Archetyps genüge, sie muß also in der Gesamtseele der Menschheit manifestiert sein.

In den letzten 160 Jahren zeigt sich Maria in so auffallender Weise durch eine fortlaufende Kette von Erscheinungen, daß es der gesamten Menschheit zu denken geben muß. Wenn wir dem Geheimnis Maria auf den Grund gehen wollen, gibt es nur eine Quelle, die uns dabei zu allererst interessieren muß: ihre eigenen Worte und Zeichen in den verschiedenen Erscheinungen und prophetischen Botschaften. Über dreißig der signifikantesten Marienerscheinungen weltweit, von Paris bis Kairo, von 1830 bis heute, werden hier aufgeführt und durch noch nicht veröffentlichte Botschaften Mariens an die «Mystikerin an der Donau» ergänzt und abgeschlossen.

Maria ist auch für religiöse Menschen, ja selbst für Theologen ein unauslotbares Geheimnis: Ist sie die kleine Magd Miriam, die nicht recht begriff, wen sie da geboren hatte? Ist sie die Mutter Gottes und damit Mutter aller Menschen, aller Geschöpfe? Ist sie die Einzigartige, die mit ihrem Sohn eins wurde im Erlösungsschmerz auf Golgotha und dadurch die Miterlöserin? Ist sie die Inkarnation der Sophia, die am Anfang geschaffen war, bevor Himmel und Erde entstanden? Ist sie das personifizierte weibliche Urprinzip als Ergänzung zum männlichen Schöpfungsprinzip ihres Gottsohnes Jesus Christus? Fragen über Fragen, die so neu klingen und in diesem Buch von Maria selbst beantwortet werden, herausgefiltert aus bekannten und bisher unbekannten Marien- und Christusworten.

Was für alle Marienverehrer ohnehin eine Selbstverständlichkeit darstellt, formulierte auch der Jesuit und Visionär Teilhard de Chardin, der darauf aufmerksam machte, daß die Konsequenz aus dem Aufnahmedogma (der Aufnahme Mariens in den Himmel) darin zu sehen sei, daß die Fundamentalisten einfach durch seine Bejahung der Ansicht Ausdruck verleihen, daß das Dogma sich noch entwickle, da sich ja kein Wort darüber in der Schrift befände. Damit habe schließlich auch die Offenbarung des Heiligen Geistes seit der Bibel eine andauernde Fortsetzung erfahren.

So bewahrend die Mütterlichkeit Marias auch ist, so ist sie auch die bedeutendste Künderin des neuen, des postapokalyptischen Menschen und seiner kommenden Welt des Friedens. Welches Geschöpf kann uns mehr von dieser Zukunft berichten, die uns ihr göttlicher Sohn bereiten will, als Maria!

Als Verfasser und Kommentator dieser Spurensuche bin ich durch Marias Auftrag und Schulung an diese Aufgabe herangeführt worden. Dabei habe ich gelernt, trotz des packenden Inhaltes dieser Texte, das Mütterlich-Barmherzige als den Grundton des marianischen Wesens zu verstehen.

TEIL I

Maria in unserer Zeit

140, Rue du Bac

Paris im Jahre 1989. Die Revolution jährt sich zum zweihundertsten Mal, und die große Stadt an der Seine feiert mit ihrem selbstbewußten, unnachahmlichen Charme dieses Ereignis.

Die Brücke Pont Royal über die Seine erstrahlt im neuen Glanz der Vergoldung. Vom Eiffelturm leuchtet in Riesenneonschrift: «200e ANNÉE RÉVOLUTION». Die neue Oper wird ihrer Bestimmung übergeben. Eine faszinierende Glaspyramide steht mitten im Louvre. Das alles macht diese einmalige Pariser Mischung aus: Altes und Neues arrangiert sich zu etwas sehr Eigenständigem. Eine Weltstadt feiert sich selbst.

Dazu die Menschen. Spritzig, witzig in einer vibrierenden Atmosphäre von Lebenslust und Aufgeschlossenheit. Die echten Pariser mokieren sich ein bißchen über die Glaspyramide und das Centre Pompidou, wie es damals beim Bau des Eiffelturms sicher nicht anders war. Aber das machen alle echten Großstädter. Auch die Berliner und Wiener.

Ich schlendere durch die Stadt und nehme ihr Leben mit den Augen und dem Herzen wahr. Ein herrlicher, warmer Spätherbsttag umschmeichelt mich. Erwartungsvoll, wie in jeder Stadt, besuche ich eine Kirche: «Notre Dame». Und ich bin erstaunt. Diese Kühle! Trauer überkommt mich. Ich besuche eine zweite Kirche. Wieder dasselbe. Was hat Paris mit seinen Kirchen gemacht? Sie sind wie ausgebrannt. Irgend etwas hat ihnen ihre Heiligkeit, ihre unschuldige Reinheit genommen. Ich kann in ihnen nicht beten, kann sie nur besichtigen.

Wo ist die Seele dieser Stadt zu finden? Ist sie durch die Plünderungen in den Jahren der gerade so gefeierten Revolution aus den Gotteshäusern vertrieben worden? Damals, als in Notre Dame statt der reinen Gottesmutter Maria die Statue der Liebesgöttin Venus aufgestellt worden war und in ganz Frankreich mehr als 300 Madonnenstatuen von unschätzbarem Wert vernichtet wurden? Sie haben sich nicht davon erholt, die Kirchen von Paris, die ich besuche. Hat man ihnen die Seele genommen?

Ich gehe weiter an der Seine entlang und finde die Rue du Bac. In einem langen Linksbogen führt sie mich an kleinen bunten Geschäften vorbei. Fast übersehe ich das unscheinbare Tor mit der Hausnummer 140. Dahinter weitet sich ein Hof, an dessen Ende die «Kapelle der wunderbaren Medaille» versteckt ist. Sie habe ich gesucht.

Ich öffne die Türe und mache einen Schritt in den hellen, freundlichen und lichtdurchfluteten Raum. Sofort spüre ich etwas von dieser besonderen Atmosphäre, die nur in Marienheiligtümern zu finden ist. Mit Freude im Herzen setze ich mich auf eine Bank und lasse still und glücklich dieses Umfangensein auf mich wirken. Nun habe ich in diesem lauten Paris der Gegensätze doch noch einen Ort gefunden, der mir Geborgenheit gibt.

Während ich, ohne viel zu denken, einfach so dasitze, genieße ich eine innere Befreiung und spüre dabei erstmals, ganz zaghaft, was es eigentlich ausmacht, dieses Geborgensein in Maria: Es ist eine zarte Mischung aus Reinheit, Mutterliebe, Unverkrampftheit, Fraulichkeit, Kindlichkeit und ein Das-Leben-Annehmen.

Ich schaue mich um. Eine Klosterschwester stellt frische Blumen auf. Als ich sie ansehe, lächelt sie mich an. Ein eleganter Herr in den besten Jahren kniet versunken zwischen Frauen jeder Altersstufe und sozialer Herkunft vor dem Kommuniongitter.

Jetzt erst bemerke ich, daß die Kapelle, eigentlich so groß wie eine Kirche, um zehn Uhr vormittags voller Menschen ist. Es herrscht eine familiäre Art des gemeinsamen Betens. Die Dame mit der Einkaufstasche geht gleich wieder. Ein Pärchen kommt schüchtern herein. Eine junge Dame, sehr elegant gekleidet, hält den Rosenkranz in ihren Händen. Jeder benimmt sich ganz natürlich, wie zu Hause. Ich habe das Gefühl, als könnte ich der Dame neben mir sagen, daß ich gerade jemanden ermordet hätte, und sie würde mich nicht sofort verurteilen, sondern einfach für mich beten.

Hier also nahm die lange Reihe der Erscheinungen der Muttergottes in unserer Neuzeit ihren Anfang. Am 19. Juli 1830 saß Maria mehr als zwei Stunden im Lehnstuhl neben dem Altar, in dem sich das Reliquiar des Herzens des heiligen Vinzenz von Paul befindet, und sprach mit der Schwester Cathérine Labouré. Um die Schwester nicht zu erschrecken, saß Maria anfangs einfach nur da. Später erschien sie auf der Weltkugel, so wie man sie schon seit Jahrhunderten dargestellt hatte. Nur gab sie diesem Auf-der-Weltkugel-Thronen eine neue Bedeutung und sie begann uns zu lehren, wie wir die einzigartige Situation verstehen müssen, in der sich die Heilsgeschichte in diesen unseren Tagen befindet. Sie hat den sichtbaren Kampf gegen das Böse aufgenommen, sie hat die Erneuerungsbewegung fest in die Hand genommen, um dieser Welt ihren göttlichen Sohn Jesus, den Christus neu zu schenken. Mit Hilfe des Heiligen Geistes, von dem sie durchtränkt ist wie kein anderes Menschenwesen.

Maria erschien hier, im krisengeschüttelten Paris des Jahres 1830. Der Bourbone Karl X. mußte gerade abdanken, Herzog Louis-Philippe von Orléans wird Generalleutnant des Königreiches und später König. Republikaner kämpfen gegen Royalisten und Bonapartisten um die Macht. Es herrschen Korruption und Gewalt. Der Geldadel erkauft sich die Macht.

Inmitten dieser Wirren setzt Maria ein notwendiges Zeichen. Wer kein verhärtetes Herz und keine vom Egoismus erblindeten Augen hat, der versteht auch heute noch den mütterlichen Zuruf. Und die Welt scheint zu verstehen. Nicht alle, aber viele, sehr viele. Zum Beispiel die Millionen Menschen bis 1835, die hundert Millionen bis 1842 und schließlich die eine Milliarde Menschen, die bis 1876, dem Todesjahr der Schwester Labouré, ihre Marienmedaille trugen. Eine sogar für unsere rasante Zeit unglaubliche Verbreitungsgeschwindigkeit.

Etwas ganz Alltägliches hat Maria damit den Menschen ans Herz gelegt. Etwas Materiell-Praktisches. So eine Medaille ist ohne jede theologische Bedeutung, mag so manch ein Christ nun vielleicht einwenden. Und doch bewirkt sie, schon dadurch, daß man sie trägt, eine bewußte Hinwendung zu einer einfachen und gelebten Gläubigkeit. Das ist marianisch.

Damit wählte Maria im Jahrhundert des Aufbruchs der Wissenschaften, der freien Entfaltung des kritischen Geistes, der glasklaren Beweisführung, des Abscheus vor jeder Art von Kult und «nebulösem» Offenbarungsglauben und erst recht vor jedem «übernatürlichen» Eingriff ein Mittel, das diesem Zeitgeist völlig widersprach. Das Zeitalter des Rationalismus feierte damals zum Teil skurrile Trauerfeiern zum Begräbnis des «alten Kinderglaubens». Diese Zeit hatte für den «dummen Volksglauben» nur Hohn und Spott übrig.

Fortschrittsglaube und Machbarkeitszuversicht hatte alle, die etwas zu sagen hatten, erfaßt. Auch so manchen Kirchenfürsten.

Und Maria läßt einfach wundertätige Medaillen prägen. Mitten im Herzen der Aufklärung, in Paris, in der Rue du Bac.

Das Eingreifen des Jenseitigen

Ist Maria seit beinahe 2000 Jahren in den Augen der Gläubigen die gleiche geblieben? Was sind ihre Beweggründe dafür, sich der Weltsituation immer wieder anzunehmen? Denn daß sie das tut, ist nicht zu leugnen. Dazu hat sie zu viele Menschen in Bewegung gesetzt, erfaßt, erneuert, zu ihrem göttlichen Sohn geführt.

Bezeichnend ist vor allem, daß die Muttergottes sehr oft gerade unwissenden Kindern ihre Botschaften übermittelt und ihnen

18

Worte sagt, die weit über ihren privaten und näheren Wirkungsbereich hinausgehen. Sie trägt ihnen auf, Weisungen an die ganze Welt weiterzugeben, meist an Obrigkeiten, die diesen Erscheinungen sehr kritisch gegenüberstehen, sie ablehnen, ja sie sogar zu verheimlichen versuchen.

Aber Maria läßt sich keineswegs mundtot machen. Ihre Botschaften verbreiten sich über die ganze Welt. Ihre Erscheinungsorte werden von Präsidenten, Kirchenleuten und Millionen von Pilgern besucht. Marias Mahnungen werden überall vernommen. Es gibt niemanden mehr, der nicht schon davon gehört hätte. Ihr übernatürliches Eingreifen ist eine echte Herausforderung für diese so verstandesbeherrschte, wissenschaftsverstiegene, rationale Zeit.

Kirchenhistoriker haben festgestellt, daß Maria seit ihrer Verklärung vor beinahe 2000 Jahren mehr als 400 mal öffentlich erschienen ist. Aber davon seit 1830 nicht weniger als 250 mal, die letzten häufigen Erscheinungen von Medjugorje noch gar nicht mitgerechnet.

Da die Zahl der Erscheinungen in den letzten 160 Jahren so dramatisch angestiegen ist, drängt sich unweigerlich die Frage auf, ob es heute mehr denn je notwendig ist, uns zu zeigen, welchen Weg wir gehen sollen - nämlich den Weg des Gebetes, der Liebe und des friedlichen Miteinanders.

Wenn wir die Menschenmassen betrachten, die die heiligen Stätten in Lourdes, Fátima oder Medjugorje aufsuchen, so wird ersichtlich, in welchem Umfang gerade heute Maria die Suchenden in Bewegung setzt. So beträgt die jährliche Besucherzahl in Lourdes stets über 4,5 Millionen, und in Guadalupe, dem mexikanischen Marienheiligtum, werden Jahr für Jahr sogar unvorstellbare sieben Millionen Pilger gezählt. Zu den meistbesuchten Wallfahrtsorten gehört auch der portugiesische Ort Fátima, so fand 1931 beispielsweise eine Fátima-Wallfahrt mit mehr als 500.000 Teilnehmern an nur einem einzigen Tag statt. Insgesamt betrug die Zahl der Fátima-Pilger 1928 mehr als eine Million Menschen, die allein aus Portugal zu diesem Ort strömten; und auch schon zur Zeit der Erscheinungsgeschehnisse im Jahre 1917 erreichte der Ruf Marias unglaublich viele Menschen: So wollten bei der sechsten Erscheinung über 50.000 Menschen die Ekstase der Seherkinder miterleben.

Und auch Medjugorje zieht, auch ohne offizielle kirchliche Anerkennung, die Menschen aus aller Welt magisch an: Allein im Jahr 1988 waren es zwei Millionen Besucher, es wurden 1,059.000 Kommunionen gespendet, 12.000 Priester aus 93 Ländern feierten die allabendliche Friedensmesse, davon 50 Bischöfe und Kardinäle, und sie alle kamen ganz «privat» auf die Hochebene in der Herzegowina zu Maria.

Heute, acht Jahre später, werden viele Menschen beim Namen Medjugorje sogleich auch die Schreckensbilder der jüngsten Vergangenheit dieser Gegend vor Augen haben - Bilder eines grausamen Bürgerkrieges, dessen Ausbruch auf den 27. Juni 1991 datiert wird, genau auf den Tag, an dem die Bischöfe Jugoslawiens beschließen wollten, daß die Seherkinder kein öffentliches Zeugnis für Maria ablegen dürfen. Allerdings verhinderte der Kriegsbeginn die offizielle Bekanntgabe dieses Beschlusses der Bischofskonferenz.

Die Schrecken des Krieges lassen sich kaum in Worte fassen. Auch die Region von Medjugorje blieb von den Grausamkeiten nicht verschont: Im April 1992 wurden 4000 Granaten in dieser Gegend abgeschossen und mehrere Streubomben abgeworfen, doch die Kirche und der Erscheinungsort selbst erlitten keine Schäden, obwohl ein serbischer General die Zerstörung des Marienheiligtums angekündigt hatte und obwohl die Bewohner von Medjugorje am Himmel bereits die Militärmaschinen kreisen sahen. Der Bischofssitz von Mostar aber, dessen Bischof die Erscheinungen von Medjugorje heute noch ablehnt, war damals bereits vollkommen zerstört, wie auch viele der umliegenden Ortschaften.

Der Zustrom der Pilger nach Medjugorje riß trotz der Kriegshandlungen nie ganz ab, ebenso fanden viele Flüchtlinge den Weg in dieses Dorf in der Herzegowina. Es entstanden dort neue christliche Gemeinschaften, die ihre Marienspiritualität in alle Welt ausstrahlen.

Ich erinnere mich an die Geschichte eines jungen Mannes, der zwei alte Tanten mit dem Auto nach Medjugorje fahren sollte. Ihm wurde dafür ein verlockender Fahrerlohn versprochen, ansonsten wäre er niemals mit diesen Betschwestern zehn Stunden oder länger in diese Einöde gefahren! Und siehe da: Zum Erstaunen seiner Freunde kam er selbst verwandelt zurück. Jetzt betet er während des Autofahrens den Rosenkranz!

Maria übt auf Menschen aller Altersstufen eine große Anziehungskraft aus. Die Atmosphäre während einer Pilgerfahrt, die Ortsveränderung, das Erlebnis der emotionalen Gemeinsamkeit und die Ausstrahlung der Marienheiligtümer hinterläßt bei jedem, der teilnimmt, einen tiefen Eindruck.

Das neue Frauenbild

Die meisten Mystiker des Abendlandes sind übrigens Mystikerinnen. Welches Schicksal vieler dieser Frauen widerfuhr, ist bekannt: Viele wurden als Hexen und Ketzerinnen verfolgt und von den männlichen Inquisitoren am Scheiterhaufen verbrannt. Teresa von Ávila konnte sich damals gerade noch rechtfertigen und wurde 1970 zur ersten weiblichen Kirchenlehrerin ernannt. Jeanne d'Arc wurde vom kirchlichen Gericht unter Vorsitz des Bischofs Cauchon von Beauvais verurteilt, exkommuniziert und öffentlich verbrannt, 25 Jahre später allerdings wurde sie rehabilitiert und 1920 heilig gesprochen. Die Kirche irrt und hat dann doch die Größe, ihren Irrtum einzugestehen, auch den Frauen gegenüber. Schon Thomas von Aquin erklärte dezidiert: «Die Gnade des Heiligen Geistes macht zwischen Mann und Frau keinen Unterschied» (1.,Tim.c.2.lec.3).

Die Frauen waren und sind religiösen und nicht beweisbaren Wahrheiten gegenüber aufgeschlossener und öffnen sich eher medialen Erfahrungen als Männer. Darum verstanden sie auch das Jesus-Mysterium besser als die Apostel und blieben unbeirrt bis zu seinem Tod am Kreuz bei ihm.

Mutter Teresa von Kalkutta macht es uns heute wieder vor, wie man als Frau die Welt verändern kann! Das weibliche Element durchsetzt unsere Kultur, unsere Denkweise. Männer dürfen wieder weinen und trotzdem «Indianerhäuptling» bleiben. Sie dürfen auch bei der Geburt ihrer Kinder mit dabeisein. Sie lernen, Animus und Anima wieder in sich zu integrieren. Sie lernen Partnerschaft in Gleichwertigkeit. Die Frauen sollten den Männern bei diesem Prozeß einen Schritt entgegenkommen und sie durch Offenheit und Verständnis dabei unterstützen, sowohl «männlich» als auch «weiblich» zu sein. Besonders die Mütter sind dringendst bei der Erziehung ihrer Söhne dazu aufgerufen!

Mit diesem Bewußtwerdungsprozeß der Frauen wandelt sich natürlich auch das Bild und die Stellung Marias. An ihr scheiden sich durchaus auch die Geister der Frauen selbst. Ihnen scheint das traditionelle Marienbild unerträglich einseitig von Männern gezeichnet und somit nur ein weiteres Mittel ihrer Vorherrschaft in Kirche und Gesellschaft zu sein.

Die Männer inner- und außerhalb der Kirche sehen in Maria oft nur die demütige, dienende Frau und Mutter oder die jungfräuliche Überfrau. Jedenfalls ein Idealbild, das keine Frau auf dieser Welt auch nur annähernd erreichen kann und heutzutage gar nicht mehr erreichen will. Dies bestätigt dann auch eine heilige Thérèse von Lisieux, deren für das beginnende 20. Jh. überraschend klare Aussage Marie-Louise Gubler in ihrem Buch «Der Name der Jungfrau war Maria» heranzieht: «Wenn man bei einer Predigt über die Mutter Gottes von Anfang bis zum Ende gezwungen wird, vor Staunen nach Luft zu schnappen - lauter Ach! Oh! -, hat man bald genug, und das führt weder zur Liebe noch zur Nachahmung.» Die Autorin formuliert in ihrem Vorwort ihr Anliegen, das Bild Mariens frauenspezifisch deuten zu wollen, und charakterisiert die Muttergottes unter anderem mit den Worten: «Zunehmend wird Maria als Sängerin des Magnificat entdeckt, als Frau mit einem eigenen Profil, die einen Weg im Glauben zurücklegen mußte, die vieles nicht verstand und dennoch unbeirrbar weiterging.»

Könnte es aber auch sein, daß sowohl die männlich-traditionelle als auch die feministisch-progressive Betrachtungsweise Maria mißverstehen? Die mit Jesus schwangere Maria sprach erleuchtet im Magnificat-Hymnus: «Meine Seele preist die Größe des Herrn und mein Geist jubelt über Gott, meinen Retter» (Lukas 1,46-47).

Diese Worte können von keiner Unwissenden und auch von keiner weltfremden Schwärmerin stammen, sondern nur von einer Maria, die als Gottesgebärerin zugleich der Typus des neuen, erlösten und durchgeistigten Menschen ist. Gerade weil sie vieles schon im voraus wußte, so auch um die Erlösungstat ihres göttlichen Sohnes, (man denke nur, neben ihrer eigenen Vorausschau, an die Prophezeiungen des Simeon und der Hanna bei der Tempelweihe Jesu (Lukas 2,21-40)), war ihre Demut und Zurückhaltung so beispielgebend groß. Gerade weil sie auch für alle sie umgebenden Apostel-Männer nach dem Tod und der Auferstehung ihres Sohnes Trost, Hilfe und geistige Führerin war, ist es atemberaubend, wie wenig Aufhebens sie davon gemacht hat. Geistige Größe, wie die Mariens, braucht keine Rechtfertigung, sie hat die Stärke und Reife einer sich verströmenden Liebe. Wie schön sind doch die alten Bilder vom Pfingstereignis: Mutter Maria in der Mitte sitzend, und um sie herum die Apostel und Jünger der Ur-Gemeinde. Das Charisma, das Maria auf solchen Abbildungen ausstrahlt, scheint mir die wesentlichen Attribute einer so beispielhaften Frau zu bergen: die Demut der Wissenden, das Lächeln der Liebenden, die Großherzigkeit der Erleuchteten.

Um den modernen Frauenstandpunkt innerhalb der vielfältigen Ansätze zur Marienforschung abzurunden, sei nochmals eine Stelle aus Marie-Louise Gublers Auseinandersetzung mit dieser Thematik zitiert: «Vielleicht liegt darin eine Korrektur gegenüber einer allzu männlich geprägten Geschichte der Kirche: die begnadete Kreatur als geglücktes Menschsein, die aktiv Schweigende und Nachdenkende, die Gottes Wirken in der Welt bejahende Frau, die sich von Gottes Geist erfassen und bewegen ließ, ist eine Alternative zu einer anmaßenden, manipulierenden Haltung, die das menschliche Maß zu verlieren droht, die Geist mit Intellekt verwechselt, Menschsein mit Leistungsfähigkeit und Nützlichkeit gleichsetzt und nach Macht und Ansehen strebt. So wird Maria als Zeichen des Protestes Zeichen und Hoffnung.»

Die apokalyptische Frau

Ist jetzt der Zeitpunkt gekommen, da auch wir darauf vorbereitet werden, die ganze Wahrheit zu erfahren? Und wer soll mehr dazu berufen sein, den göttlichen Geist der Wahrheit dieser Menschheit in schonenden Dosierungen immer mehr zu enthüllen, als die, die voll des Heiligen Geistes war und ist? Und die durch ihr Ja zu seinem Wirken das schier Unglaubliche, die Geburt des Göttlichen in die Materie, ermöglicht hat? «Gott ist Geist», sagte Jesus am Jakobsbrunnen (Joh. 4,24). Geistige Gesetze erscheinen in der Materie als Gleichnis und Sinnbild, damit wir sie erkennen und verstehen. Marias Eingriff aus dem Geistigen ist also ein Erkennungszeichen des Schöpfers, der seine Menschen nicht verkommen lassen will.

Die Neugeburt kann Zeitwende, Ende der (alten) Zeiten oder Apokalypse genannt werden. Je nachdem, welche Position der jeweilige Mensch dazu einnimmt, wird er diese Zeit als Weltzusammenbruch, als Reinigung oder als Eintritt in etwas wunderbar Neues empfinden. Die Lehre Jesu Christi will uns dazu führen, diese Neugeburt voll und ganz mitzutragen, mit allen Konsequenzen, die das Aufgeben des alten Menschen mit sich bringt. «Seht, ich mache alles neu.» sprach Gott, auf dem Thron sitzend, in der geheimen Offenbarung zu Johannes (Offb. 21,5).

Dabei wird es zu einer Polarisierung zwischen den Menschen kommen. Christus drückt dies sehr bildhaft aus: «Von Zweien am Feld oder am Herd oder im Bett wird der eine mitmachen, der andere nicht. Diese Trennung geht durch Familien und Freundschaften.» Und dann heißt es in der geheimen Offenbarung: «Wer siegt, wird dies als Anteil erhalten: Ich werde sein Gott sein und er wird mein Sohn sein» (Offb. 21,7).

24

Nun haben schon seit vielen Jahrhunderten erleuchtete Menschen des Christentums, angeregt durch die Deutung der Bibelworte, Maria eine bedeutende Rolle für diese Zeit der Neugeburt zugeschrieben und prophezeit. Johannes sah sie «mit der Sonne bekleidet, der Mond war unter ihren Füßen und ein Kranz von zwölf Sternen auf ihrem Haupt. Sie war schwanger und schrie vor Schmerzen in ihren Geburtswehen» (Offb. 12,1-2). Diese Geburtswehen verbinden sie mit der ganzen Menschheit. Sie ist von Gott als Miterlöserin in der Heilsgeschichte bestimmt worden, ist die von Gott erwählte Kraftquelle, dazu auserkoren, dieser gequälten und verwirrten Menschheit zu Hilfe zu kommen. Sie ist es nicht aus sich heraus, sondern als die Tochter des Vaters, als die Mutter des Sohnes und als die Braut des Heiligen Geistes.

Maria von Agreda, Äbtissin eines Franziskanerinnen-Klosters in Spanien, schrieb das «Leben der Jungfrau und Gottesmutter Maria», ein Werk, das durch direkte geistige Vermittlung in den Jahren 1655-1660 entstand. Immer wieder betont sie darin, daß die Zeit Marias erst noch kommt, «weil die Geheimnisse der Heiligsten Jungfrau so verborgen und erhaben waren, daß viele davon bis auf den heutigen Tag noch unbekannt sind, und zwar nach den unerforschlichen Ratschlüssen des Herrn, der für alles und jedes Zeit und Stunde bestimmt hat.»

Und später beschreibt sie die Stellung Mariens: «Um seine Kirche zu erleuchten, hat Jesus in den ersten Zeiten des Glaubens seine Mutter vom Himmel gesandt und die erstgeborenen Kinder gewürdigt, Maria von Angesicht zu kennen. Im Verlaufe der Zeit offenbarte er die Größe und Heiligkeit seiner Mutter mehr und mehr, und zwar durch zahllose Gnaden und Wohltaten, die sie den Menschen vermittelte. In den letzten Zeiten aber wird er ihre Ehre noch mehr ausbreiten. Er wird seine Mutter in neuem Glanze der Welt zeigen, weil dann die Kirche der mächtigen Fürsprache und Vermittlung Mariens in höchstem Grade bedürftig sein wird, um die Welt, den Satan und das Fleisch zu überwinden.» Klare Worte, vor mehr als 300 Jahren niedergeschrieben! Damals konnte niemand die große Bedeutung Mariens in unserer Zeit voraussehen, es sei denn im prophetischen Geist.

Immer wieder beschreibt die Seherin, wie Maria allen Evangelisten aufgetragen hat, «nicht von den Geheimnissen zu schreiben, die ihre Person betrafen», weil damals die Zeit dafür nicht reif war und die Menschen ihr sonst göttliche Verehrung entgegengebracht hätten.

Am deutlichsten sprach der glühende Marienverehrer und Heilige Ludwig Maria Grignion de Montfort (1673-1716) über die endzeitliche Rolle der Gottesmutter. «Das goldene Buch» seiner Gedanken und Andachten beinhaltet echte prophetische Worte: «Besonders gegen das Ende der Welt, und zwar schon bald, wird Maria auf Erden mit einem Eifer verehrt werden wie nie zuvor.»

«Durch Maria hat das Heil der Welt begonnen, durch Maria muß es auch vollendet werden. Maria ist bei der ersten Ankunft Christi fast nie hervorgetreten, damit die Menschen, die über die Person des göttlichen Sohnes noch zu wenig unterrichtet und aufgeklärt waren, nicht etwa die Würde ihres Kindes übersehen und sich in allzu sinnlicher Weise an Maria anschließen möchten ...

Bei der zweiten Ankunft Christi muß aber Maria erkannt und durch den Heiligen Geist geoffenbart werden, damit durch sie Jesus Christus erkannt, geliebt und ihm gedient werde. Denn die Gründe, welche den Heiligen Geist bewogen haben, seine Braut während ihres irdischen Lebens verborgen zu halten und von ihr seit Verkündigung des Evangeliums nur wenig zu enthüllen, bestehen dann nicht mehr.»

«Die furchtbarste und stärkste Gegnerin, welche Gott dem Satan gegenüberstellen konnte, ist Maria, die gebenedeite Jungfrau und Mutter des Erlösers!» Denn, so Grignion de Montfort weiter, Satan und mit ihm alle Hochmütigen dieser Welt litten unendlich mehr darunter, nicht vom allmächtigen Gott selbst, sondern «von einer geringen und demütigen Magd des Herrn ... besiegt und bestraft zu werden.»

Darin liegt das Geheimnis der so bedeutenden Rolle Mariens in unserer Umbruchszeit: Die Menschen müssen Demut lernen, um durch sie zu ihrem göttlichen Sohn zu gelangen. Und Maria weist uns den Weg, wie in den Seelen Christus durch den Heiligen Geist neu geboren werden kann.

«Er zerstreut, die im Herzen voll Hochmut sind», singt Maria im Magnificat.

Kirche und Maria

Diese Reflexionen sollen all jenen eine Hilfe sein, die zwar christlich denken und leben, denen aber der Zugang zu Maria noch fehlt. Mir erging es nicht anders: Die Schritte von Gott-Vater, der alles in seinen Händen hält, zu Gott-Sohn, der jeden persönlich durch sein Lebensbeispiel und seine Worte fordert, endlich zum Heiligen Geist, der alles befruchtet und entstehen läßt, sind für viele Menschen schwer genug. Wo soll da noch Maria ihren gebührenden Platz in der Seele finden?

Für viele evangelische Christen wiederum steht Maria als Gnadenmittlerin ihrem göttlichen Sohn, dem durch seine Erlösungstat einzigen Gnadenmittler, im Wege. So manche Männer haben sich so sehr an den Mann-Gott gewöhnt, daß sie eine Gnadenmittlerin oder gar Miterlöserin nicht akzeptieren können. Ich kann mich noch gut an die Worte eines Priesters erinnern, der beim Gebet sprach: «Gepriesen seist du Gott, der du uns Vater und Mutter bist.» - Worte, die mich fast irritiert und dennoch fasziniert aufhorchen ließen.

Gerade in diesem religiösen Dilemma um Maria kann erstaunlicherweise die Betrachtung der engen Symbolgemeinschaft zwischen der Gottesmutter und der «Mutter Kirche» weiterhelfen. Es ist interessant zu sehen, wie eng die beiden seit den christlichen Anfängen gesehen werden und wie sich heilsgeschichtlich die Akzente zwischen Maria und Kirche allmählich verschoben haben. Sehr deutlich wird dies in der unterschiedlichen Auslegung der apokalyptischen Vision des Johannnes von der sonnenumhüllten und sternenumkränzten Frau durch die Kirchenväter. Hugo Rahner zitiert in diesem Zusammenhang Hippolyt, den ältesten Exegeten der römischen Kirche, der am Ende des zweiten Jahrhunderts schrieb: «Mit dem Weib, das von der Sonne bekleidet ist, meint Johannes ohne Zweifel die Kirche. Denn sie ist angetan mit dem Logos, dem vom Vater gezeugten, der da heller leuchtet als die Sonne.» Und in bezug auf den heiligen Methodius, einen einflußreichen Kirchenlehrer im 4. Jahrhundert, stellt Rahner fest: «Es ist ... reizvoll zu sehen, daß er sich in seiner Deutung des apokalyptischen Kapitels dagegen wehrt, es auf Maria, die Mutter des Gottesmenschen auszulegen - ein Zeichen dafür, daß man sich schon damals der Doppelbedeutung der Vision bewußt war. Aber seit dem vierten Jahrhundert setzt sich in der griechischen Kirche diese marianische Ekklesiologie immer deutlicher durch.»

Im 8. Jahrhundert erkennt Alkuin, der weise Theologe am Hofe Karls des Großen, die Doppelbedeutung der Vision: «Das sonnenumkleidete Weib ist die selige Jungfrau Maria, die überschattet ward von der Kraft des Allerhöchsten. Aber in ihr erfassen wir auch das Gesamtgeschlecht, und das ist die Kirche.» Und der mittelalterliche Mönch Rupert von Deutz bekräftigt: «Die sonnenbekleidete Frau ist das Symbol der Kirche, deren bedeutendster Teil, deren bester Teil die selige Jungfrau Maria ist, durch die glückselige Frucht ihres eigenen Schoßes.»

Nahezu enthusiastisch verkündet Papst Leo XIII. im ausgehenden 19. Jahrhundert: «Und in aller Wahrheit ist Maria die Mutter der Kirche, ihre Lehrerin, die Königin der Apostel.»

Doch welches Geheimnis offenbart uns Maria außerdem? Gemeinsam mit den frühen Theologen läßt Hugo Rahner, das «Wachstum des Herzens» aufzeigend, die Seele eines in Christus getauften Menschen zu «Maria» werden. Und zwar durch die Geburt Christi in ihr. Und er zitiert den mittelalterlichen englischen Theologen Beda: «Nicht alle sind bis zur Geburt gekommen, nicht alle sind schon vollkommen, nicht alle sind «Marien», welche zwar vom Heiligen Geiste Christus empfangen haben, ihn aber nicht gebaren. Es gibt Menschen, die das Wort Gottes wieder ausstoßen wie eine Fehlgeburt. Tue also den Willen des Vaters, auf daß du Mutter Christi sein kannst!»

Welch wunderbare, weiblich-mütterliche Sicht des spirituellen Weges zu Gott! Ausgesprochen und festgehalten in einer der Blütezeiten des Christentums, gesehen durch die Frau und Mutter Maria. Das Gebären an sich ist eine Leistung, die geschieht und die man mit Kraft und doch ergeben durchstehen muß. Das Ergebnis ist etwas Neues, Wunderbares aus uns: der neue Mensch. Und für all das steht Maria.

Eine Schlüsselstelle des Matthäus-Evangeliums gibt weiteren Aufschluß über die Bedeutung Mariens für uns Menschen: Als man Christus darauf aufmerksam machte, daß seine Brüder und seine Mutter auf ihn warteten, um mit ihm zu sprechen, erwidert er: «Wer ist meine Mutter, und wer sind meine Brüder?», und die Hand über seine Jünger ausstreckend, erklärt er: «Das hier sind meine Mutter und meine Brüder. Denn wer den Willen meines himmlischen Vaters tut, der ist mir Bruder und Schwester und Mutter» (Mt. 12,46-50). Und wieder hilft ein Blick auf Hugo Rahners Ausführungen, um diese Aussage Jesu verstehen zu können: «In diesem Wort, das zunächst wie eine Ablehnung der rein menschlich irdischen Beziehung zu seiner Mutter erscheint, spricht der Herr das höchste Lob für seine Mutter aus: denn wer von allen Menschen hat so den Willen des Vaters im Himmel erfüllt, wie die Jungfrau, die in der Kraft ihres ‹Mir geschehe nach deinem Willen› die Mutter des Ewigen Sohnes wurde? Zugleich aber ist damit gesagt, daß von nun an im Reich Gottes dieses Fiat der Gottesmutter weiterklingen werde in den Herzen all derer, die den Willen des Vaters erfüllen in der Nachfolge des Herrn. Und von eben diesen Menschen sagt Christus, sie seien dadurch in einem geheimnisvollen Sinne seine Mutter.»

Auch bei Lukas (2,51) findet sich eine sehr aufschlußreiche Stelle, die besagt, daß Maria alles, was ihr Sohn tat und sagte, in ihrem Herzen bewahrte. Diese Aussage kommentierte der große Kirchenvater Origenes (3. Jh.): «Maria bewahrte Christi Worte in ihrem Herzen, bewahrte alles wie einen Schatz, wissend, daß einmal kommen werde die Zeit, in der alles, was in ihr verborgen war, offenbar werden sollte.» Deshalb nennt auch der heilige Augustinus (4./5. Jh.) Maria die Vollendung der Propheten. Schon seit den Kirchenvätern schwingt dieses Wissen um das endzeitliche Offenbarwerden der Größe und Bedeutung Mariens als die Miterlöserin ihres mit ihr so eng im Geiste verbundenen Sohnes mit!

Seit ihrer Himmelfahrt stellt uns also die christliche Theologie Maria als die große Mutter vor, der wir alle als Söhne und Töchter mit dem Apostel Johannes unter dem Kreuz von Christus übergeben worden sind. Die mit aller Vollmacht von ihrem göttlichen Sohn ausgestattet ist, um Seelen-Führerin und Schutzmantel-Madonna zu sein über die Kirche und über alle, die guten Willens sind. Sie ist das Mütterliche in der christlichen Offenbarung, die große Frau, die Siegerin über das Böse, die Gebärerin des neuen Menschen. Ihr Sohn stellt sie uns als den ersten erlösten Menschen vor und als die Pforte, durch die man zu ihm gelangt. Maria ist uns Christen und der ganzen Menschheit geschenkt, damit wir durch sie lernen und an ihr wachsen. Sie ist der Schlüssel zum neuen Jerusalem und damit zur neuen vergeistigten Universalkirche der Erlösten Christi. Gerade weil sie Mutter ist und Frau.

Wie jubelt sie doch selbst, erfaßt vom prophetischen Geist, im Magnificat: «Siehe, von nun an preisen mich selig alle Geschlechter. Denn der Mächtige hat Großes an mir getan, und sein Name ist heilig» (Luk. 1,48-49).

Teil II

Maria lehrt die Welt

Die Königin der Propheten

Die einleitenden Gedanken sollten darauf vorbereiten, Maria im Bewußtsein unserer Zeit zu erfassen und ihre einzigartige Stellung in der Heilsgeschichte des Christentums zu verstehen. Im nun folgenden Hauptteil habe ich jene Erscheinungen und Botschaften der Gottesmutter herausgegriffen und in einen Zusammenhang gestellt, der es uns ermöglichen soll, ihre zentrale Bedeutung als Miterlöserin zu erkennen.

Wie schon erwähnt, wendete sich die Gottesmutter seit ihrem Tod und ihrer Verklärung, also seit fast 2000 Jahren, noch nie so oft an die Menschen wie in unserer Zeit. Alle Mariologen setzen den Beginn dieser intensiven Erscheinungsserie Mariens mit dem Jahre 1830 und ihrer Zwiesprache mit der heiligen Schwester Catherine Labouré in Paris fest.

Maria sagt und zeigt es ja so einfach, was sie den Menschen unserer Zeit mitgeben will. Doch uns ist es oft nicht gegeben, das Einfache und Klare anzunehmen. Wir sind gewohnt, intellektuelle, ritualisierte Kommunikation zu betreiben, die so manches Mal die Dinge eher verschleiert als klarstellt.

Als Königin der Propheten ist Maria bestrebt, so wie alle Propheten es immer gehalten haben, die Menschen auf falsches Verhalten hinzuweisen und zur Umkehr zu bewegen. Propheten sagen nicht wahr und bestimmen nicht die Zukunft, sondern sie warnen und zeigen mögliche Folgen auf, die aber nur dann eintreten, wenn keine Besinnung und Umkehr der Menschen erfolgt.

Maria lehrt, spricht, weint und ordnet an. Sie zeigt immer wieder ihr brennendes Interesse an ihren Menschenkindern. Sie läßt nichts unversucht, um uns zu helfen. Es gelangt nur zu unserem eigenen Nutzen, wenn wir ihr genau zuhören.

Die Unbefleckte Empfängnis
Paris 1830

Im Jahre 1830 kam die dreiundzwanzigjährige angehende Vinzentinerinnenschwester Cathérine Labouré zum Ordens-Seminar nach Paris, in die Rue du Bac. Schon in ihrer Jugend war sie mit Träumen und Visionen begnadet, so sah sie beispielsweise das Herz des heiligen Vinzenz von Paul, des Ordensgründers, über seinem Reliquienschrein und Christus in der Kommunion. Sie war also nicht vollkommen unvorbereitet, als ihr die Muttergottes in der Nacht vom 18. auf den 19. Juli 1830 erschien. Um Mitternacht wurde sie von einem Engel in die Kapelle ihres Klosters geführt. Dort sah sie Maria auf einem Stuhl sitzen. Ihr Kleid war weiß und strahlte ein feines Licht aus. Schwester Labouré stürzte auf Maria zu und legte ihre Hände voll überschäumender Liebe und voll Vertrauen in ihren Schoß. Sie konnte Maria also berühren!

In dieser ersten Erscheinung sah Maria großes Unglück für die Zukunft der Menschheit voraus, wie das noch so oft der Fall sein wird: «Die Zeiten sind sehr schlimm. Es werden Unglückstage hereinbrechen; die ganze Welt wird von Unglück jeder Art betroffen werden; aber kommt hierher zum Altar, da werden Gnaden über alle ausgegossen werden, die mit Vertrauen und Andacht darum bitten werden; sie werden sich über Groß und Klein ergießen.» Wie sehr ich das selbst bei meinem Besuch in Paris aus ganzem Herzen gespürt habe!

Es folgten Mahnungen an den Orden der Vinzentinerinnen und eine weitere Prophezeiung: «Unter der Geistlichkeit von Paris wird es viele Opfer geben. Mein Kind, das Kreuz wird verachtet werden. Der Erzbischof wird leiden; in den Straßen wird Blut fließen. Ein Erzbischof wird sterben ... die ganze Welt wird voll Trauer sein.»

All dies ging schon in kurzer Zeit in Erfüllung: Acht Tage nach dieser ersten Erscheinung brach ein Bürgerkrieg in Frankreich aus. Der Erzbischof mußte fliehen, die Kirchen wurden verwüstet und vierzig Jahre später, in den Jahren 1870/71, zahlreiche Priester und auch der Erzbischof Darboy getötet.

Am 27. November 1830 erschien Maria der heiligen Schwester Labouré zum zweiten Mal, um ihr die für Millionen von Menschen so wichtigen Aufträge und Zeichen zu verkünden. Sie sah Maria im Glanze gleich der Morgenröte, ihr Gesicht war unverhüllt, und die Füße ruhten auf einer Erdkugel. In ihren Händen hielt die Seligste Jungfrau in der Höhe des Gürtels eine kleinere Kugel, die die Welt darstellte. Maria hatte die Augen zum Himmel erhoben. Und während sie die Weltkugel Gott aufopferte, wurde ihr Antlitz immer leuchtender. «Ihr Angesicht war von solcher Schönheit, daß man es unmöglich beschreiben kann.» - so die Seherin, die vom Anblick der Seligsten Jungfrau völlig überwältigt zu sein schien.

Hören wir weiter Cathérine Labourés Schilderung: «Plötzlich bedeckten sich ihre Finger mit kostbaren Ringen, die mit herrlichen Edelsteinen besetzt waren. Von diesen Edelsteinen gingen so leuchtende Strahlen aus, daß die ganze Gestalt der Seligsten Jungfrau in helles Licht gehüllt wurde und weder ihre Füße noch ihr Gewand zu unterscheiden waren.» Maria richtete den Blick auf Schwester Labouré und erklärte ihr: «Die Kugel, die du siehst, stellt die ganze Welt vor und auch jede einzelne Person.»

Maria stellte sich als die von Gott eingesetzte Gnadenvermittlerin für die ganze Erde und für jeden Menschen vor und ergänzte: «Die Strahlen sind ein Sinnbild der Gnaden, die ich über jene ausgieße, die mich darum bitten.» Abschließend fügte sie noch hinzu: «Die Edelsteine, die keine Strahlen aussenden, versinnbildlichen jene Gnaden, die man von mir zu erbitten versäumt.» Maria weist uns hiermit deutlich darauf hin, daß wir, aus welchen Gründen auch immer, sie nicht oft genug um ihre Hilfe und Gnaden anflehen.

Immer wieder sind es biblische Bilder, in die Maria ihre Kundgaben kleidet: «Der Herr, ihr Gott, wird sie an jenem Tag retten; er wird sein Volk retten, wie man Schafe rettet. Edelsteine glänzen auf seinem Land» (Sacharja 9,16).

Schwester Labouré erhielt von der Gottesmutter den Auftrag zur Prägung der wundertätigen Medaille, den sie folgendermaßen beschrieb: «In dem Augenblick, wo ich sozusagen nicht wußte, ob es Wirklichkeit war oder nicht, bildete sich um die Erscheinung der Seligsten Jungfrau ein länglich-runder Rahmen, worauf in Goldbuchstaben die Worte zu lesen waren: ‹O Maria, ohne Sünde empfangen, bitte für uns, die wir unsere Zuflucht zu dir nehmen.›» In dieser Inschrift ist ein weiterer deutlicher Hinweis auf Marias Stellung als Fürbitterin und erstmals auch auf die «Unbefleckte Empfängnis» zu finden. Das diesbezügliche Dogma wurde von Papst Pius IX. im Jahre 1854 verkündet, ein kirchlicher Bewußtseinsvorgang, den die Gottesmutter selbst in Paris in Bewegung gesetzt hatte.

Doch weiter mit Schwester Labourés Schilderung: «Darauf hörte ich klar und deutlich eine Stimme, die mir sagte: ‹Laß nach diesem Muster eine Medaille prägen. Alle Personen, die sie tragen, werden große Gnaden erlangen. Die Gnaden werden reichlich sein für jene Personen, die sie mit Vertrauen um den Hals tragen.›

Im Augenblick schien sich das Bild umzudrehen, und ich sah die Rückseite der Medaille. Da sah ich den Buchstaben M, von einem Kreuz überragt, das auf dem Querbalken ruhte; unter dem M sah ich die Heiligsten Herzen Jesu und Mariens, das erste mit einer Dornenkrone umgeben, das zweite von einem Schwert durchbohrt.»

Die beiden Herzen versinnbildlichen die Miterlöserschaft Mariens mit ihrem göttlichen Sohn, unterstrichen wird diese Symbolik noch durch das Kreuz, dessen Fundament das marianische M bildet.

Im Dezember 1830 kam Schwester Labouré zu ihrem Beichtvater Pater Aladel und sagte: «Die Heiligste Jungfrau hat sich beklagt, daß die Medaille nicht geprägt wird. Die Heiligste Jungfrau wird jetzt nicht mehr kommen, aber ich werde ihre Stimme hören.» Im Frühjahr 1832 wurde ihr Wunsch erhört und die ersten Medaillen geprägt.

Vor ihrem Tod äußerte sich die Seherin noch über die Gnadenvermittlung Mariens: «Die Allerseligste Jungfrau hat versprochen, sooft man vertrauensvoll in der Kapelle betet, besondere Gnaden zu verleihen, vor allem Vermehrung der Reinheit, jener Reinheit des Geistes, des Herzens und des Willens, die die reine Liebe ausmacht.»

Quelle: Dr. Maria Cuylen: Die heilige Katharina Labouré und die Wunderbare Medaille der Unbefleckten

Das wundertätige Skapulier
Paris 1840

Der zweite Auftrag Mariens in dieser turbulenten Zeit des 19. Jahrhunderts richtete sich wieder an eine Vinzentinerin, wieder im Kloster in der Rue du Bac. Maria erschien am 28. Januar 1840 der jungen Schwester Justine Bisqueyburu und trug dabei erstmals vor ihrer Brust ihr flammendes Herz.

Am 8. September 1840 hatte Schwester Justine in Blangy in der Normandie wieder eine Marienerscheinung, bei der die Gottesmutter in der rechten Hand ihr Herz und in der linken Hand ein grünes Tuch, ein Skapulier, hielt. Auf der einen Seite des Tuches befand sich das Bild Mariens, auf der anderen Seite die Inschrift:

«Unbeflecktes Herz Mariens, bitte für uns jetzt und in der Stunde unseres Todes.» Maria teilte der Schwester mit: «Wenn das Skapulier mit Vertrauen getragen wird, wird es eine große Anzahl von Bekehrungen erwirken.» Seither verwenden die Vinzentinerinnen

35

das Tuch in ihrem apostolischen Wirken und erfuhren dadurch schon viele Heilungen und Bekehrungen, auch bei gottfernen Personen. 1870 erkannte die Kirche das Skapulier offiziell an.

Quelle: Robert Ernst: Maria redet zu uns; Lexikon

Ich habe sie gesehen!
Rom 1842

Durch die wundertätige Medaille, die, wie geschildert, Cathérine Labouré im Auftrag Mariens prägen ließ, wurden viele Menschen bekehrt. Einer von ihnen war Alphonse Ratisbonne, Sohn einer jüdisch-religiösen Familie aus Strasbourg, der von seinem Freund die Medaille bekam und von ihm gebeten wurde, sie bei sich zu tragen. Ratisbonne stimmte zu, weil er den Freund nicht kränken wollte, verkündete aber unbeirrt: «Ich bin als Jude geboren und werde als Jude sterben!»

Wie erstaunt war dann der Freund, als er Ratisbonne auf einmal in der Kirche des heiligen Andreas delle Fratte knien sah und dessen Ausruf vernahm: «Ich habe sie gesehen! Ich habe sie gesehen!» Dabei deutete er auf die Medaille. «Kaum war ich ins Gotteshaus eingetreten, als ich nichts mehr sah. Nur in einer Nebenkapelle gewahrte ich ein großes Licht. Ich eilte hin, und dort schaute ich auf dem Altar die Allerseligste Jungfrau genau so, wie sie auf dieser Medaille abgebildet ist. Aber groß, strahlend, majestätisch und doch unendlich milde. Maria winkte, ich solle knien. Sie hat mir nichts gesagt. Aber ich habe sie verstanden!» Dies die Worte des Bekehrten über das einschneidende Erlebnis, das sein Leben veränderte.

Maria zeigte sich majestätisch und unendlich mild. Eine Darstellung, die ihre bedeutende Rolle in der Heilsgeschichte unserer Zeit unterstreicht: Die dienende Magd wird von Gott zur Retterin der Welt erhoben.

Quelle: Robert Ernst: Maria redet zu uns; Lexikon

Die apokalyptische Botschaft
La Salette 1846

Es geschah am 19. September 1846 in einer der einsamsten Gegenden Frankreichs, auf einem Hochplateau in 1800 m Höhe in den Westalpen. Johannes Maria Höcht findet in seinem Buch «Die große Botschaft von La Salette» eindrucksvolle Worte, um den atmosphärischen Rahmen zu beschreiben: «Eine Szenerie des Hochgebirges breitet sich hier vor dem trunkenen Auge, die in ihrer herben Strenge und unfaßbaren Majestät so recht geschaffen erscheint, Schauplatz eines Ereignisses von säkularer Bedeutung zu sein.»

Und hier ereignete sich der Eingriff Mariens, der besonders Frankreich, das Land der geistigen Gegensätze, und darüber hinaus erstmals auch die ganze damalige Welt aufrüttelte: Maria verkündete die Botschaft über die Strafgerichte, die diese Welt treffen würden, wenn sie nicht umkehrte zu Gott. In apokalyptischen Bildern macht sie uns bewußt, daß wir in einer Wendezeit leben und keineswegs unbegrenzt Zeit haben, uns auf die dramatischen Entwicklungen einzustellen. «Es drängt!» und «Kehret um!» lauteten ihre unmißverständlichen Worte, die sie in La Salette an die Menschheit richtete.

Erstmals trifft nun der marianische Anruf und Auftrag auf vollkommen unvorbereitete, ja religiös völlig ungebildete Menschenkinder, nämlich auf die beiden Hirten Mélanie Calvat, die Fünfzehnjährige, und Maximin Giraud, den Elfjährigen, beide aufgewachsen in diesem einsamen, verlassenen Winkel Frankreichs, in dem damals fast kein «Hochfranzösisch», sondern nur der regionale Dialekt Patois verstanden und gesprochen wurde.

Die Kinder wachten um drei Uhr Nachmittag aus dem Mittagsschlaf auf und sahen eine weinende Frau in einem Licht sitzen, das «glänzender war als die Sonne». Diese Frau rief Mélanie und Maximin zu sich, die keinen Moment zögerten, auf sie zuzugehen - So wie das auch bei Schwester Labouré der Fall gewesen war. Sogleich wandte sich Maria mit ihren aufrüttelnden Botschaften an die Kinder, beklagte sich über die Gottlosigkeit der Menschen, die noch großes Unheil nach sich ziehen werde: «Wenn mein Volk sich nicht unterwerfen will, bin ich gezwungen, den Arm meines Sohnes fallen zu lassen. Er ist so schwer und drückend, daß ich ihn nicht mehr zurückhalten kann.

Wie lange leide ich schon für euch! Wenn ich will, daß mein Sohn euch nicht aufgibt, bin ich gezwungen, ihn ohne Unterlaß zu bitten. Ihr aber macht euch nichts daraus. Ihr könnt beten und tun, soviel ihr wollt, niemals werdet ihr vergelten können, was ich alles für euch unternommen habe! ... Ich habe es euch letztes Jahr mit den Kartoffeln zu verstehen gegeben, ihr habt euch nichts daraus gemacht; ja, ganz im Gegenteil: wenn ihr verfaulte fandet, habt ihr geflucht und dabei den Namen meines Sohnes hervorgestoßen. Sie werden weiter faulen, und an Weihnachten werden keine mehr da sein.»

Diese Worte verdeutlichen, welche Macht der Muttergottes von ihrem göttlichen Sohn gegeben ist, bilden aber nur den Anfang der marianischen Botschaft von La Salette. Den Seherkindern wurde auch noch mitgeteilt: «Wenn ihr Getreide habt, braucht ihr es nicht zu säen. Alles, was ihr säen werdet, werden die Tiere fressen, und das, was aufgeht, wird beim Dreschen zu Staub zerfallen. Es wird eine große Hungersnot kommen. Und bevor die Hungersnot kommt, werden die Kinder bis zu sieben Jahren von einem Zittern befallen werden und in den Armen der Erwachsenen sterben, die sie halten. Die Großen aber werden durch den Hunger Buße tun. Die Nüsse werden schlecht werden, die Trauben werden verfaulen.»

Maria aber ließ die Menschen nicht allein in ihrer scheinbar aussichtslosen Lage; durch ihre tröstlichen Worte am Ende der Prophezeiungen gibt sie zu verstehen, daß noch nicht alle Hoffnung verloren ist: «Wenn sie sich bekehren, werden sich die Berge in Brot verwandeln, und die Kartoffeln werden sich auf der Erde im Überfluß finden.»

Typisch für viele der Botschaften ist diese Aufforderung zur Umkehr, an die sich der Aufruf zur Verbreitung der Worte Mariens schließt: «Also, meine Kinder, ihr werdet es meinem ganzen Volk bekanntmachen.»

Natürlich ging es in erster Linie nicht um die regionale Mißernte und die darauffolgende Hungersnot, Ereignisse, die tatsächlich eingetreten sind, sondern - wie in fast allen Marienerscheinungen - um die persönlich an die Seherkinder gerichteten Botschaften, die immer auch die ganze Menschheit betreffen und meist erst zu einem späteren Zeitpunkt veröffentlicht werden dürfen.

Nachdem die Erscheinung von La Salette 1851 offizielle kirchliche Anerkennung durch den Bischof von Grenoble und den Papst gefunden hatte, teilte die Seherin Mélanie endgültig 1879 ihre «große Botschaft» an die Welt vollständig mit. Sie soll hier ungekürzt abgedruckt werden, weil sie alles an apokalyptischen Schilderungen beinhaltet, was uns aus der geheimen Offenbarung des Johannes, aber auch aus den vielen Zukunftsvisionen von Sehern aus den letzten Jahrhunderten über diese Zeiten der Prüfung bekannt ist.

Wer sich an den zum Teil drastischen Formulierungen Mariens stößt, dem sei als Quelle die Bibel, Altes und Neues Testament, ans Herz gelegt. Dort finden sich all diese Zukunftsvisionen, von «Der Herr selbst wird über ihnen erscheinen. Wie der Blitz schießt sein Pfeil dahin» (Sacharja 9,14) oder «Ein Volk wird sich gegen das andere erheben und ein Reich gegen das andere. Es wird gewaltige Erdbeben und an vielen Orten Seuchen und Hungersnöte geben; schreckliche Dinge werden geschehen, und am Himmel wird man gewaltige Zeichen sehen» (Lukas 21,10-11) bis hin zur Schilderung furchtbarer Krankheiten: «Es läßt ihren Körper verfaulen, noch während sie auf den Füßen stehen; die Augen verfaulen ihnen in den Augenhöhlen und die Zunge im Mund» (Sacharja 14,12).

Damit ihre zum Teil schaurige Botschaft ernster genommen werde, hat Maria in der unmittelbaren Umgebung der Seherkinder ihre Voraussagen konkret und umgehend wahrgemacht. Und was haben sie genützt? Wer hat auf sie gehört? Drei Kriege mußten in unwahrscheinlicher, sich stets steigernder Wut über die Menschen hereinbrechen: der deutsch-französische Krieg 1870/71 sowie der erste und der zweite Weltkrieg! Haben wir jetzt den «trügerischen Frieden»?

39

Hier also der vollständige Text der Marienbotschaft, der von Paul Schenker aus dem Französischen übersetzt und uns freundlicherweise zur Verfügung gestellt wurde.

Die Botschaft an Mélanie Calvat vom 19. September 1846:

«Mélanie, was ich dir jetzt sagen werde, wird nicht immer geheim bleiben; du wirst es im Jahre 1858 (im Jahr der berühmten Muttergotteserscheinung von Lourdes) bekanntmachen können.

Die Priester, Diener meines Sohnes, die Priester sind durch ihr schlechtes Leben, ihre Ehrfurchtslosigkeiten, ihre Pietätlosigkeit bei der Feier der heiligen Geheimnisse, durch ihre Liebe zum Gelde, zu Ehren und Vergnügungen Kloaken der Unreinlichkeit geworden. Ja, die Priester fordern die Rache heraus, und die Rache schwebt über ihren Häuptern. Wehe den Priestern und den gottgeweihten Personen, die durch ihre Treulosigkeiten und ihr schlechtes Leben meinen Sohn von neuem kreuzigen! Die Sünden der gottgeweihten Personen schreien zum Himmel und rufen nach Rache, und siehe, die Rache ist vor ihren Türen; denn es gibt niemand mehr, der die Barmherzigkeit und die Verzeihung für das Volk erfleht; es gibt keine großherzigen Seelen mehr; es gibt niemand mehr, der würdig wäre, das makellose Opferlamm dem Ewigen zugunsten der Welt aufzuopfern.

Gott wird in beispielloser Weise zuschlagen. Wehe den Bewohnern der Erde! Gott wird seinem ganzen Zorne völlig freien Lauf lassen, und niemand wird sich so vielen vereinten Übeln entziehen können.

Die Häupter, die Führer des Gottesvolkes, haben das Gebet und die Buße vernachlässigt, und der Dämon hat ihren Verstand verdunkelt; sie sind irrende Sterne geworden, die der alte Teufel mit seinem Schweife nach sich zieht, um sie zu verderben. Gott wird es der alten Schlange gestatten, Entzweiungen unter die Regierenden, in alle Gesellschaften, in alle Familien zu bringen; man wird körperliche und geistige Pein erleiden; Gott wird die Menschen sich selbst überlassen und wird Strafgerichte senden, die während mehr als 35 Jahren aufeinander folgen werden.

Die Menschheit steht am Vorabend der schrecklichsten Geißeln und der größten Ereignisse. Man muß darauf gefaßt sein, mit eiserner Rute geführt zu werden und den Kelch des Zorns zu trinken.

Der Stellvertreter meines Sohnes, der Hohepriester Pius IX., verlasse Rom nach dem Jahre 1859 nicht mehr. Er sei vielmehr standhaft und großmütig und kämpfe mit den Waffen des Glaubens und der Liebe. Ich werde mit ihm sein.

Er traue dem Napoleon nicht. Sein Herz ist doppelzüngig. Und wenn er gleichzeitig Papst und Kaiser sein will, wird sich Gott bald von ihm zurückziehen. Er ist jener Adler, der in seinem Streben, immer höher zu steigen, in das Schwert stürzen wird, mit dem er die Völker nötigen will, ihn aufsteigen zu lassen.» Diese Aussage machte Maria bereits im Jahre 1846, als Napoleon III. im Gefängnis saß. Da er zu lebenslanger Haft verurteilt worden war, konnte sein zukünftiges Erbkaisertum eigentlich noch nicht abgesehen werden.

«Italien wird für seinen Ehrgeiz, das Joch des Herrn aller Herren abzuschütteln, bestraft; auch wird es dem Kriege überliefert werden. Das Blut wird überall fließen. Die Kirchen werden geschlossen und entheiligt werden. Die Priester, die Ordensleute werden fortgejagt; man läßt sie sterben, eines grausamen Todes sterben. Viele werden den Glauben verlassen. Die Zahl der Priester und Ordensleute, die sich von der wahren Religion trennen, wird groß sein; unter diesen Personen werden sich selbst Bischöfe befinden.

Der Papst möge sich vor den Wundertätern in acht nehmen. Denn die Zeit ist gekommen, da die erstaunlichsten Wunder auf der Erde oder in der Luft stattfinden.

Im Jahre 1864 wird Luzifer mit einer großen Menge von Teufeln aus der Hölle losgelassen. Sie werden den Glauben allmählich auslöschen, selbst in Menschen, die Gott geweiht sind. Sie werden sie in einer Weise blind machen, daß diese Menschen, falls sie nicht eine besondere Gnade empfangen, den Geist dieser bösen Engel annehmen werden. Viele Ordenshäuser werden den Glauben völlig verlieren und viele Seelen mit ins Verderben ziehen.

Schlechte Bücher wird es auf der Erde im Überfluß geben, und die Geister der Finsternis werden überall eine Kälte gegen alles ausbreiten, was den Dienst Gottes betrifft. Sie werden eine sehr große Macht über die Natur haben. Es wird Kirchen geben, in denen man diesen bösen Geistern dient. Manche Personen werden von diesen bösen Geistern von einem Ort zum anderen versetzt, und sogar Priester, weil diese sich nicht vom guten Geiste leiten lassen, der ein Geist der Demut, der Liebe und des Eifers für die Ehre Gottes ist.

Man wird Tote und selbst Gerechte auferstehen lassen (im Spiritismus, d.h. diese Toten werden die Gestalt der gerechten Seelen annehmen, die auf der Erde gelebt haben, um die Menschen besser verführen zu können. Diese sogenannten Toten, unter deren Gestalten sich nur Teufel verbergen, werden ein anderes Evangelium predigen, das dem des wahren Jesus Christus entgegengesetzt ist, das das Dasein des Himmels sowie die verdammten Seelen leugnet. All diese Seelen werden wie mit ihren Leibern vereinigt erscheinen; Zusatz von Mélanie selbst).

Überall werden außergewöhnliche Wundertaten vorkommen, da der Glaube erloschen ist und das falsche Licht die Welt erleuchtet. Wehe den Kirchenfürsten, die nur nach Reichtümern und nach Erhaltung ihrer Autorität und nach stolzer Herrschaft trachten.

Der Stellvertreter meines Sohnes wird viel zu leiden haben, da die Kirche eine Zeitlang schweren Verfolgungen ausgesetzt sein wird. Das wird die Zeit der Finsternisse sein. Die Kirche wird eine schreckliche Krise durchmachen.

Da der heilige Glaube an Gott in Vergessenheit geraten ist, will jeder einzelne sich selbst leiten und über seinesgleichen stehen. Man wird die bürgerlichen und kirchlichen Gewalten abschaffen. Jede Ordnung und jede Gerechtigkeit wird mit Füßen getreten werden. Man wird nur Mord, Haß, Mißgunst, Lüge und Zwietracht sehen, ohne Liebe zum Vaterlande und zur Familie.

Der Heilige Vater wird viel leiden. Ich werde bei ihm sein bis zum Ende, um sein Opfer anzunehmen.

Die Bösewichte werden mehrere Male seinem Leben nachstellen, ohne seinen Tagen schaden zu können. Aber weder er noch seine Nachfolger (am Rande ihres Exemplars von Lecce hat Mélanie folgende Worte zwischen Klammern geschrieben: «der nicht lange regieren wird») werden den Triumph der Kirche Gottes sehen.

Die bürgerlichen Regierungen werden alle dasselbe Ziel haben, das da ist, die religiösen Grundsätze abzuschaffen und verschwinden zu lassen, um für den Materialismus, Atheismus, Spiritismus und alle Arten von Lastern Platz zu schaffen.

Im Jahre 1865 wird man den Greuel an heiligen Stätten sehen. In den Ordenshäusern werden die Blumen der Kirche in Fäulnis übergehen, und der Teufel wird sich als König der Herzen gebärden. Die oberen der Ordensgemeinschaften mögen auf der Hut sein, wenn sie jemand in das Kloster aufzunehmen haben; denn der Teufel wird alle seine Bosheit aufwenden, um in den religiösen Orden Leute unterzubringen, die der Sünde ergeben sind. Denn die Unordnungen und die Liebe zu fleischlichen Genüssen werden auf der ganzen Welt verbreitet sein.

Frankreich, Italien, Spanien und England werden im Kriege sein. Das Blut wird auf den Straßen fließen. Der Franzose wird mit dem Franzosen kämpfen, der Italiener mit dem Italiener. Schließlich wird es einen allgemeinen Krieg geben, der entsetzlich sein wird. Für eine Zeitlang wird Gott weder Italiens noch Frankreichs gedenken, weil das Evangelium Christi ganz in Vergessenheit geraten ist. Die Bösen werden ihre ganze Bosheit entfalten. Man wird sich töten, man wird sich gegenseitig morden bis in die Häuser hinein.

Auf den ersten Hieb seines Schwertes, das wie ein Blitz einschlagen wird, werden die Berge und die ganze Natur vor Entsetzen zittern, weil die Unordnungen der Menschen und ihre Verbrechen das Himmelsgewölbe durchdringen.

Paris wird niedergebrannt und Marseille verschlungen werden. Mehrere große Städte werden niedergebrannt und durch Erdbeben verschlungen werden. Man wird glauben, alles sei verloren. Man wird nur Menschenmord sehen. Man wird nur Waffengetöse und

Gotteslästerungen hören. Die Gerechten werden viel leiden; ihre Gebete, ihre Bußübungen und ihre Tränen werden zum Himmel emporsteigen, und das ganze Gottesvolk wird um Verzeihung und Erbarmen flehen und meine Hilfe und meine Fürbitte anrufen.

Dann wird Jesus Christus durch eine Tat seiner Gerechtigkeit und seiner großen Barmherzigkeit für die Gerechten seinen Engeln befehlen, alle seine Feinde dem Tode zu überliefern. Plötzlich werden die Verfolger der Kirche Jesu Christi und alle der Sünde ergebenen Menschen zugrunde gehen, und die Erde wird wie eine Wüste werden.

Dann wird der Friede, die Versöhnung Gottes mit den Menschen werden. Man wird Jesus Christus dienen, ihn anbeten und verherrlichen. Die Nächstenliebe wird überall aufblühen. Die neuen Könige werden der rechte Arm der heiligen Kirche sein, die stark, demütig, fromm, arm, eifrig und eine Nachahmerin der Tugenden Jesu Christi sein wird. Das Evangelium wird überall gepredigt werden, und die Menschen werden große Fortschritte im Glauben machen, weil es Einigkeit unter den Arbeitern Jesu Christi geben wird und die Menschen in der Furcht Gottes leben werden.

Dieser Friede unter den Menschen wird aber nicht von langer Dauer sein. 25 Jahre reichlicher Ernten werden sie vergessen lassen, daß die Sünden der Menschen die Ursache aller Strafen sind, die über die Erde kommen.

Ein Vorläufer des Antichrists wird mit seinen Truppen aus vielen Völkern wider den wahren Christus, den alleinigen Retter der Welt, kämpfen. Er wird viel Blut vergießen und die Verehrung Gottes vernichten wollen, damit man ihn wie einen Gott ansehe.

Die Erde wird dann mit allerlei Plagen geschlagen werden (nebst der Pest und der Hungersnot, die allgemein sein werden). Es wird Kriege geben bis zum letzten Krieg, der dann von den zehn Königen des Antichrists geführt wird, welche Könige von einem gleichen Vorhaben beseelt sind und die einzigen sind, welche die Welt regieren werden.

Bevor dieses eintritt, wird es eine Art falschen Friedens auf der ganzen Welt geben. Man denkt an nichts anderes als an Belustigungen. Die Bösen geben sich allen Arten von Sünden hin.

Aber die Kinder der heiligen Kirche, die Kinder des Glaubens, meine wahren Nachahmer, werden in der Liebe zu Gott und in den Tugenden unter Führung des Heiligen Geistes wachsen. Ich werde mit ihnen kämpfen, bis sie zur Fülle des Alters gelangen.

Die Natur lechzt nach Rache wegen der Menschen und bebt vor Entsetzen in Erwartung dessen, was über die durch Verbrechen besudelte Erde hereinbrechen soll. Zittert, Erde und ihr, die ihr Gelübde zum Dienste Jesu Christi abgelegt habt und die ihr innerlich euch selbst anbetet, zittert! Denn Gott geht daran, euch seinen Feinden zu überliefern, da die heiligen Orte in Verderbnis sind. Zahlreiche Klöster sind nicht mehr Häuser Gottes, sondern die Weiden des Asmodeus (d.h. des Teufels der Unkeuschheit, Anm. des Übersetzers) und der Seinen.

So wird es um die Zeit sein, wenn der Antichrist geboren wird von einer jüdischen Ordensfrau, einer falschen Jungfrau, die mit der alten Schlange, dem Meister der Unzucht, im Bunde stehen wird. Sein Vater wird Bischof sein. Bei seiner Geburt wird er Gotteslästerungen ausspeien; er wird Zähne haben; mit einem Wort, dieser ist der fleischgewordene Teufel. Er wird in ein schreckliches Geschrei ausbrechen; er wird Wunder wirken, er wird sich nur von der Unzucht nähren. Er wird Brüder haben, die zwar nicht so wie er fleischgewordene Teufel, wohl aber Kinder des Bösen sind. Mit zwölf Jahren werden sie sich schon durch glänzende Siege, die sie davontragen, auszeichnen.

Bald wird ein jeder von ihnen an der Spitze einer Armee sein, unterstützt von Legionen der Hölle. Die Jahreszeiten werden sich verändern. Die Erde wird nur schlechte Früchte hervorbringen; die Sterne werden ihre regelmäßigen Bahnen verlassen. Der Mond wird nur ein schwaches rötliches Licht wiedergeben. Wasser und Feuer werden auf der Erde furchtbare Erdbeben und große Erschütterungen verursachen, welche Berge und Städte ... versinken lassen.

Rom wird den Glauben verlieren und der Sitz des Antichrists werden.

Die Dämonen der Luft werden mit dem Antichrist große Wunderdinge auf der Erde und in den Lüften wirken, und die Menschen werden immer schlechter werden.

Gott wird für seine treuen Diener und die Menschen guten Willens sorgen. Das Evangelium wird überall gepredigt werden; alle Völker und alle Nationen werden Kenntnis von der Wahrheit haben.

Ich richte einen dringenden Aufruf an die Erde: Ich rufe auf die wahren Jünger Gottes, der in den Himmeln lebt und herrscht. Ich rufe auf die wahren Nachahmer des menschgewordenen Christus, des einzigen und wahren Erlösers der Menschen. Ich rufe auf meine Kinder, meine wahren Frommen; jene, die sich mir hingegeben haben, damit ich sie zu meinem göttlichen Sohne führe; jene, die ich sozusagen in meinem Armen trage; jene, die von meinem Geiste gelebt haben. Endlich rufe ich auf die Apostel der letzten Zeiten, die treuen Jünger Jesu Christi, die ein Leben geführt haben in der Verachtung der Welt und ihrer selbst, in Armut und Demut, in Verachtung und in Schweigen, in Gebet und in Abtötung, in Keuschheit und in Vereinigung mit Gott, in Leiden und in Verborgenheit vor der Welt. Die Zeit ist da, daß sie ausziehen, um die Welt mit Licht zu erfüllen. Gehet und zeiget euch als meine geliebten Kinder. Ich bin mit euch und in euch, sofern euer Glaube das Licht ist, das euch in diesen Tagen der Drangsale erleuchtet. Euer Eifer macht euch hungrig nach dem Ruhm und der Ehre Jesu Christi. Kämpfet, Kinder des Lichtes, ihr, die kleine Zahl, die ihr sehend seid; denn die Zeit der Zeiten, das Ende der Enden ist da.

Die Kirche wird verfinstert, die Welt in Bestürzung sein. Aber da sind noch Henoch und Elias, erfüllt vom Geiste Gottes. Sie werden mit der Kraft Gottes predigen, und die Menschen guten Willens werden an Gott glauben, und viele Seelen werden getröstet werden. Sie werden durch die Kraft des Heiligen Geistes große Fortschritte machen und die teuflischen Irrtümer des Antichrists verurteilen. Wehe den Bewohnern der Erde! Es wird blutige Kriege geben und Hungersnöte, Pestseuchen und ansteckende Krankheiten. Es wird entsetzliche Hagelregen von Tieren geben; Donner, welche Städte erschüttern; Erdbeben, welche Länder verschlingen. Man wird Stimmen in den Lüften hören. Die Menschen werden ihren Kopf gegen die Wände schlagen. Sie werden den Tod herbeirufen, und andererseits wird der Tod ihnen Qualen bringen. Überall wird Blut fließen. Wer könnte da siegen, wenn Gott nicht die Zeit der Prüfung abkürzte? Durch das Blut, die Tränen und die Gebete der Gerechten wird sich Gott erweichen lassen. Henoch und Elias werden dem Tode überliefert. Das heidnische Rom wird verschwinden. Und Feuer vom Himmel wird herabfallen und drei Städte verzehren. Die ganze Welt wird von Entsetzen geschlagen. Es ist Zeit. Die Sonne verfinstert sich. Der Glaube allein wird leben.

Nun ist die Zeit da! Der Abgrund öffnet sich. Siehe da den König der Könige der Finsternisse! Siehe da das Tier mit seinen Untergebenen, das sich ‹Erlöser der Welt› nennt. Stolz wird es sich in die Lüfte erheben, um zum Himmel aufzusteigen. Er wird durch den Hauch des heiligen Erzengels Michael erstickt. Er stürzt herab, und die Erde, die sich seit drei Tagen in beständiger Umwälzung befindet, wird ihren Schoß voll des Feuers öffnen. Er wird verschlungen für immer mit all den Seinen in die ewigen Abgründe der Hölle. Dann werden Wasser und Feuer die Erde reinigen und alle Werke des menschlichen Hochmuts vertilgen, und alles wird erneuert werden. Dann wird Gott gedient und verherrlicht werden.»

Diese prophetischen Worte treffen direkt auf unsere Zeit zu, sind vielleicht sogar aktueller als damals im Jahre 1846, gerade was die vergewaltigte Mutter Erde und die Natur anbelangt. Leider findet diese Botschaft auch im offiziellen Film von La Salette keine Erwähnung. Aber wer Maria kennt, weiß, daß sie uns nicht mit so einer fürchterlichen Botschaft und Drohung zurückläßt, ohne uns auch Trost und Hoffnung auf eine schönere Zeit mit Gott zu geben. Wo aber finden sich hier die trostspendenden Worte, die auf eine bessere Zukunft weisen, so wie in der ersten Botschaft, die Maria den Kindern von La Salette gab, als sie von Bergen sprach, die sich in Brot verwandeln werden?

La Salette
Wie viele große Marienerscheinungs- oder Wallfahrtsorte liegt
La Salette mitten in der Einsamkeit südfranzösischer Berge.
Bildquelle: Georg Schmertzing

Das Rätsel löst sich, wenn wir auch die persönliche Botschaft an Maximin heranziehen, die er ebenso wie Mélanie Calvat von Maria direkt erhielt und im Beisein von Zeugen für Papst Pius IX. aus dem Gedächtnis niederschrieb. Sie ist bis jetzt vom Vatikan nicht veröffentlicht. Und warum nicht? Da kommt uns eine Gesprächsnotiz von Abbé Gerin, einer der beiden Priester, die die Botschaft von La Salette dem Papst überbracht haben, zu Hilfe: «Der Heilige Vater saß vor seinem Schreibtisch; er stand auf, nachdem er uns seine Hand zum Kusse gereicht hatte, was eine besondere Gunsterweisung ist. Er ging in die Vertiefung des Fensters und vergaß fast, daß er Papst ist, da er sagte: ‹Bin ich gezwungen, diese Geheimnisse für mich zu behalten?› ‹Heiliger Vater›, sagte ich zu ihm, ‹Sie haben den Schlüssel zu allen Dingen.› Aus einigen Brocken dieser Geheimnisse, die bis zu uns gedrungen sind, glaubt man, daß Maximin das Erbarmen oder die Wiederherstellung aller Dinge und daß Mélanie große Züchtigungen ankündigen. Ich wußte, daß das Geheimnis des Maximin das kürzere ist. Der Heilige Vater hat es zuerst gelesen: er lobte die Lauterkeit und die Einfalt des Kindes.»

Das ist es also: Die Botschaft an Maximin betrifft «das Erbarmen oder die Wiederherstellung aller Dinge». Die konservativen Kräfte in der Kirche haben sich wohl lieber für die Veröffentlichung der Strafandrohung entschieden, weil die Schäflein bei der Ankündigung der kommenden Herrlichkeit alle Bußfertigkeit über Bord werfen würden. Gerade diese Kreise nehmen sich manchmal allzu liebevoll den Drohungen in den prophetischen Marienbotschaften an und erzeugen damit den Effekt der erstarrten Kaninchen vor der Schlange der apokalyptischen Zukunft. Aber wir wissen ja von den Propheten, daß sie alle möglichen Strafen voraussagen, die dann eintreffen werden, wenn die Menschen sich nicht besinnen und ein neues Leben beginnen. Und genau um dieses neue Leben geht es: Es muß in seiner Schönheit und Freude auch geschildert sein, um uns Menschen zu motivieren. Zuviel Strafandrohung stumpft ab. Die Hoffnung auf eine strahlende Welt mit Gott aber spornt an.

Welche Welt uns wohl Maria über die persönliche Botschaft an Maximin Giraud verheißen hat? Vielleicht das neue Jerusalem, mit dem Maria seit jeher in der Kirche gleichgesetzt worden ist, und wo Gott sein Gesetz unmittelbar in die Herzen der Menschen schreibt. «Keiner wird mehr den andern belehren, man wird nicht zueinander sagen: Erkennt den Herrn!, sondern sie alle, klein und groß, werden mich erkennen» (Jeremia 31,34), und in der Offenbarung des Johannes heißt es: «Einen Tempel sah ich nicht in der Stadt. Denn der Herr, ihr Gott, der Herrscher über die ganze Schöpfung, ist ihr Tempel, er und das Lamm» (Offb. 21,22).

Symbolisiert das «neue Jerusalem» eine Welt, in der eine Kirche in der heutigen Form entbehrlich ist? Die Vision der Stadt ohne Tempel ist zugleich auch die Vision eines Glaubens ohne institutionelle Reglementierung - da Gott in den Herzen der Gläubigen wohnt. Ist es das, was den einen oder anderen Würdenträger erschreckt? Denn eine Kirche des Heiligen Geistes ist sicher eine gänzlich andere als die heutige. Keiner wird den anderen belehren, denn sie alle werden Gott und das Lamm, seinen Sohn erkennen, er wird ihnen geistig sichtbar sein. Theologie und Verkündigung werden dann konsequenterweise ganz anders gesehen werden.

Maria wollte die Neugeburt ihres Sohnes in den Herzen der Menschen bewirken. Deshalb endet die Schilderung des Johannes mit den herrlichen Worten: «Der Geist und die Braut aber sagen: Komm! Wer hört, der rufe: Komm! Wer durstig ist, der komme. Wer will, empfange umsonst das Wasser des Lebens» (Offb. 22,17).

Viele Worte Mariens deuten in diese große Zukunft: in die Wandlung von der kämpfenden, irrenden zur jubilierenden, jauchzenden Kirche des Heiligen Geistes, deren erstes menschliches Mitglied die Muttergottes selbst bereits ist. Vielleicht wird uns gerade die Botschaft an den kleinen Maximin Giraud diese verheißungsvolle Zukunft nahebringen. Wenn sie von der Kirche oder vom Stellvertreter Christi veröffentlicht wird.

Und daß die oben angeführten Worte der (geheimen Johannes-) Offenbarung sehr wohl auch Maria sprechen kann, zeigt sich ebenfalls in La Salette und wird sich immer wieder zeigen: Sie kündigte an, daß eine Quelle am Ort ihrer Erscheinung fließen und deren Wasser später auch viele Heilungen bewirken wird. Damit die Menschen nicht vergessen, daß das «Wasser des Lebens» von Gott kommt: «Wer durstig ist, den werde ich umsonst aus der Quelle trinken lassen, aus der das Wasser des Lebens strömt» (Offb. 21,6).

Den Abschluß dieser großen Botschaft sollen die Worte des französischen Schriftstellers Leon Bloy, der auf dem Berg von La Salette bekehrt wurde, bilden, als er 1908 seine tiefen Gefühle über das herzergreifende Weinen der Gottesmutter bei ihrer Erscheinung in diesem Ort schilderte: «Die Herrin des Alls bemüht sich selbst, als ob, wenn ich den Vergleich wagen darf, die Milchstraße, dieses unauszählbare Stück Schöpfung, sich bemühen würde und entsetzt durch die Bosheit der Menschen niederkniete im tiefen Blau des Firmaments.» Er fühlte etwas von der unendlichen, tiefen Liebe dieser Frau, der kosmischen Mutter und Königin des Alls.

Quelle: Johannes M. Höcht: Die große Botschaft von La Salette

Schmerzhafte Königin Polens
Lichen 1850

Zu der Zeit, da Maria besonders Frankreich durch ihre Botschaften aufzurütteln versuchte, erschien sie auch auf der anderen Seite Europas: im gedemütigten, von den Russen besetzten Teil Polens, in der Gemeinde Lichen.

Das Wirken Marias für diesen Erscheinungsort nahm schon lange vor 1850 seinen Anfang. Der Soldat Tomas Klossowski wurde 1813 in der Völkerschlacht bei Leipzig schwer verwundet. Da rief er in seiner Todesangst zu Maria, die ihm daraufhin tatsächlich leibhaftig erschien: Im goldenen Mantel, mit einer Krone auf dem Haupt. Ihr Blick war traurig, und mit ihren Händen schützte sie den weißen polnischen Adler auf ihrer Brust. Die Himmelskönigin versprach dem Soldaten Rettung und Heimkehr, gab ihm aber zugleich einen Auftrag: «Schau mich gut an! Du sollst ein Bild suchen, auf dem ich so aussehe, wie du mich hier jetzt siehst! Dieses Bild hängst du in deiner Heimat an einer Stelle auf, an der mich alle Menschen sehen können. Mein Volk wird vor diesem Bild zu Gott beten und durch mich zahlreiche Gnaden aus meinen Händen in diesen schwierigen Zeiten erlangen.»

Nach vielen langen Jahren des Suchens fand Tomas Klossowski 1836 endlich das betreffende Bild und hängte es acht Jahre später, kurz vor seinem Tod, in eine Waldkapelle in der Nähe von Lichen.

In dieser einsam gelegenen alten Waldkapelle hing nun also das so lang gesuchte Marienbild mit dem weißen polnischen Adler vor der Brust. Jedoch kamen zunächst nur wenige Menschen dorthin, um vor dem Muttergottesbild zu beten, bis auf einen, den Dorfhirten Mikolaj Sikatka, der diesen Ort regelmäßig aufsuchte. Der zeitgenössische Schriftsteller J. Wieniawski schrieb über den Sechzigjährigen: «Er war ein sehr ehrbarer Mann mit einer für einen Bauern seltsamen Milde. Er lebte fromm und vorbildlich, mied die Kneipe und bösen Klatsch. In seiner Umgebung säte er Ruhe, Eintracht und Nächstenliebe.» Das waren tatsächlich seltene Eigenschaften in einer Gegend, in der die Menschen durch Armut und Besatzung fatalistisch, resignativ und religiös gleichgültig geworden waren.

Und gerade an diesem Ort erschien Maria Anfang Mai des Jahres 1850. Es war zur Mittagszeit, und Mikolaj betete gerade den Rosenkranz, als eine Frau auf ihn zukam und ihn mit «Gelobt sei Jesus Christus» begrüßte. Erstaunt stellte er fest, daß er die schöne Frau gar nicht kannte, die sogleich weiter zu ihm sprach: «Mikolaj, verkünde den Menschen, daß sich für ihre Sünden eine Strafe Gottes nähert. Eine Seuche wird die ganze Umgebung plagen. Die Menschen werden wie Fliegen sterben, auf dem Feld und zu Hause. Ermutige die Menschen zum Gebet und zur Buße. Wenn sie sich bekehren, dann bleibt die Strafe aus. Besonders sollen die Leute den Rosenkranz beten und das Leben und Sterben Jesu betrachten.» Dabei zeigte sie Mikolaj einen langen Rosenkranz mit fünfzehn Gesätzen. Dann fuhr sie fort:

«Das Volk ist schlecht. Wenn es sich nicht bekehrt, kommt bald ein schwerer Krieg, in dem viele leiden werden. Es kommt ferner eine ansteckende Krankheit, durch die viele sterben. Mikolaj, geh zur Kapelle, in der das Bild hängt und räume dort auf, weil das ganze Volk hierher kommen und hier viele Gnaden erhalten wird.»

Mikolaj sah Maria auf einer goldenen Wolke stehen und begriff, daß ihn ein Wesen, das nicht von dieser Welt war, angesprochen hatte. Er wollte rufen, doch da war die Frau auch schon wieder verschwunden.

Aus Furcht, ausgelacht zu werden, sagte der Dorfhirt niemandem ein Wort über dieses Erlebnis.

Als er wieder einmal vor dem Marienbild den Rosenkranz betete, hörte er Schritte und konnte gleich darauf die unbekannte Dame wieder erkennen, die ihm folgendes mitteilte: «Das Volk ist schlecht. Es beleidigt Gott durch schwere Sünden. Mein Sohn ist schon zornig und wird die Welt bald bestrafen. Ich flehe ihn an, aber ich kann seinen Arm nicht mehr zurückhalten. Wenn die Menschen sich nicht bessern und Sühne leisten, fallen bald die strafenden Schläge. Dann wird Europa von einem langen, mörderischen Krieg erschüttert werden. Das Meer wird rot von Blut. Viele Menschen werden umkommen, man wird das Weinen von Witwen und Waisen vernehmen.

Die Menschen sollen den Rosenkranz beten und Gott um Barmherzigkeit bitten. Geh in die Nachbardörfer und sammle Geld für Heilige Messen. Alle, auch die Ärmsten, sollen eine Gabe geben, damit die Priester diese Heiligen Messen feiern für die Abwendung der Strafen und Krankheiten. Wenn der Priester mit dem heiligsten Leib und Blut Christi in den Händen vor Gott steht, ruft er immer die Barmherzigkeit Gottes auf das Volk herab und erlangt Verzeihung der Sünden und viele Gnaden. Die Heilige Messe rettet die sündige Menschheit. Das Volk soll also auf die Priester hören und ihren Mahnungen folgen. Andernfalls geht es verloren. Und zu den Priestern sage ich: betet, betet! Segnet das Volk! Klagt nicht über die Menschen, verliert nicht den Mut, sondern segnet! Ich bin jedem Priester eine zärtliche und verstehende Mutter. Wenn er betet und büßt, erhebe ich ihn, reinige ihn und stärke ihn. Sein verwundetes Herz erfülle ich mit Freude. Die Priester werden in großen Scharen hierher kommen. Ich werde ihnen hier besondere Gnaden verleihen, hier werden sie ihre innere Ausgeglichenheit und Harmonie und ihren anfänglichen Eifer wiederfinden.

Meine Söhne, hier erwarte ich euch mit Sehnsucht und halte nach euch Ausschau.»

Nach einer kurzen Pause fuhr Maria fort, über die Notwendigkeit der inneren Umkehr und Sühne zu sprechen: «Mikolaj, bemühe dich, daß dieses Bild verehrt und von Beleidigungen Ungläubiger geschützt wird. Das gesamte Volk soll Buße tun, dann wird es Gott auf dem Weg des Kreuzes zur Verherrlichung führen. Kommt es aber nicht zu einer allgemeinen Besserung, zur Buße für die begangenen Sünden, zur Versöhnung und zum Frieden zwischen Verwandten und Bekannten, zu keiner wirklichen Bekehrung, dann werden neues Leid und neue Verfolgungen über dieses unglückselige Land hereinbrechen. Die besten Söhne werden im Kampfe fallen, von ihren falschen Verbündeten verraten und verlassen.»

Maria beschrieb das kommende Leid und Elend noch genauer, versprach aber auch Hilfe und ihren mütterlichen Beistand während der Verfolgung.

«Die Priester werden nie zu Verrätern des Glaubens, der Kirche und des Volkes. Die Priester, die aus diesem Volke kommen, werden große Zeichen und Dinge tun.»

Mikolaj war erschüttert. Er verdoppelte seine Gebete, aber er getraute sich noch immer nicht, sein Schweigen zu brechen.

Da erschien Maria nochmals, am 15. August, dem Fest Mariä Himmelfahrt. Nachdem Mikolaj weinend seine Schwäche bekannt und gebetet hatte, sah er eine strahlende Lichtkugel vom Himmel zwischen den Bäumen des Waldes herabschweben, und plötzlich stand sie da, die schöne Frau, die diesmal wie auf dem Bild als «Schmerzhafte Königin Polens» erschien.

Und Mikolaj vernahm die Worte: «Die Menschen sündigen immer weiter und denken überhaupt nicht an Umkehr und Besserung. Es wird nicht mehr lange dauern, bis Gott sie bestraft. Es kommt eine furchtbare Krankheit. Viele werden plötzlich an ihr sterben, Greise, Säuglinge und Jugendliche. Zu Waisen gewordene Kinder werden um ihre Eltern weinen.

Dann folgt ein schrecklicher Krieg, in dem Millionen sterben werden.

Die Barmherzigkeit Gottes ist unermeßlich. Es kann noch alles gut werden. Wenn das Volk Heilige hervorbringt, kann alles gerettet werden. Was wir brauchen, das sind heilige Mütter. Ich liebe eure guten Mütter, ich unterstütze sie immer und verstehe sie, denn ich war selbst eine sehr schmerzhafte Mutter. Die hinterlistigen Absichten eurer Feinde werden an euren Müttern zerschellen. Sie geben eurem Volke viele und heldenhafte Kinder. Diese werden, während der Weltkrieg tobt, der Heimat die Freiheit erkämpfen. Der Teufel wird Zwietracht zwischen den Brüdern säen. Die alten Wunden werden noch nicht geheilt sein, und es wird nicht einmal eine Generation vergehen, dann werden Erde, Meer und Luft so von Blut getränkt werden, wie es noch nie der Fall war. Die Erde wird von Tränen, Blut und Asche übersät sein. Im Herzen des Landes wird die Jugend auf dem Opferaltar fallen. Unschuldige Kinder werden sterben, aber diese Märtyrer werden für euch vor dem Thron des gerechten Gottes flehen, wenn es zum Endkampf um die Seele des ganzen Volkes kommt.

Im Feuer dieser langen Prüfungen wird der Glaube geläutert, die Hoffnung und die Liebe werden nicht erlöschen. Ich werde unter euch sein, werde euch schützen, euch unterstützen, und so helfe ich der Welt.

Die Völker werden staunen, wenn aus Polen die Hoffnung kommt für die geplagte Menschheit. Alle Herzen werden vor Freude höher schlagen, wie es seit tausend Jahren nicht mehr war. Das wird das größte Zeichen sein, dem Volk gegeben zur Stärkung und Besinnung. Es wird das ganze Volk einigen.

Dann werden über dieses so gequälte und gedemütigte Volk und Land außergewöhnliche Gnaden kommen, wie es seit tausend Jahren nicht mehr war. Die jungen Herzen werden aufleben, Priesterseminare und Klöster werden überfüllt sein. Polnische Herzen bringen den Glauben nach Osten und Westen, nach Norden und Süden. Der Friede Gottes wird auf Erden herrschen.

Mikolaj, sage es allen, ermahne sie und tröste: Tut Buße und seid wachsam! Wenn die schweren Tage für das Volk kommen und Trauer die Herzen erfüllt, werden jene, die zu diesem Gnadenbilde kommen, die hier beten und büßen, nicht verloren gehen, sie werden getröstet und gerettet werden. Wenn das polnische Volk sich bekehrt, wird es getröstet und erhört werden als Vorbild für andere Nationen. Der Teufel wird zwar mit ihm kämpfen, um diese Erneuerung nicht zuzulassen, aber der endgültige Sieg gehört mir. Laßt euch darum nicht verführen durch diesen teuflischen Drachen, bleibt Gott treu, ich bedecke euch mit meinem Schutzmantel.

Mein Bild soll aus dem Wald an eine andere, würdigere Stätte gebracht werden. Dorthin werden dann die Menschen aus ganz Polen zu ihm pilgern. Früher oder später wird man dort eine prächtige Kirche bauen. Wenn die Menschen es nicht tun, werde ich Engel senden, damit sie es tun. Dort wird auch ein Kloster gebaut werden, in dem meine Söhne mir dienen. Zwischen diesem Kloster und Biniszewo (ein Dorf bei Lichen) wird eine Verbindungsstraße gebaut werden. Du, Mikolaj, wirst viel zu leiden haben. Laß dich nicht abschrecken! Sage den Leuten, was du gesehen und gehört hast! Und als Beweis, daß es wahr ist, was du gehört hast, wirst du jetzt verjüngt.»

Und tatsächlich: Mikolajs graue Haare wurden wieder schwarz und sein Gesicht frisch und jugendlich.

Jetzt war er bereit, alles auf sich zu nehmen und den Leuten die Marienbotschaft zu verkünden. Daß er selbst aber viel Leid auf sich nehmen würde müssen, hatte Maria schon angekündigt: Der fromme Mann wurde von der Polizei umgehend festgenommen, gefoltert, seine schwarz gewordenen Kopf- und Barthaare abrasiert, und schließlich wurde er sogar für geisteskrank erklärt. Damit hofften die Behörden, alles erledigt zu haben.

Doch das Gegenteil war der Fall. Von überall her strömten Menschen nach Lichen, besonders, als die von Maria angekündigte Seuche, die Cholera, ausbrach. Alle wollten das neue wundertätige Marienbild sehen und um Hilfe bitten. Und zwar nicht nur Katholiken, sondern auch Protestanten und sogar Juden, wie Zeitgenossen verwundert vermerkten.

Am 5. September 1852 besichtigte eine bischöfliche Kommission die heilige Stätte und erklärte später das Gnadenbild Mariens als wundertätig und verehrungswürdig. Als am 29. September 1852 das Bild aus der Waldkapelle nach Lichen gebracht wurde, konnten mehr als 80.000 Menschen Zeichen wie goldene Blitze und ein seltsames Licht am Himmel sehen.

Und jetzt endlich begann die bisher desinteressierte Gemeinde Lichen an der Stelle der zusammengefallenen alten Kirche eine neue zu bauen, in der das heilige Marienbild seinen endgültigen Platz fand.

Mikolaj Sikatka starb 1857, und 40 Jahre nach seinem Tod fand man seine Leiche unverwest im Sarg liegen. Auch bei Cathérine Labouré, der Seherin von Paris, konnte dieses Phänomen beobachtet werden - in der Tat bleiben auf unerklärliche Weise die Körper vieler Marien-Begnadeter unverwest.

Bis 1939 registrierte man im Pfarrhof von Lichen 3.000 Zeugnisse von wunderbaren Heilungen und Hilfen in ausweglosen Situationen. Sogar der berühmte Kardinal Wyszynski bezeugte, durch die Muttergottes von Lichen von einer hoffnungslos erscheinenden Krankheit befreit worden zu sein.

Während des zweiten Weltkriegs wurde Lichen verwüstet, das Gnadenbild aber gerettet, und 1949 entstand in diesem Ort ein Kloster des polnischen Ordens der Marien-Priester, wie Maria es vorausgesagt hatte: «Hier werden meine Söhne mir dienen.» Auch all ihre anderen Prophezeiungen sind zum Großteil erfüllt. Polen schickt Priester und einen Papst in alle Welt. Auf die schönste Botschaftserfüllung, die die Gottesmutter in Lichen verkündete, dürfen wir aber noch alle hoffen und warten: «Der Friede Gottes wird auf Erden herrschen.»

Quelle: Henryk Janicki: Die Erscheinungen der Gottesmutter in Lichen

Küsse die Erde
Lourdes 1858

Gerade als die Erscheinung von La Salette von der Kirche Frankreichs untersucht und auch bekämpft und von Papst Pius IX. wohlwollend geprüft wurde, da erschien die Gottesmutter wieder im Land der Aufklärung und atheistischen Revolution: am Fuße der Pyrenäen, schon nahe der spanischen Grenze, im französischen Städtchen Lourdes.

Und wieder war es ein Kind, noch dazu ein armes, von den Eltern aus Not als Hirtenmädchen außer Haus verdingtes, gänzlich ungebildetes und religiös ziemlich unbelehrtes Geschöpf von zehn Jahren: Bernadette Soubirous. Einer Gesellschaft, die sich und ihre Repräsentanten zu jener Zeit so ernst nahm und bombastische Autoritäten an die Stelle Gottes setzte, gab Maria drastisch zu verstehen, daß sie ganz bewußt, im Namen ihres Sohnes, die Mächtigen vom Thron stürzt und die Niedrigsten erhöht (vgl. Lukas 1,52), damit die weltlichen und kirchlichen Autoritäten beschämt würden, die sich darüber mokieren, daß Maria ihre Botschaften an die Welt nicht durch einen Bischof oder den Papst, sondern durch ganz einfache Kinder verkünden läßt. Deshalb erlebt jeder Mensch, der einmal nur dieses echte Mariengefühl in seinem Herzen spüren durfte, ein Unvoreingenommen- und Unschuldigsein, wie er es vielleicht nur aus seiner Kindheit her kennt. Maria vollbrachte das Wunder in diesen aufgeklärten Menschenherzen des 19. und 20. Jahrhunderts, auf daß sie würden wie Kinder.

Diesmal sprach Maria sehr wenig. Dafür aber setzte sie Zeichen und Wunder, die mehr bewegen als Worte. Ließ sie bisher ihre Sorge um die Welt als Ganzes durchklingen, so wird in Lourdes eines ganz deutlich: Der Mensch hat seine Erde mit in den Strudel der Gottlosigkeit gerissen, jetzt muß er auch für sie und mit ihr büßen.

Lourdes ist der erste Erscheinungsort, an dem sich Maria öfter hintereinander zeigte, insgesamt achtzehnmal. Im folgenden wird nun der Ablauf der Erscheinungen dargestellt:

1. Erscheinung: Während die 14-jährige Bernadette Soubirous mit ihren jüngeren Geschwistern im Wald Brennholz sammelte, vernahm sie plötzlich ein unerklärliches Brausen; sie blickte sich um und sah, wie sich über einer nahen Grotte ein Rosenstrauch bewegte. Darüber erschien eine wunderschöne Frauengestalt, die Bernadette andeutete, den Rosenkranz zu beten. Die Dame, wie sie später von Bernadette genannt wird, sprach dabei nur das «Ehre sei dem Vater und dem Sohne und dem Heiligen Geist» mit. Nachdem das Kind das Gebet beendet hatte, verschwand die Erscheinung. Gesehen hat sie nur die kleine Bernadette, während ihre Geschwister weder etwas sahen noch etwas hörten.

2. Erscheinung: Am 14. Februar besprengte das Seherkind die Erscheinung mit Weihwasser, um sicher zu gehen, daß es keine teuflische Vision ist. «Wenn du von Gott kommst», so rief Bernadette aus, «dann nähere dich!» Eine Verhaltensweise, die ihr natürlich von den Erwachsenen eingeredet worden war. Die Dame lächelte nur und nickte ihr zu.

3. Erscheinung: Am 18. Februar gaben Frauen dem Kind Tinte und Papier, denn die «Dame» sollte etwas aufschreiben, das als Beweis für die Echtheit der Erscheinung dienen sollte. Da sagte Maria: «Es ist überflüssig aufzuschreiben, was ich wünsche. Mach mir die Freude und komme vierzehn Tage lang täglich zu mir her.» So begann die geistliche Belehrung durch die Muttergottes, zu der sie auch gleich die Belohnung für das Seherkind hinzufügte: «Ich verspreche dir, dich glücklich zu machen, doch nicht in dieser Welt, aber in der anderen.»

Auf die Frage Bernadettes, ob sie auch andere Menschen zu den Erscheinungen mitbringen dürfe, antwortete die Dame, die ihren Namen noch nicht genannt hatte: «Ja, sie mögen mit dir kommen. Sie und viele andere. Ich wünsche viele Leute hier zu sehen.»

4. Erscheinung: Am 19. Februar geriet Bernadette in Ekstase, und ihre zuerst skeptische Mutter war von dem Anblick ihrer entrückten Tochter derart ergriffen, daß sie nun nicht mehr an der Echtheit der Erscheinung zweifelte. An diesem Tag geschah etwas sehr Bemerkenswertes: Bernadette berichtete, daß während des Erscheinungsgeschehens großer Lärm und folgende Rufe «aus dem Inneren der Erde» gekommen seien: «Rette dich, rette dich!» Daraufhin blickte die Dame mit drohender Miene in Richtung der Stimme, und sofort herrschte wieder Ruhe. Die Erde birgt sowohl Böses und Dämonisches wie auch Gutes und Lichterfülltes. Maria hat von ihrem göttlichen Sohn die Vollmacht über die Erde erhalten. Darauf weist sie uns in diesem Geschehen hin.

5. Erscheinung: Diesmal waren bereits viele Menschen gegenwärtig. Die Dame lehrte Bernadette ein Gebet, das aber nur für sie allein bestimmt war. Dabei erhebt sich die Frage: Warum erhalten die Seher und Seherinnen immer wieder ganz persönliche Zuwendungen, die meist kein anderer Mensch erfährt? Warum nutzt Maria die Zeit dieser Erscheinungen nicht besser mit Hinweisen für die ganze Welt? Eine Erklärung dafür ist in ihren Worten an Schwester Labouré in Paris enthalten: «Die Kugel, die du siehst, stellt die ganze Welt vor, und auch jede einzelne Person.» Damit sagt sie etwas, was wir Christen dieser Tage zu vergessen scheinen, daß nämlich Gott zu jedem Menschen seine ganz persönliche Beziehung aufbauen will, und diese Zweierbeziehung ist genauso wichtig wie die Beziehung des gesamten Volkes zu Gott. Ja, jede Beziehung zu Gott deutet wieder auf die zukünftige Kirche des Heiligen Geistes, auf das kommende Jerusalem hin, in dem Gott sein Gesetz direkt in das Herz der Menschen schreibt. Deshalb wird das Individuum von Maria so hoch eingeschätzt und so persönlich unterwiesen.

6. Erscheinung: Immer mehr Leute kamen, um die Erscheinungen mitzuerleben. Erstmals prüfte nun ein Arzt die Symptome der entrückten Seherin. Der kleinen Bernadette liefen diesmal Tränen über die Wangen, als ihr die Dame sagte: «Bete für die armen Sünder, bete für die kranke Welt.»

Auch diese Aufforderung Mariens ist sehr bedeutungsvoll, da sie uns unmißverständlich darauf aufmerksam macht, daß die Sünder arm sind, da sie an ihren Verfehlungen, an ihrer Disharmonie selbst am meisten leiden, und daß die ganze Welt krank ist. Nicht nur die Menschen, sondern auch die Natur, die Tiere und der ganze Planet Erde.

Am Ende dieser Erscheinung mußte Bernadette ein Verhör durch den örtlichen Polizeikommissar über sich ergehen lassen. Man wollte ihr verbieten, zum Erscheinungsort zu gehen.

7. Erscheinung: Am 23. Februar wurde Bernadette von der Dame gerufen. Bernadette antwortete: «Hier bin ich». Daraufhin erfolgte wieder eine individuelle Belehrung: «Ich will dir ein Geheimnis mitteilen, ein Geheimnis, das nur dich allein betrifft und nur für dich allein bestimmt ist. Versprich mir, es niemandem zu sagen.» Bernadette schwieg bis zu ihrem Tode.

Zusätzlich erhielt sie auch einen Auftrag für die Allgemeinheit: «Und nun, mein Kind, geh und sag den Priestern, daß ich an diesem Ort eine Kapelle errichtet haben will.» Pfarrer Peyramale wies das Ansinnen zurück.

8. Erscheinung am 24. Februar.: «Buße, Buße, Buße!» lauteten die Worte Mariens bei dieser Erscheinung. Dann bekam Bernadette noch ein Geheimnis mitgeteilt.

9. Erscheinung am 25. Februar: Zuerst wurde Bernadette wieder ein ganz persönliches Geheimnis anvertraut, danach folgte ein erweitertes Gnadenhandeln der Muttergottes für diese Erde, für die Natur, die die Menschen einerseits gerade begannen, immer rücksichtsloser auszubeuten, und von der sie sich andererseits immer mehr entfernten: «Nun trinke und wasch dich an der Quelle und iß von den Kräutern, die dort wachsen», trug Maria dem erstaunten Mädchen auf. Da war nämlich gar keine Quelle! Als das Mädchen woanders hingehen wollte, deutete Maria auf den Boden der Grotte. Da begann Bernadette, mit den Fingern in der Erde zu kratzen, und in der Tat wurde diese Stelle feucht. Sie trank auch von dem feuchten Erdschlamm und aß von den Pflanzen. Sie ekelte sich davor, aber der Wunsch der Dame ließ sie gehorchen. Manche Anwesenden dachten, das Kind sei jetzt verrückt geworden. Aber was wie eine große Blamage erschien, wurde zum Triumph von Lourdes:

Bald plätscherte aus der Grotte eine kräftige, seither nie mehr versiegende Quelle, deren Wasser schon am darauffolgenden Tag ein Heilungswunder bewirkte. Seither hat das Muttergottes-Wasser von Lourdes vielen Menschen auf wundersame Weise geholfen - dieses Element Wasser, das auch das Blut der Erde genannt wird.

10. Erscheinung: Erneut stellte Maria eine Frage an Bernadette: «Willst du Buße tun für die armen Sünder?» Das Kind sagte ja. Daraufhin richtete Maria eine sonderbare Aufforderung an Bernadette: «Dann küsse die Erde zur Buße für die Sünder.» Wieder zweifelten einige Anwesende am Verstand des Kindes, als es den Boden immer und immer wieder küßte. Heute küßt auch der marianische Papst Johannes Paul II. jedesmal den Boden, wenn er ein Land dieser Erde besucht. Die Erde wird leider auch von vielen frommen Menschen viel zu wenig geschätzt, viele gehen achtlos mit ihr um, ist sie es doch, die uns alle ernährt. Und gerade sie verlangt Maria zu küssen!

Mittlerweile haben Wissenschaftler verschiedenster Fachrichtungen die Schöpfung aus ganzheitlicher Sicht erforscht und die Verflechtung allen Lebens, sowohl untereinander als auch mit dem gesamten Kosmos, bestätigt. Alle Phänomene sind miteinander vernetzt, folglich sind alle Teile der Schöpfung voneinander abhängig. Keiner kann sich aus dieser Vernetzung auskoppeln oder ungestraft diese Harmonie stören, auch nicht der bewußt handelnde Mensch.

«Ich schließe für Israel an jenem Tag einen Bund mit den Tieren des Feldes und den Vögeln des Himmels und mit allem, was auf dem Boden kriecht», sagt Gott (Hosea 2,20) über den neuen Bund und über die neue Erde: «Ich will den Himmel erhören und der Himmel wird die Erde erhören und die Erde erhört das Korn» (Hosea 2,23). Gott möchte die Harmonie aller Schöpfungselemente!

Maria befahl Bernadette also, die Erde, dieses lebendige Wesen, von den Griechen Gaia genannt, zu küssen. Denn diese Erde ist mehr als die Summe ihrer Einzelteile, sie ist gleichzeitig ein einziger lebender Organismus. Ein Lebewesen, das jetzt von seinen Bewohnern in höchstem Maße strapaziert wird, so wie der Mensch auch oft unbewußt an seinem Körper Raubbau betreibt und durch falsche Ernährung oder andere Schädigungen den ganzen Körper zerstört. Wir müssen Buße tun, verzichten, bewußt handeln, sonst werden wir zu den tödlichen Krebszellen, welche die Erde bedrohen, den Planeten, der uns unser Leben hier ermöglicht und uns dafür von Gott geliehen worden ist. Geistig und materiell. Das hat uns Maria vor mehr als hundert Jahren bereits in Lourdes so klar und unmißverständlich gezeigt. Verstanden haben wir sie leider seither im Laufe der mehr als hundert Jahre nicht. Was nicht zuletzt auch daran ersichtlich wird, daß gerade dieser Marienhinweis im offiziellen Film und Einführungsvortrag für die Besucher von Lourdes bis heute verschwiegen wird.

Die *11. und 12. Erscheinung* am 28. Februar und 1. März beeindruckten vor allem vier anwesende Soldaten und einen Priester.

13. Erscheinung am 2. März: Die Begnadete ging nach der Erscheinung noch einmal zum Pfarrer und wiederholte die Bitte um eine Kapelle und trug noch ein weiteres Anliegen Mariens vor: «Ich will, daß man in Prozessionen hierherziehe.»

14. und 15. Erscheinung am 3. März und am 5. März: Es kamen immer mehr Menschen, am 5. März waren es bereits 20.000! Bernadette wusch sich mit dem Marienwasser, aß von den Pflanzen und berichtete der Dame, daß der Pfarrer zu glauben bereit sei, wenn der Rosenstrauch in der Grotte zu blühen begönne.

16. Erscheinung am 14. März: Erstmals strahlte ihr schon von weitem die Dame entgegen! Dreimal fragte Bernadette sie nach ihrem Namen. Da öffnete die Erscheinung ihre Hände und faltete sie wieder, während sie sprach: «Ich bin die Unbefleckte Empfängnis.» Da brach bei den Anwesenden großer Jubel aus, als Bernadette, ohne jede Kenntnis, was dieser Name zu bedeuten habe, diese Botschaft unschuldig allen erzählte. Der Pfarrer von Lourdes aber, dem sie die Worte sogleich überbrachte, fand einen merkwürdigen Einwand gegen dieses Selbstzeugnis der Gottesmutter: «Sie konnte dies nicht sagen, denn sie ist nicht ihre eigene Empfängnis.» Er sandte deshalb einen negativen Bericht an den Bischof. Später hat, nach Prof. R. Laurentin, die Seherin Bernadette folgende Berichtigung von Maria er-

Lourdes
Maria knüpft an eine uralte Tradition an, wenn sie in Grotten oder
bei Quellen erscheint - so wie hier in Lourdes
Bildquelle: Georg Schmertzing

halten: «Ich bin Maria, empfangen ohne Sünde. Ich bin die Unbefleckte.» Wie wir wissen, bezieht sich das diesbezügliche Dogma, das vier Jahre vorher verkündet wurde, auf die erbsündenfreie Existenz Mariens schon im Leib ihrer Mutter Anna. Dadurch wird Maria Ausgangspunkt für einen neuen, erlösten Menschen!

Erwähnenswert ist, daß dieses Dogma, wie das folgende von der Himmelfahrt Mariens, von keiner Bibelstelle abgeleitet werden kann. Genau betrachtet ist das Dogma von der Unbefleckten Empfängnis nur von Maria selbst so exakt an Schwester Labouré im Jahr 1830 übermittelt worden. Die Pius-Päpste haben es im «Marienjahrhundert» endgültig festgeschrieben. Gerade dieser Lehrsatz fordert immer wieder heftige Diskussionen innerhalb der Kirchen heraus. Eine «Privatoffenbarung» wird zum Glaubensdogma!

17. Erscheinung am 5. April: Bernadette hielt in ihrer Verzückung eine Kerze direkt unter ihre eigene Hand, ohne daß sie einen Schmerz verspürte. Der Arzt Dr. Dozous konnte nach der Beendigung der Ekstase keinerlei Verletzungen feststellen.

18. Erscheinung: Am 16. Juli 1858 erschien Maria in strahlender Schönheit zum letzten Mal der kleinen Bernadette. Maria sprach kein Wort und lächelte in ihrer Lieblichkeit Bernadette zu, die sich nur dem wunderschönen Anblick hingab. Später erzählte sie oft mit Begeisterung von diesem schönen Abschied.

Am 18. Januar 1862 wurden diese Erscheinungen vom Bischof von Tarbes kirchlich anerkannt. Bernadette, die später ins Kloster ging und viele Demütigungen ertragen mußte, wurde 1933 heilig gesprochen. Ihr Körper zeigt bis heute keine Zeichen der Verwesung. Hinterläßt also ein «heiligmäßiger» Geist einen unverweslichen Körper, oder hat diese Manifestation des Sieges über die zerstörenden Kräfte der Natur wieder etwas mit dem neuen, dem erlösten Menschen zu tun, auf den uns Maria immer wieder hinweist?

Lourdes ist das Marienheiligtum mit der berühmtesten Marienquelle der Welt. In dieser Gegend Frankreichs gibt es viele Heilquellen, das Wasser von Lourdes aber ist gesundes Leitungswasser und enthält keine bestimmten natürlichen Heilstoffe.

Ein Wissenschaftler berichtet über dieses Phänomen: «Das stets anhaltende Wunder von Lourdes besteht darin: Man legt in unsaubere Wasserbehälter Kranke, taucht Frauen bis zum Hals ins Wasser ein zu Zeiten, wo die primitivste Klugheit eine Frau abhalten würde, ein Bad zu nehmen, und niemand wird von einem Blutandrang befallen, niemand spürt als Nachwirkung des Bades einen Kälteschauer. Die von der Chirurgie so sehr empfohlenen antiseptischen Verbände werden hier ohne weiteres durch Umschläge mit Lourdeswasser ersetzt, und der Zustand der Wunden zeigt dabei keine Verschlechterung. Niemals wurden der Hygiene und der Medizin ähnliche Ironien zugemutet wie hier. Und doch, hier gibt es keine Infektion, und keine Krankheit verschlechtert sich.»

Man badete sogar Kranke mit offenen Tuberkulosegeschwüren und anschließend vollkommen gesunde Menschen im gleichen Wasser. Es traten keinerlei Infektionen auf. Das Waschen mit dem geheiligten Wasser ist Zeichen der Buße und Läuterung. Es ist wohl von Gott durch seine «sonnenumglänzte Tochter» Maria gesegnet und als weiteres Zeichen gesetzt für die erlöste, das heißt krankheitsbefreite, Natur.

Quelle: Franz Jantsch: Wir fahren nach Lourdes

Königin der Engel
Anglet 1863

In diesem französischen Ort offenbarte sich Maria dem Priester L.-E. Cestac, Gründer der Genossenschaft der «Dienerinnen Mariens», der am 13. Januar 1863 in seinem Tagebuch festhielt: Die Allerseligste Jungfrau offenbarte sich als «Königin der Engel» und bat, man möge sie bitten, die Engel auszusenden, um die höllischen Geister zu überwältigen und niederzuwerfen. Und Maria wörtlich: «Die Vorhersagen von La Salette sind ihrer Erfüllung nahe; verkünde, daß viel gebetet werde, damit der Zorn Gottes besänftigt werde. ... Ich werde mit einer Legion Engel kommen und die Kirche retten.» Dazu diktierte sie ein Gebet, in dem sie wieder als «höchste Herrin der Engel» bezeichnet wird, und mit welchem sie preisgibt, daß sie «von Anbeginn von Gott die Macht und die Sendung erhalten hat, den Kopf Satans zu zertreten!»

Unser anfängliches Marienbild der ahnungslosen Magd hat Maria selbst in ihren Offenbarungen in das Bild der strahlenden Retterin der Welt gewandelt, die auch vor Gott über den höchsten Engeln steht! Dies ist zugleich eine bedeutende Aussage über die Stellung des erlösten Menschen in der Schöpfung. Wenn auch kein Mensch Marias herausragenden Platz je einnehmen kann und wird, so verfügt der Mensch doch über die einzigartige Fähigkeit, an der Brücke zwischen Geistigem und Materiellem seine Erlösung zu erlangen, wie Jesus Christus es uns vorgelebt und in Maria geoffenbart hat: Der Mensch kann aus freien Stücken ihren göttlichen Sohn aus seinem Geist und aus seiner Seele neu gebären! Und wenn ihm das gelingt, dann wird er von Gott in ungeahnte Höhen emporgehoben. So hoch, daß er den Engeln gleich wird und mitschwingt in ihren jubelnden «Feuerchören» der Anbetung.

Quelle: Robert Ernst: Maria redet zu uns; Lexikon

Königin des Rosenkranzes
Valle di Pompei 1872

Der Mann, der hier im einsamen, von Räubern oft heimgesuchten Landstrich über dem alten Pompei die große Not der Grundpächter kennenlernte und durch marianische Eingebung verbessern wollte, hieß Advokat Bartolo Longo.

Als charmanter und intelligenter Student geriet er in jungen Jahren in Sektenkreise, deren Mitglieder man damals die «Spiritisten» nannte. Der führende Kopf der Spiritistenkreise, Frederico Verdinios, führte ihn in Neapel, wo Bartolo den Doktor der Rechte erlangte, in die Geheimnisse spiritistischer Praktiken ein, und Bartolo wurde schließlich sogar Priester dieser Spiritistengruppe. Er fastete vor jeder Zeremonie und erlebte auf diese Weise intensiv die Welt der Dämonen und Geister, was ihn immer mehr beunruhigte und in immer größere innere Selbstzweifel trieb.

Doch dieses Erleben einer anderen, jenseitigen Welt machte Bartolo auch empfänglicher für Kräfte aus guten Dimensionen. So wie das Böse und Zerstörende konnte ihn nun auch das Lichte und Positive besser erreichen. Dr. Bartolo Longo wurde wohl auf Umwegen für höhere Aufgaben vorbereitet. In einem Gespräch mit seinem alten Professor, einem Mann voll Weisheit und Übersicht, sagte der Zerrissene: «Wenn wir nur von Teufeln geleitet würden, wäre es leichter. Aber wir sind Tag für Tag auch vom Erzengel Michael begleitet. Der Kampf hat nicht aufgehört!»

Zum Herz-Jesu-Fest 1865 kam die Wende: Getrieben von der inneren Unruhe seines Tuns suchte Dr. Longo Rat bei Pater Radente, der ihm seinen inneren Frieden wieder finden ließ. Diese fundamentale Veränderung strahlte auch nach außen hin derart stark aus, daß seine Freunde bald spotteten: «Aus dem Wolf ist ein Heiliger geworden.»

Über seine Gesinnungsgefährtin und spätere Frau, die verwitwete Gräfin Marianna De Fusco, kam er nach einiger Zeit nach Valle di Pompei. Zuerst erntete er dort bei den Menschen nur Mißtrauen und Unverständnis. Da hörte er einen inneren Ruf, den er als spirituell bereits aufgeschlossener Mensch sofort verstand: «Wenn Maria hier bekannt und verehrt wird, verwandelt sich das Tal der Finsternis in ein Paradies. Hier muß der Rosenkranz verbreitet werden.» Und Longo versprach, die Gegend nicht zu verlassen, bis der Wunsch Mariens Wirklichkeit geworden sein würde.

Die weitere Entwicklung nahm sich sehr abenteuerlich aus: Zuerst wurde 1875 ein schlecht gemaltes, beschädigtes Bild der Muttergottes aus Neapel nach Pompei gebracht, das renoviert wurde und sich nach und nach zu einem wunderbaren Votivbild wandelte. Dann entstand eine Basilika. Rosenkranzbruderschaften wurden gegründet und Waisenhäuser für Kinder von Strafgefangenen gebaut. Eine Rosenkranz-Zeitschrift wurde in großer Auflage gedruckt. All dies entsprang der marianischen Tatkraft des Advokaten Bartolo Longo!

Seitdem erschien Maria als Rosenkranzkönigin von Pompei vielen Kranken und Armen, besonders Frauen. Viele Wunder geschehen bis zum heutigen Tag. Maria sagte einer Kranken: «Wer immer Gnaden von mir erbitten will, halte drei Novenen mit dem Gebet des Rosenkranzes und drei Novenen zur Danksagung.» In Pompei erzieht die Muttergottes die Menschen ganz besonders zum Gebet des Rosenkranzes und bietet ihn als Weg zu Christus an.

Dennoch herrschen durchaus kontroverse Ansichten zum Rosenkranzgebet, so manch einer hält es für ein Gebet für alte Mütterchen, die einfältig immer wieder ihr «Gegrüßet seist du Maria» herunterleiern und fragt sich, in Anbetracht der scheinbaren Monotonie des Gebetes, wie ein Mensch im Vollbesitz seiner geistigen Kräfte auf diese Art und Weise vor sich hinbeten kann.

Zweifellos ist der auf biblische Texte zurückgehende Rosenkranz das westliche Gegenstück zum Jesusgebet der Ostkirche. Beide entstanden in frühen Mönchsgemeinschaften des Christentums, in denen man durch Dauergebet die Verbindung mit Gott nicht verlieren wollte. Solche Dauergebete sind übrigens keine christliche Eigenheit, sondern sind in allen Religionen dieser Welt zu finden. Das bekannteste Beispiel ist das immer wieder gesprochene oder gesungene «Om mani padme hum», die bekannteste der tibetischen Gebetsformeln. Alle diese Gebetsübungen lassen die Betenden in eine seelische Schwingung geraten, die sie für das Göttliche empfänglich macht. Wir kennen solche Riten in unserer Kultur vom mönchischen Chorgebet oder dem gesungenen Choral.

Westliche Theologen kehren den großen Unterschied zwischen den Mantren, die bereit für Gott oder für das göttliche Nichts machen sollen, und dem Rosenkranz hervor, der durch seine eingefügten Jesus-Gesätzchen das Denken des Beters direkt auf Gott lenkt und somit eine einfache Glaubenslehre der mittelalterlichen Kirche ist, weil damals so wenig Menschen lesen und schreiben konnten. Jedoch läßt sich dieser These entgegnen, daß gerade der Rosenkranz dem Betenden hilft, voranzuschreiten vom Sprachgebet über das betrachtende Gebet bis zum Gebet des Affektes, des tiefen Gefühles, um schließlich bis zum Verstummen ins Gebet der Ruhe zu gelangen, das keine Worte mehr kennt. Irgendwann verschwimmen Worte, Gefühle und Bilder im Betenden zu einer Gesamtstimmung, die ihn sehr nahe zu Gott-Christus führt. Geleitet durch seine Mutter Maria, die das unübertroffene Vorbild eines gottbereiten Menschen darstellt. Eingebettet in das Lob an diese Mutter, die das Tor zu ihrem göttlichen Sohn ist.

So wie man im Rosenkranz die biblischen Worte der vom Heiligen Geist erfüllten Elisabeth wiederholt: «Gesegnet bist du mehr als alle Frauen, und gesegnet ist die Frucht deines Leibes» und mit den Worten des Erzengels Gabriel das Ave Maria immer wieder beginnt: «Gegrüßet seist du Maria!», so lernt man innerlich sich diesem Heiligen Geist zu öffnen. Und die gnadenvolle Wirkung und Erhörung dieser Gebete sind ebenfalls eng mit Maria, die voll der Gnade ist, verbunden.

Jetzt, da die Menschen, wie Bartolo Longo damals vor über hundert Jahren, über den Umweg von östlicher Spiritualität und Meditations-Techniken sehr oft wieder zu einem viel tieferen, personalen christlichen Glaubensverständnis kommen, gerade jetzt beginnt es vielen zu dämmern, daß der Rosenkranz eine Tür aufstoßen kann zu dem «Schmecken und Fühlen Gottes», der uns - so Paulus - näher ist als wir uns selbst.

Wer schon einmal die Innigkeit des Gesanges und Betens in einem der großen Marienheiligtümer miterlebt hat, der weiß um das große Geheimnis und die Macht des Rosenkranzgebetes.

Quelle: Ida Lüthold-Minder: Die Rosenkranzkönigin von Pompei und ihr Advokat Bartolo Longo

Heiligt den Sonntag
Saint-Bauzille 1873

Der arme Weinbauer Auguste Arnauld arbeitete die ganze Woche
über auf großen Weingütern und fand erst am Wochenende Zeit,
seinen eigenen Weingarten zu bestellen und nach dem Rechten zu
sehen. Da erschien ihm am 8. Juni 1873, dem Dreifaltigkeits-
sonntag, die Gottesmutter. Ohne daß Worte von ihr nötig gewesen wären, verstand er sofort ihre mahnende Botschaft: Der
Sonntag solle nicht durch Arbeit entweiht werden. Und der Pfarrer des Ortes sprach in der für die damalige Zeit typisch patheti-
schen Art und Weise aus, was er dachte: «Ich kann's nicht glauben. Dir, der du den Sonntag geschändet hast, kann Maria nicht
erschienen sein!» Aber gerade das ist nicht im Sinne Marias gedacht. Sie mahnt und vergibt denen, die ein gutes Herz haben.
Sie stellt niemals das Gesetz vor die Liebe. So wie es ihr göttlicher
Sohn vorgelebt hat.

Später erschien Maria nochmals, um ihm unmißverständlich zu
verstehen zu geben: «Ihr müßt den Sonntag heilig halten!»

Auch hier wieder eine hochaktuelle Botschaft, die wir Menschen in dieser hektischen Zeit langsam zu verstehen beginnen.
Sigmund Freud, der Begründer der Psychoanalyse, hat die drei
Grundtriebe des Menschen so festgehalten: 1. Der Überlebens-
trieb. Er ist in unserer Gesellschaft stark ausgebildet. 2. Der Se-
xual- oder Kreativitätstrieb, der zum Teil einseitig als Leistung verstanden, doch anerkannt und gefördert wird. 3. Der Todes- oder
Ruhetrieb. Dieser wird sträflich vernachlässigt. Man gönnt sich
keine Ruhe, betrachtet Ruhe als Zeitverschwendung. Was man
doch Wichtiges in der Ruhezeit versäumen könnte! Und genau da
hakt Maria ein: Ihr sollt den Sonntag als Ruhetag halten und in
dieser Ruhe über den Sinn des Lebens und über euer Verhältnis zu
eurem Schöpfer nachdenken. Das braucht ihr. Sonst werdet ihr
seelisch wie auch körperlich krank.

Unserer Zivilisation fehlt eine Ruhekultur, und Maria macht uns schon seit 1873 darauf aufmerksam!

Quelle: Robert Ernst: Maria redet zu uns; Lexikon

Mutter der Reinheit
Blain - La Fraudais 1873

Hier offenbarte sich Maria einer Frau, die ihr ganzes Leben dem spirituellen Weg zu Gott geweiht hat: Marie-Julie Jahenny, einer Tochter armer Bauersleute. Sie wurde in Blain, einem Städtchen in der südlichen Bretagne, am 12. Februar 1850 geboren und starb dort am 4. März 1941. Sie war im wahrsten Sinne des Wortes eine Mystikerin.

Was jedoch hat man sich unter dem Begriff Mystik vorzustellen? Mystik ist das eingeborene, angenommene und durchgehaltene Streben des menschlichen Geistes nach vollkommener Harmonie und Einswerdung mit der höheren geistigen Ordnung; und Mystiker sind Menschen, die die Scheinwirklichkeit einseitig diesseitsbezogener Bindung erkennen, sich auf die Suche nach Gott begeben und sich von der subtileren, höheren Wirklichkeit immer mehr erfassen lassen. «Alle Mystiker», sagt der christliche Mystiker Saint-Martin, «sprechen dieselbe Sprache und stammen aus demselben Land.» In der Mystik tritt der Glaube ins Schauen ein. In diesem Schauen vergeht jedes Zweifeln, denn hier schaut die Seele in ihrem tiefsten Grund das allumfassende Sein. Mystik deutet durch übersinnliche Gaben in vielfältiger Weise auf den Menschen der Zukunft hin: «Der Christ der Zukunft wird ein Mystiker sein oder er wird nicht sein», sagt Karl Rahner. «Sie werden in sein (Gottes) Angesicht schauen, und sein Name ist auf ihre Stirn geschrieben», so die geheime Offenbarung des Johannes (Offb. 22,4) über die Menschen der erlösten Welt.

Marie-Julie hatte dieses Streben von Anfang an. Sie formulierte bei ihrer Erstkommunion ihr Lebensprogramm: «Mein liebster Jesus, heute bist du der Bräutigam meiner Seele. Ich verspreche, dir meine

Jugend und alle meine Jahre bis zu meinem Tod zu weihen. Ich will nur einen Bräutigam.» Das ist ein Ja zum mystischen Weg der Verschmelzung mit Gott, ausgesprochen im Alter von nur acht Jahren!

Von da an mußte sie alle Stadien dieses Weges auf sich nehmen, der 1873 im Alter von 23 Jahren mit einer schweren Krankheit begann. Dabei erschien ihr erstmals Maria und versprach ihr Heilung. Die Familie jedoch glaubte, Marie-Julie sei tot, doch es «vollzog sich in ihrer Seele ein großes Glück.»

Maria sagte zu ihr: «Mein liebes Kind , hab keine Furcht, ich bin die Unbefleckte Jungfrau. Du leidest.» Darauf sagte ihr Maria noch, daß sie in Kürze geheilt sei, aber von da an täglich zwischen zwei und drei Uhr leiden werde für die Sünder dieser Welt. Die Seherin nahm das Leiden an, Jesus zuliebe! Und darauf erhielt sie auch die fünf Wunden Christi, sogar die Dornenkrone und einen fleischlichen Verlobungsring - das Geistige formt und gestaltet die Materie, den Körper. Später wurden ihr die Stigmen wieder genommen.

Marie-Julie hatte viele Krankheiten, die medizinisch unerklärlich waren. Es handelte sich um mystische Krankheiten, die aus der Öffnung ihrer Seele entstanden und als Sühne freudig von Jesus angenommen wurden. Dazu fastete sie über fünf Jahre lang, vom 28. Dezember 1875 bis 20. Februar 1881, und hatte während dieser Zeit weder flüssige noch feste Ausscheidungen.

Auch war sie manchmal so schwer, daß niemand imstande war, sie aufzuheben. Und dann wurde sie wieder so leicht, daß sie ihr Bruder mühelos aus dem Bett heben und herumtragen konnte.

Später kehrte ihre normale Gesundheit wieder zurück. Dafür verweigerte ihr die kirchliche Obrigkeit den Empfang der Kommunion, was großes seelisches Leid für sie bedeutete.

Als ihre Lieblingsschwester starb, wurde diese, wie der Seherin gesagt wurde, mit «unversehrtem Leib bewahrt».

Kurz vor ihrem Tod versprach die Mystikerin ihren Freunden: «Ich werde euch schöne goldene Kreuze von oben zuschicken». Sie wußte also auch um ihre Zukunft im Jenseitigen. Sie hatte die Stufen dieses mystischen Weges vom Ergriffenwerden über das Gehobensein bis zur Entrückung in das Jenseitige bereits in dieser Welt erlebt.

Eines der schönsten Beispiele ihrer mystischen Gehobenheit ist die wunderschöne Sprache, die die Seherin im Zwiegespräch mit ihrem göttlichen Geliebten verwendete, obwohl sie doch gänzlich ungebildet war, nicht schreiben und nur sehr schlecht lesen konnte. Als sie die Beleidigungen des Herzens Jesu sah, rief sie: «O Jesus, mein vielgeliebter Herr, mäßige deine Liebe, dämpfe die berauschenden Flammen. Mein Leben auf Erden soll nur ein Martyrium sein; aber wenn du deine Liebesflammen wirfst, wird dieses Martyrium noch tiefer. Dämpfe doch die brennenden Seligkeiten dieser berauschenden Liebe ...

Nie, mein Vielgeliebter, nie vermag die tödliche Agonie in meinem Herzen die Seufzer meiner Liebe zu dir ersticken! Nie wird das tiefste Leiden in ihm die Schläge meiner Dankbarkeit für deine Wohltaten, o Herr, verhindern, sein Schlagen voller Glückseligkeit.»

«Ich will dich, meine Braut, in die Welt des Leidens, eines grenzenlosen Leidens eintauchen», sagte ihr Jesus.

«Wenn du meine Liebe vermehren willst, so gib mir Leiden. Wenn du mich lächeln sehen willst, so sende mir die Leiden des ganzen Universums», entgegnete ihm Marie-Julie.

Das ist die weite Liebe echter, christlicher Mystik. Mystiker sind so mit Gott beschäftigt, daß sie auf ganz andere Art und Weise die Welt bewegen, wenn sie ihr geliebter Herr dazu auffordert. Denken wir nur an die heilige Teresa von Ávila, die neben den vielen Büchern, die sie schrieb, mit fast sechzig Jahren ebenso viele Klöster gründete, oder an die Leinenwebersctochter Katharina von Siena, die in nur dreißig Lebensjahren den Papst von Avignon wieder nach Rom zurückbrachte. Die größte Kraft kommt aus dieser mystischen Vereinigung mit Gott!

Viele Mystiker erhalten neben Charismen wie Visionen, Bilokation und die Schau in die Seelen der Menschen, wie zum Beispiel Pater Pio sie hatte, oder die Levitation, das schwerelose Schweben, wie der Heilige Philippo Neri, auch noch die Gabe der Prophetie oder der geistigen Eingebung als Auftrag, vermittelt durch den Heiligen Geist. Zu Marie-Julie sagte dieser am 4. März 1880 erklärend: «Ich bin die Stimme der Wahrheit und des Lebens. Ich bin der göttliche Lehrmeister deiner Seele, das Licht deines Herzens, die unfehlbare Gewißheit des Geistes.»

Sie erfuhr solche Botschaften von Jesus, dem Heiligen Geist, von Maria, von vielen Heiligen und von verstorbenen Seelen. Dabei veränderte sich ihre Stimme je nachdem, wer zu ihr sprach. Diese Durchgaben in gehobenem Zustand wurden von Freunden mitgeschrieben. Damals gab es leider keine technischen Geräte, wie beispielsweise das Tonband. Daher sind viele wertvolle Mitteilungen in leider unlesbarer Kurzschrift festgehalten oder überhaupt verlorengegangen. So wollen wir nachfolgend einige richtungsweisende Zwiegespräche und Aufzeichnungen auf uns wirken lassen.

Zu Marie-Julies Sendung sagte Maria am 16. März 1880: «Mein liebes Kind, ruhe dich jetzt aus an meinem Herzen. Höre meine liebevollen Worte an. Seit einiger Zeit solltest du nicht mehr hier auf Erden sein.» Die Gottesmutter sprach diese Worte lächelnd.

«Warum, gütigste Mutter?»

«Die Pläne meines Sohnes müssen erfüllt werden. Darum bist du noch hier: Alle Menschen auf der Erde - mit Ausnahme jener, die du kennst, meine Kinder und meine Sühneopfer - zeigen keinerlei Änderung in Hinsicht auf die Last, die auf der Kirche liegt. Mein lieber Sohn wollte warten mit dem Einsatz seiner Macht. Ich habe große Hoffnung, daß mehr oder weniger Herzen zum Glauben zurückkehren. Mein göttlicher Sohn hat deine Glückseligkeit verzögert.»

Diese Aussage wurde wohl erfüllt, da Marie-Julie einundneunzig Jahre alt wurde!

«O meine Mutter, sobald mein gütiger Jesus findet, daß es Zeit sei, werde ich bereit sein.»

«Meine Tochter, du befindest dich auf dem höchsten Grad des Sühnens; du leidest nicht mehr für dich.»

«Gütigste Mutter, ich leide doch mehr für mich als für die andern. Wieviel muß ich Gott geben für alles, was er mir geschenkt hat ... Er hat mich überhäuft!»

75

«Mein liebes Kind, von nun an bist du nur mehr das Instrument der göttlichen Wünsche. Du bist nur noch hier, um für die Undankbarkeit der Sünder zu zahlen.»

«Ich will nichts für mich. Nimm alles, um das zurückzukaufen, was der Preis des Blutes unseres Herrn gewesen ist.»

Maria lehrt die Mystikerin das rechte Gottvertrauen am 11. Februar 1878: «Mein göttlicher Sohn kann alle, die leiden, so gut trösten, daß man sich nie beunruhigen soll. Höre meinen himmlischen Rat, präge ihn in dein Herz.

Mein liebes Kind, nie darf man sich auf Erden sorgen und beunruhigen. Man muß den sanften, heiligen Willen meines Sohnes wirken lassen. Man darf inmitten aller Mühsale nicht sagen: ‹Mein Jesus, bist du noch bei mir?› Man sage: ‹Mein Jesus ist mit mir, er ist mit meinen kleinen Schwestern, den Blumen, und er wacht über jeden Grashalm. Du hast mir meine Seele gegeben, damit ich sie rette. Vom Himmel aus wachst du über sie.› Und wenn du etwas nicht verstehst, so sage: ‹Mein Gott, ich verstehe es nicht. Du willst es so. Nun, dein gelobter Wille sei stets die Flamme meiner Seele!› Wenn man dir Dinge mitteilt, die dein Verständnis übersteigen, so sage: ‹Mein Gott, es soll mich nicht beunruhigen; es ist deine Sache.› Und wenn dir etwas Sorgen bereitet, so bete: ‹Fiat voluntas tua! Mein Gott, das geht mich nichts an. Du bist das Licht, die Kraft der Schwachen. Mein göttlicher Jesus, du willst nicht, daß ich es begreife, also geht es dich an und nicht mich.›

Wenn du dich sehr ängstigst, so sage: ‹Mein Gott, das ist deine Angelegenheit. Ich bin nur dein Instrument, ein kleines Sandkorn. Ich unterziehe mich deinem heiligen Willen.›

Verspreche mir, nie Sorgen nachzugehen.»

«Meine gütigste Mutter, ich möchte es schon, aber ich werde es noch öfters tun, ohne es zu bemerken.»

«Der heilige Franz von Assisi hat sich nie gesorgt. Wie wohlgefällig wärest du meinem Sohne, wenn du dir nie Sorgen machen würdest!»

«Meine gute Mutter, es ist ein Elend, daß mein göttlicher Jesus vielleicht in meiner Seele etwas läßt ...»

«Du mußt sagen: ‹Mein Gott, alles betrifft dich und nichts betrifft mich selbst, wenn ich dich nur anbete und mich dir unterwerfe ... Ich will ruhig auf meinem Kreuz bleiben und in deiner Liebe.›

Vor allem: weine nicht über deine Sorgen, sage: ‹Binde mich an wie eine Taube am Gitter ihres Gefängnisses und laß mich dir sagen, daß ich dich liebe. Alles ist abhängig von dir. Du willst, daß ich allein ohne Seelenführer sei. Du willst, daß ich mich allein heilige in meiner Niedrigkeit. Du willst, daß ich dir alles zum Opfer bringe. Ja, dein heiliger Wille geschehe!›

Wenn mein Sohn dich demütigt, so danke ihm.»

«Meine gütigste Mutter, aber ich werde mich nicht mehr an so viele Dinge erinnern!»

«Suche nicht zu sehr nach menschlichen Tröstungen ... Nie darfst du die Hoffnung aufgeben, selbst wenn es dir scheint, daß alles zusammenbreche, daß die Erde voll Feuer und Kohle sei! Immer mußt du viel Nächstenliebe zeigen. Du weißt, daß die Liebe die schönste Blume im Garten meines Sohnes ist.»

«Ja, gütigste Mutter, sie ist auch die Blume des heiligen Vinzenz von Paul.»

«Das ist die Lehre, die ich dir geben wollte. Sie ist allen Seelen nützlich.»

Maria über das Leiden am 3. Dezember 1877: «Meine Kinder, mein göttlicher Sohn zieht die Mühsale und Leiden allen anderen guten Werken und allen Liebesdiensten, die ihr vollziehen könnt, vor. Alle Leiden sind seine Bräute gewesen.»

«Oh, vielgeliebte Mutter, der Erlöser war allmächtig. Wir sind nur arme Menschenherzen, so zerbrechlich und unwichtig!»

«Es ist wahr, meine Kinder, daß euer Anteil Gebrechlichkeit und daß mein göttlicher Sohn Gott ist. Doch wißt, weil ihr auf Erden lebt und weil auf euch die Erbsünde lastet, sind eure Leiden so verdienstvoll in den Augen Gottes.»

«Gütigste Mutter, man muß den Mut des lieben Gottes haben, um alle Leiden ertragen zu können. Ich hoffe, daß er uns verzeiht -

wir sind nur schwache Geschöpfe -; aber leidet er nicht durch unsere Klagen?»

«Nein, meine Kinder. Mein geliebter Sohn hat gesagt: bittet, und ihr werdet erhalten.»

Mitteilung über Marias Sendung am 25. März 1880: «Wer hat die Passion mehr mitgelitten als die Allerseligste Jungfrau? Als das Blut ihres göttlichen Sohnes aus seinem ganzen Leib hervorbrach, war sie da nicht versunken in einer Schau seiner unermeßlichen Leiden?

Diese zärtliche Mutter vermochte sich zwar nicht zur Höhe seiner Leiden zu erheben, sie blieb einen Grad darunter. Sie hat sich aber umhüllt mit dem Martyrium ihres Sohnes. Sie war mit jedem seiner Schmerzen aufs engste verbunden. Sie wurde übergossen von der vollen, aus ihnen strömenden Liebe.

Diese Liebe blieb ihr nicht. Sie hat nicht das kleinste Krümchen von ihr beansprucht, alles gab sie uns. Sie überdeckte uns mit Millionen Flammen der Leiden ihres Sohnes, hüllte uns ein in das Leuchten seiner Passion. Das ist die unerfaßbare Liebe der Allerseligsten Jungfrau Maria.»

Die «Sonne Mariens» am 20. September 1877: Die Gottesmutter wirft einen langen, sanften Blick auf uns. «Warum, vielgeliebte Mutter, sind deine Augen so sanft und doch durchdringend?»

«Durch meine Blicke rufe ich meine Kinder auf, ihr Glück zu genießen. Ich will sie dafür vorbereiten. Ich bin eure Mutter, und ihr seid meine Kinder. Ich will, daß euch nichts überrasche.»

«Meine gütigste Mutter, erlaube mir, etwas näher zu dir zu treten.» Das aus dem Herzen der Allerseligsten Jungfrau leuchtende Licht wurde zu einer herrlichen, von tausend Strahlen umgebenen Sonne. «Warum, gütigste Mutter, breitet diese Sonne ihre leuchtenden Strahlen so weit aus?»

«Weil sie das Licht der Wahrheit ist, das den Verstand erleuchtet. Noch bevor mein Sohn seine letzten Warnungen vernehmen läßt, will ich diese herrliche Sonne leuchten lassen, um meine Kinder durch eindringlichste Mahnung zu erfreuen.»

«Meine gütigste Mutter, sprich langsamer. Der Schreiber kann dir nicht folgen.» Ein Lächeln öffnete die Lippen der Allerseligsten Jungfrau. Sie sagte: «Mein liebes Kind, so will ich sanfter sprechen. Die Stimme der Wahrheit ist immer sanft.»

«Ich danke dir, gütigste Mutter. Ich will auf dich hören.»

Der Heilige Geist über Maria am 14. März 1882: «Die Flamme des Heiligen Geistes spricht: Die Allerseligste Jungfrau liebt die Kinder ihres Sohnes so sehr, daß sie schon lange vor der Passion für sie alle Gnaden erflehte, die sie benötigten.

Je näher die Stunde des Opfers kam, um so häufiger stieg der Heilige Geist zu ihr hinab. Das Licht des ewigen Vaters wollte, daß ihr alles mitgeteilt werde. Die Taube brachte ihr verschiedene Zeichen, um ihr Kenntnis zu geben, bald von der Verleugnung durch die Apostel, bald von dem Kleinmut der Freunde Jesu, bald über die Verurteilung ihres göttlichen Sohnes.

Die Allerseligste Jungfrau warf sich, das Angesicht der Erde zugewandt, auf den Boden und flehte, die Augen voller Tränen, ihren Sohn an, die Beleidigungen zu verzeihen, die ihr schon bekanntgegeben worden waren.

So wußte sie, daß Saulus die Christen verfolgen werde. Drei Tage lang nahm sie keine Nahrung zu sich und verzichtete auf den Schlaf. Drei Tage und Nächte hindurch betete sie, auf dem Boden ausgestreckt und das Gesicht zur Erde gewandt, für die Bekehrung des Saulus. Ihr göttlicher Sohn kam, um sie zu trösten und ihr zu versprechen, daß er Saulus auf den Weg der wahren Religion führen werde.

Sie war getröstet. Doch bald darauf erschien in einer Sonne, die trauriger und düsterer war als gewöhnlich, die Taube, um ihr die Verleugnung Petri zu offenbaren. Während Wochen bat sie, dem Apostel zu verzeihen. Der Herr sandte ihr eine Gruppe Engel, die ihre Tränen trockneten. Das war ihr größtes Leid bis anhin. Nur das Versprechen ihres göttlichen Sohnes vermochte sie zu trösten, der ihr versicherte, daß der Apostel seinen Verrat nicht lange zu tragen imstande sei und sein Herz darob zu leiden beginne, bevor er selbst am Kreuze sterben werde.»

Die Flamme fügte bei: «Ihr treuen Christen, tut Buße! Die Verbrechen der Erde beginnen die guten Werke der Kinder Gottes zu übersteigen. Die Erde und die Hölle rufen einhellig das Gericht des Herrn über die Welt.»

Maria über La Salette am 19. September 1896: «Erinnert euch an meine schwerwiegenden Worte auf dem Berge von La Salette. Der Priester ist nicht mehr demütig und hat keine Ehrfurcht mehr.»

Der Heilige Geist über Jesus und Maria am 19. Januar 1881: «Die Flamme sagt, daß Jesus vor seinem zwölften Lebensjahr seiner Mutter die Geheimnisse der Erlösung offenbarte. Als Maria diese Mitteilung erhielt, bat sie ihren Sohn, daß er ihr in unglücklichen und trostlosen Zeiten Macht über seine Allmacht verleihe. Der Herr gewährte es ihr bis zu einem gewissen Grade; aber er erklärte, daß er nicht mehr verzeihen könne, sobald das Böse auf einen gewissen Höhepunkt steige.»

Noch einmal Maria im Zwiegespräch mit Marie-Julie am 2. Februar 1881: «Meine Kinder, ich bin die Mutter der Reinheit, die Unbefleckte Empfängnis, eure Mutter.» «Danke, gütigste Mutter». «Ich komme vom Himmel, um euch die Worte meines Herzens, das leidet, zu bringen.» «Wir alle leiden mit dir, gütigste Mutter.»

«Seit mehr als fünfundzwanzig Jahren, meine Kinder, weine ich beständig, und in diesen kommenden Tagen wird mein Herz das ungeheure Gewicht, das auf ihm lastet, nicht mehr zu tragen vermögen.

In diesem Garten der Bretagne, ja hier, werden euch noch einige Tröstungen gewährt. Doch die Diener meines Sohnes werden viele Prüfungen durchzumachen haben; sie werden scharf überwacht, und ein Verbot in bezug auf die Religion wird bis hierhin vordringen. Ihr aber werdet nicht vollständig daran gehindert werden, meinem Sohn zu dienen.

Wenn ich aus diesem Garten hinaustrete, so sage ich: Armes Volk, wie wirst du zu beklagen sein! Wie unglücklich wird dich das durch die Verbrechen der Menschen bewirkte Los machen! Du wirst keine Kirchen, keine Religion, keinen Ort mehr haben, wo du den Seufzern deiner Seele Ausdruck geben könntest!

Nicht in der Bretagne, meine Kinder, nein, außerhalb wird mein Volk ohne Gott, ohne Tempel und ohne jedes religiöse Zeichen leben müssen ...

Seid nicht trostlos, meine Kinder. Alles, was ungerecht ist oder ungerecht getan wird auf Erden, verfällt der Gerechtigkeit auf Erden. Die Zeit rückt näher, während welcher ihr Tröstungen für eine kurze Dauer empfangt. Die Verheißungen meines göttlichen Sohnes sind unfehlbar.»

Maria über die neue Erde am 16. März 1880: «Meine Kinder, da ihr auserwählt seid, für das Werk meines Sohnes zu arbeiten, könnt ihr als Ehrenzeichen nur das Kreuz tragen. Mein lieber Sohn wird inskünftig alles ordnen.

Seht, wie die Arbeit der Apostel des Kreuzes gewaltig groß werden wird, da mein göttlicher Sohn will, daß alles zu seiner größten Verherrlichung getan wird. Er verlangt, daß seine Kinder ihre ganze Arbeit des Geistes und der Hände ihm allein widmen. So kommen seine geheimen Werke langsam zur Vollendung, nachdem sie lange Zeit scheinbar verschleiert gewesen waren.»

«Tausendmal Dank, gütigste Mutter.» «Meine Kinder, ihr seid zur Mitarbeit am Wiederaufblühen einer außerordentlichen Gnade berufen. Ihr werdet Kinder einer neuen Welt genannt werden, einer durch mächtige Fülle von Gnaden erneuerten Welt.»

Da Jesus am 13. April 1882 sagte: «Ich werde alle jene besiegen, die sich der Erneuerung der Erde widersetzen», sollten wir die Auszüge dieser Botschaft mit dem tröstlichen Bild Marie-Julies vom 9. Februar 1882 beschließen:

«Der erste Cherubim schließt sein Buch, und der zweite sagt: ‹Schon lange warte ich. Ich wollte, daß meine brennenden Seiten längst in die Herzen gefallen wären, um sie zu einer Freude und einem Jubel zu entflammen, den sich niemand vorstellen kann.›

Nein, Cherubim, wir sind noch nicht im Himmel, aber wir werden es sein, und dann werden wir ebenso gelehrt sein wie du.

‹Ja, aber vorher wird es großes Glück auf Erden geben.› Das kommt nicht zu früh. Wir erwarten dieses Glück nicht mit Ungeduld, sind aber trotzdem sehr begierig, es zu verkosten. ‹Es kommt›, sagt der Cherubim. Herr, ich habe keine Lust, das Buch zu schließen ...» Jesus lächelt gütig.

Marie-Julie Jahenny war zeit ihres Lebens in der Kirche von Freunden und Feinden umgeben, manchmal gepeinigt, von einigen Priestern aber auch geschützt und gefördert. Pater Pio, der Stigmatisierte aus Italien, sagte über sie, daß sie in geheimer Sendung noch wie ein Veilchen im Schatten blühe. Aber ihre Person würde in Zukunft aufleuchten. Und so scheint es auch zu sein: Nachdem zuerst fast alle Aufzeichnungen verloren schienen, sind jetzt einige aufgetaucht und von Pater Pierre Roberdel veröffentlicht worden. Für «die Kinder einer neuen Welt», wie Maria es prophezeite.

Quelle: Pierre Roberdel: Marie-Julie Jahenny

Die Bekehrerin der Sünder
Pellevoisin 1876

Vom 14. Februar bis 8. Dezember 1876 erschien Maria der armen, schwerkranken Magd Estelle Faguette im Dorf Pellevoisin in der Diözese Bourges. Ihre Offenbarungen an die 31 Jahre alte Magd sind sehr umfangreich. Übrigens erschien auch diesmal Marias Widersacher und wurde, wie in Lourdes, von Maria vertrieben: «Was tust du hier? Siehst du nicht, daß sie (die Seherin) mein Kleid und das meines Sohnes trägt?» Sie trug das Skapulier vom heiligen Herzen.

Hier einige wichtige Worte Marias an Estelle Faguette:

«Das Herz meines Sohnes hat so große Liebe zu meinem Herzen, daß es mir meine Bitte nicht abschlagen kann. Durch mich bekehrt es die verstocktesten Herzen.

Bewahre vor allem deine Ruhe ... Deine Bemühungen, die Ruhe zu bewahren, rechne ich dir an. Nicht dich allein bitte ich, die Ruhe zu bewahren, sondern auch die Kirche und Frankreich. Auch in der Kirche Gottes herrscht nicht die Ruhe, die ich wünsche!

Ich erwähle die Geringen und Schwachen zu meiner Ehre.»

Bei der letzten Vision Estelles entströmte Maria ein Lichtregen, und sie erklärte dazu: «Es sind dies die Gnaden meines Sohnes. Ich entnehme sie seinem Herzen. Er kann sie mir nicht verweigern.»

Wie heißt es in einem hinduistischen Loblied über die Weisheit, biblisch Sophia, so wunderschön: «Sie herrschte über das Herz Krishnas», also Gottes. Und diese Weisheit wird, besonders in der Ostkirche, mit Maria gleichgesetzt. «Du Sitz der Weisheit» beten die Gläubigen in der Lauretanischen Litanei.

Quelle: Robert Ernst: Maria redet zu uns; Lexikon

Königin von Irland
Cnoc Mhuire 1879

Das katholische Irland hatte Jahrhunderte hindurch unter der massiven Unterdrückung der englischen Regierung zu leiden; bittere Armut, Hungersnot, Leid und Elend prägten, wie viele Jahre zuvor und danach, auch das Leben der armseligen irischen Bevölkerung im Jahre 1879, die jedoch gerade in diesen Zeiten der Not und Ungerechtigkeiten die Kraft zum Überleben in ihrem tiefen Glauben fand. Am 21. August 1879 erschien die Gottesmutter dem irischen Volk, das sie 32 Jahre zuvor bei der Nationalversammlung von Kilkenny zur Königin ihres Landes erkoren hatte.

Es war an einem regnerischen Abend im Dorf Knock (offiziell Cnoc Mhuire) in Westirland, als eine Gruppe von Menschen die Erscheinung dreier lichter Gestalten neben der einsam gelegenen Dorfkirche sehen konnte. Die Haushälterin des Pfarrers hielt die Gestalten zunächst für neue Statuen, die für die Kirche gekauft worden waren, wunderte sich aber, daß der Pfarrer ihr gar nichts von dieser Neuanschaffung erzählt hatte und sie zudem noch draußen im Regen hatte stehen lassen. Als sich die vermeintlichen Statuen allerdings bewegten, erkannte die Haushälterin, die sich gerade mit einem Mädchen aus dem Dorf auf dem Heimweg befand, daß ihnen wahrhaftig die Gottesmutter erschienen war: «Schau», rief das Mädchen ihrer Begleiterin zu, «das sind keine Statuen! Sie bewegen sich! Das ist die Allerseligste Jungfrau!» Ergriffen von diesem Erlebnis, riefen die beiden Frauen Leute aus dem Ort zusammen, damit auch sie das Wunder mit eigenen Augen sehen könnten. Trotz des Regens fanden sich fünfzehn Menschen ein, und sie alle waren tief berührt von dem, was sich in ihrem bescheidenen Heimatort abspielte - ein Wunder, von dem sie nun Augenzeugen werden durften.

Maria schwebte im weißen Gewand vor einem leuchtenden Hintergrund, eine goldene, mit Edelsteinen verzierte Krone schmückte ihr Haupt. Die Hände hatte sie wie ein Priester beim Meßopfer erhoben, ihr Blick war gen Himmel gerichtet. Zu ihrer Rechten befand sich der heilige Josef mit gefalteten Händen, zu ihrer Linken stand eine Bischofsgestalt in weißem Bischofsornat, auf dem Kopf eine Mitra tragend, in der linken Hand hielt er ein aufgeschlagenes Buch, seine rechte Hand war erhoben, als ob er zum Volke predigte. Die Anwesenden erkannten in dieser Gestalt den Evangelisten Johannes. Links von den drei himmlischen Erscheinungen befand sich ein schlichter Altar, der in glänzendes Licht getaucht und von schwebenden Engeln eingerahmt war. Auf dem Altar stand ein Lämmchen, das seinen Kopf zu Maria, Josef und Johannes gewandt hatte, hinter dem Lämmchen ragte ein großes Kreuz hervor.

Diese drei Heiligen werden auch noch anderen Sehern in aller Welt erscheinen. Gerade Johannes, der Lieblingsjünger Jesu, hat in seinem Evangelium so wichtige Hinweise auf Maria als Mittlerin festgehalten. Zum Beispiel bei der Hochzeit von Kana, als Jesus trotz seines Einwandes auf Geheiß seiner Mutter sein Erlösungswerk in aller Öffentlichkeit begann: «Seine Mutter sagte zu den Dienern: Was er euch sagt, das tut!» (Joh. 2,5). Und später berichtet nur er uns Jesu Worte vom Kreuz herab: «Frau, siehe, dein

Sohn! Dann sagte er zu dem Jünger: Siehe, deine Mutter! Und von jener Stunde an nahm sie der Jünger zu sich.» (Joh. 19,26-27)

Von diesem Augenblick unter dem Kreuz an sind auch wir alle Söhne und Töchter Mariens. Genauso wie damals der Apostel Johannes.

Seitdem Maria in Cnoc Mhuire zwei Stunden lang schweigend erschienen ist, wird sie noch inniger als Königin von Irland verehrt.

Quelle: Robert Ernst: Maria redet zu uns; Lexikon

Die Pietà
Castelpetroso 1888

In dieser italienischen Gemeinde erschien Maria zwei armen Landarbeiterinnen. Sie sagte nichts, sondern ließ wieder Bilder sprechen. Dann geschah etwas bisher nie Dagewesenes: Es konnten immer mehr Menschen Maria in der Felsenhöhle als Pietà mit ihrem blutüberströmten, leblosen Sohn zu ihren Füßen sehen. Zum Schluß konnten mehr als tausend Menschen diese Marienerscheinung schriftlich bezeugen. Darunter der zuerst skeptische Pfarrer von Castelpetroso und sogar der zuständige Bischof von Bojano, der weinend berichtete, Maria geschaut zu haben.

Manche Zeugen fielen in Ohnmacht. Andere sahen neben Maria auch den heiligen Josef und noch andere Heilige.

Eine Quelle zeugt von der Echtheit dieser Erscheinung, die an einer der ausgedörrtesten Stellen, an der es vorher nie Wasser gegeben hatte, zu fließen begann. Diese Quelle ist seither nicht mehr versiegt und soll bereits viele Wunder bewirkt haben.

In Castelpetroso stehen heute eine große Wallfahrtskirche und ein Pilgerhaus, die alljährlich eine große Besucherzahl anziehen.

Quelle: Robert Ernst: Maria redet zu uns; Lexikon

Die sieben Schwerter
Quito 1906

Und wieder war es ein Bild, dessen sich die Muttergottes bediente, um sich den Menschen mitzuteilen. Es handelte sich um die Darstellung Marias mit ihrem von sieben Schwertern durchbohrten Herz. Es hing im Studiersaal des Jesuitenkollegs «San Gabriel» in Quito, Ecuador. Eines Tages sahen immer mehr Studenten, daß Maria auf dem Bild die Augen öffnete und wieder schloß. Daraufhin wurde das Bild feierlich in die nahe Kirche gebracht, wo Maria auch vor dem Bischof das Bild lebendig werden ließ. Seither kommen Tausende Wallfahrer dorthin und erhalten Trost und Heilung beim Anblick des Gemäldes.

Wieso läßt die Gottesmutter immer wieder Bilder für sich sprechen? Bilder scheinen ein sinnvolles Mittel zu sein, um religiöse Wahrheiten zum Ausdruck zu bringen, denn offensichtlich wirken sie noch eindrucksvoller als Worte.

Um diese Fragen genauer beleuchten zu können, muß man sich zunächst vor Augen halten, daß die christliche Lehre mit der bildhaften Gotteserkenntnis schlechthin begonnen hat: Gott inkarnierte sich in Christus als Sohn und Gottmensch auf dieser Erde und ist damit lebendiges Bild für alle geworden, die ihm nachfolgen. Die alte jüdische Lehre, daß man sich von Gott kein Bild machen, ja nicht einmal seinen Namen unverschlüsselt aussprechen darf, wird hier radikal durchbrochen. Gott wird Sinnbild, Vorbild und Menschenbild zugleich! Ausgerichtet allerdings auf ein Menschenbild, das ebenso radikal neu ist in seiner vom Heiligen Geist erfüllten Menschheit. Was uns wieder den Blick auf Maria freigibt - auf diesen ersten erlösten Menschen.

Das Sehen in Bildern, so wie wir es von den Mystikern, den Visionären, den Propheten und selbst von den Gleichnissen Jesu in der Bibel kennen, ist mehr als rationales Begreifen und Erwägen. Sehen in Bildern verlangt das existentielle Einlassen auf eine Information, besser auf eine Erfahrung vieldimensionaler, ganzheitlicher Art, mit seinem ganzen Wesen. Viele Denker unserer Tage sehen in der Bildübermittlung die Kommunikation der Zukunft. Wenn wir jemals mit Wesen anderer Welten in Berührung kommen sollten, werden wir uns mit ihnen nur in Bildern verständigen können! Worte folgen Bildern. Denken wir an die Archetypen von C. G. Jung: Sie sind Bildsymbole ungeheurer Kraft und sprechen unsere Seele sofort und unvermittelt an.

Wenden wir uns also nochmals dem Gnadenbild von Quito zu: Maria mit den sieben Schwertern ihrer Schmerzen durchbohrt. «Dir selbst aber wird ein Schwert durch die Seele dringen.» prophezeite Simeon Maria, der Mutter Jesu am Tag der vom Gesetz des Mose vorgeschriebenen Reinigung (Lukas 2,35).

Es gibt unterschiedliche Darstellungen der sieben Schmerzen, die ähnlich wie beim Kreuzweg an sieben Stationen aufgezeigt werden:

1. Schmerz: Der Schmerz bei der Prophezeiung des Simeon zur Taufe Jesu im Tempel, daß ihr Herz gerade wegen ihres großen Sohnes vom Schwert des Schmerzes durchbohrt wird: Die Aufnahme des Weges zu Gott.

2. Schmerz: Der Schmerz der schmählichen Flucht aus der Heimat ins fremde Ägypten: Das Abschiednehmen von weltlichen Sicherheiten.

3. Schmerz: Der Schmerz des Verlustes Jesu im Tempel: Die Zweifel, die das Menschsein uns bringt.

4. Schmerz: Der Schmerz bei der Begegnung Jesu auf dem Weg zur Kreuzigung: Der Weg durch die Reinigung.

5. Schmerz: Der Schmerz beim Tode Jesu: Der Tod aller Weltabhängigkeit.

6. Schmerz: Der Schmerz beim Lanzenstich und der Kreuzesabnahme: Die Annahme der Sühneleiden für die Menschheit.

7. Schmerz: Der Schmerz beim Begräbnis des Leichnams Jesu: Die dunkle Nacht des Gefühls der Gottverlassenheit.

Nur weil Maria mit allen Fasern ihres Herzens Mitleidende im Erlösungsleben ihres Gottsohnes war, nur deshalb ist sie jetzt auch die von ihm uns allen ans Herz gelegte Lehrerin und Miterlöserin.

Der heilige Bernhard von Clairvaux verstand es, diese Rolle Mariens in Worte zu fassen: «Deine Seele durchdrang also der gewaltige Schmerz. Nicht mit Unrecht preisen wir dich daher höher als die Märtyrer; denn größer als alles körperliche Leid war in dir das liebevolle Mitleiden ...»

Am 15. September wird in der katholischen Kirche das «Sieben Schmerzen Fest» gefeiert, und genau an diesem Tag, im Jahre 1989, erklärte Maria selbst ihre Schmerzen, die ihr die Menschen in der heutigen Zeit zufügen. Sie sprach die folgenden Worte zu der Seherin Gladys in San Nicolas, Argentinien:

«Meine Tochter, dies sind meine Schmerzen in diesen Tagen: die Auflehnung gegen meinen Sohn, der Atheismus, der Mangel an Barmherzigkeit, die Kinder, denen man die Geburt verweigert, die Zwietracht in den Familien, der große Egoismus vieler meiner Kinder auf der Welt, die Herzen, die sich der Liebe der Mutter verschließen.»

Quelle: Robert Ernst: Maria redet zu uns; Lexikon

Schmerzhaftes Herz
Brüssel 1910

Christus selbst gab der Notarstochter Berthe Petit in Brüssel bedeutsame Worte über Maria ein. Desgleichen hatte sie Visionen, in denen sie unter anderem den Gekreuzigten mit Maria und Johannes sah.

Ihre Sendung wurde ihr 1909 in einer Vision zuteil. Sie schaute die zwei Herzen, das von Jesus und das von Maria, die vom gleichen Schwert durchbohrt waren, und vernahm die Worte des Herrn: «Die Liebe zum Herzen meiner Mutter wird für dich und die Welt eine Quelle der Gnaden sein und wird großen Segen herabrufen.»

Am 8. September 1911 folgten die Worte Christi: «Das Herz meiner Mutter soll auch Schmerzhaftes Herz genannt werden, und ich wünsche, daß ihm dieser Ehrentitel vor dem Titel Unbeflecktes Herz gegeben werde ... Auf diesen Titel Schmerzhaftes Herz hat meine Mutter ein Anrecht, da sie teilgenommen an meinen Leiden, Schmerzen, Opfern und an meiner Hingabe auf Calvaria. Sie hat dies alles ertragen für das Heil der Menschen. Durch diese Miterlösung ist Maria erhaben geworden, und ich wünsche, daß diese Anrufung Schmerzhaftes Herz in der ganzen Kirche verbreitet werde!»

Februar 1915: «Durch das Schmerzhafte und Unbefleckte Herz meiner Mutter will ich triumphieren; denn da es mitgewirkt hat an der Erlösung der Seelen, hat dieses Herz auch das Recht, mitzuwirken an der Offenbarung meiner Gerechtigkeit und Liebe. Groß ist meine Mutter in allem, aber besonders in ihrem Schmerzhaften Herzen, das durch meinen Schmerz durchbohrt wurde. Darum wünsche ich, daß dieses Herz herrlich triumphiere ... Es ist mein Wille, daß dieses Herz verehrt werde. Durch mein Gebet und durch die Weihe an dieses Herz werden viele Gnaden und Erleuchtungen erworben...»

Wieder ist die Gottesmutter Sinnbild für uns alle durch das erlösende Annehmen von Schmerzen, besonders der Erlösungsschmerzen ihres Sohnes. Und diese Betonung der Miterlöserschaft Mariens durch ihren göttlichen Sohn deckt sich mit der Erwartung vieler Theologen, daß das krönende Abschluß-Dogma der Miterlöserschaft Mariens noch von diesem Papst kundgetan wird.

Quelle: Robert Ernst: Maria redet zu uns; Lexikon

Die Zarin von Rußland
Kolomenskoje 1917

Während des großen Umbruches vom Zarenreich zur Republik, im Jahr der Revolution, bekam im Dorf Potschinki bei Moskau die Bäuerin Eudokia Andrianowa eines Nachts durch eine Stimme den Auftrag: «In Kolomenskoje ist eine große schwarze Ikone. Nehmt sie, reinigt sie und betet vor ihr.»

Nach einiger Suche fand sie das verstaubte Bild in einem unterirdischen Gewölbe einer Kirche in Kolomenskoje, die ihr in einem Traum gezeigt worden war. Es wurde gereinigt, und mit Erlaubnis des zuständigen Patriarchen wurden liturgische Andachten vor dem Bild abgehalten. Danach trug man es in viele Dörfer und Städte, damit viele Menschen Maria um Hilfe in dieser schweren, leidvollen Zeit anflehen konnten, da immer mehr Gebetserhörungen bekannt wurden. Seither wird es von vielen Menschen verehrt. Maria ist auf diesem Bild als majestätische Erscheinung abgebildet: Die gekrönte Gottesgebärerin im Purpurmantel auf dem byzantinischen Kaiserthron hält Reichsapfel und Zepter in ihren Händen. Auf ihren Knien sitzt das Gotteskind, das mit der linken Hand auf seine Mutter weist. Marias Blick ist ernst und voll Trauer.

Das Bild wurde genau an dem Tag gefunden, an dem Zar Nikolaus II. seine Abdankungsurkunde unterschrieb. Rußland hatte seinen weltlichen Herrscher verloren, gleichzeitig aber bot die geistige Zarin ihre Regentschaft den Menschen an.

Quelle: Robert Ernst: Maria redet zu uns; Lexikon

Die Königin des Friedens
Fátima 1917

Ist es ein Zufall, daß eines der lebendigsten Marienheiligtümer der Welt den rein arabischen Namen Fátima trägt - den Namen der im Jahre 632 verstorbenen Lieblingstochter Mohammeds?

In Portugal also, und zwar fast genau am geographischen Mittelpunkt des Landes, in einer von der einstmals arabischen Herrschaft geprägten Gegend, in der damals 2700 Einwohner zählenden Gemeinde Fátima erschien Maria und ließ inmitten der Kriegswirren die Welt aufhorchen und Fátima zu einem der berühmtesten Wallfahrtsorte der Welt werden.

Über den Ursprung des Ortes ist wenig bekannt, lediglich eine Sage berichtet, wie dieser portugiesische Weiler, 190 km nördlich von Lissabon, an den Ausläufern der Serra d'Aire gelegen, zum Namen Fátima kam. So war es dann mit Sicherheit kein Zufall, daß sich Maria gerade diesen Ort für ihr Eingreifen erwählte, zeigt sie uns doch damit ganz deutlich, wie wichtig es ist, über die Schranken des oft zu eng gesteckten konfessionellen Horizonts hinauszudenken.

In einer Enzyklopädie über den Islam ist nachzulesen, daß Fátima im Volksglauben, besonders in dem der schiitischen Mohammedaner, die gleiche Rolle einnimmt wie Maria in unserem Kulturraum. In einer Art Passionsspiel, die den Tod des Imam, des direkten Nachkommen Mohammeds, szenisch darstellt, verkörpert Fátima die Rolle der schmerzerfüllten Mutter und Frau, genau wie die Maria der Pietà!

Wir wollen nun in diese ländliche Gegend eintauchen und wieder einmal Hirtenkinder beim Spielen beobachten. Diesmal ist es die zehnjährige Lucia, die gemeinsam mit Freunden den Rosenkranz betet und auf einmal eine weiße Gestalt, eine Statue wie aus Schnee, über dem nahen Gehölz schweben sieht. Es ereignete sich im Jahr 1915, als diese lichtvolle Erscheinung von vielen Kindern gesehen wurde.

Ein Jahr später, gegen Frühlingsende, führten Jacinta, eine Cousine von Lucia, und deren Bruder Francisco, gerade sieben und sechs Jahre alt, ihre Herde auf die Weide. Als es zu regnen anfing, suchten die Kinder Schutz in einer nahegelegenen Grotte. Plötzlich spürten sie einen Luftzug, und eine schneeweiße, fast durchsichtige Gestalt, die Lucia und ihren Freunden auch schon ein Jahr zuvor des öfteren erschienen war, kam auf sie zu. Es war ein Jüngling von etwa fünfzehn Jahren. Er beruhigte sie und sprach: «Habt keine Angst! Ich bin der Engel des Friedens. Betet mit mir.»

Erinnerungen an eine Begebenheit, die beinahe 2000 Jahre zurückliegt, werden bei dieser Schilderung in einem wach: «In jener Gegend lagerten Hirten auf freiem Feld und hielten Nachtwache bei ihrer Herde. Da trat der Engel des Herrn zu ihnen, und der

Glanz des Herrn umstrahlte sie. Sie fürchteten sich sehr, der Engel aber sagte zu ihnen: Fürchtet euch nicht, denn ich verkünde euch eine große Freude, die dem ganzen Volk zuteil werden soll. Heute ist euch in der Stadt Davids der Retter geboren; er ist der Messias, der Herr.» (Lukas 2,8-12)

Auch damals folgte auf die Botschaft zunächst nur zweifelndes Staunen: «Als sie es sahen, erzählten sie, was ihnen über dieses Kind gesagt worden war. Und alle, die es hörten, staunten über die Worte der Hirten.» (Lukas 2,17-18)

Der Engel des Friedens, als welcher sich der Jüngling bei der Fátima-Erscheinung zu erkennen gab, ist nach der Liturgie der Erzengel Michael. Er ist auch der Engel des geistigen Endkampfes und der Erneuerung auf Christi geistiges Erscheinen hin! Er ist der Engel, der Gott beim Fall des anmaßenden Luzifers mit dem herrlichen Lob anbetete: «Wer ist wie Gott!» und diesen Schlachtruf gegen die abgefallenen Engel erschallen ließ.

Dieser Engel-Jüngling kniete also nieder und beugte sein Haupt bis zur Erde und sprach dreimal hintereinander: «Mein Gott, ich glaube, ich bete an, ich hoffe, ich liebe dich. Ich bitte dich um Verzeihung für jene, die nicht glauben, nicht anbeten, nicht hoffen und dich nicht lieben.» Die Kinder ahmten ihn nach, von einer inneren Kraft getrieben. Dann sagte der Engel zum Abschied: «Betet so. Die Heiligsten Herzen Jesu und Mariä werden acht haben auf eure Bitten.»

Der Engel war verschwunden, und die Kinder beteten oft stundenlang seine Worte und verneigten sich bis zur Erde.

Einige Monate später, im Sommer, spielten Lucia, ihre Cousine und ihr Cousin im Gemüsegarten von Lucias Elternhaus, da stand plötzlich wieder der engelsgleiche Jüngling vor ihnen: «Was tut ihr? Betet! Betet viel! Die Heiligsten Herzen Jesu und Mariä wollen sich euer für die Pläne ihrer Barmherzigkeit bedienen ... Bringt dem Herrn immerwährend Gebete und Opfer dar als Sühne für die vielen Sünden, durch die er beleidigt wird, und Bitten um die Bekehrung der Sünder. So werdet ihr den Frieden auf euer Vaterland herabziehen.

Ich bin der Schutzgeist von Portugal ... Vor allem nehmt die Leiden, die euch der Herr senden wird, mit Ergebung an und ertragt sie geduldig.»

«Diese Worte», so erzählte Lucia später, «prägten sich unserem Geiste ein und wirkten wie ein Licht, in dem wir erkannten, wie sehr Gott uns liebt und wie sehr er geliebt sein will; ferner erkannten wir den Wert des Opfers, und daß der Herr um der Opfer willen die Sünder bekehrt. So begannen wir also dem Herrn alles aufzuopfern, wodurch wir uns abtöteten. Doch wir suchten damals keine andere Abtötung als die, stundenlang zur Erde niedergeworfen das Gebet des Engels zu wiederholen.»

Wieder drei Monate später waren die Kinder in der Grotte, als sie den Engel sahen, der einen Kelch in der Hand trug, über dem eine Hostie schwebte, aus der Blutstropfen in den Kelch fielen. Kelch und Hostie blieben in der Luft schweben, während der Engel neben den Kindern niederkniete und sie aufforderte, dreimal zu sprechen: «Heiligste Dreifaltigkeit, Vater, Sohn und Heiliger Geist. Ich bete dich aus tiefster Seele an und opfere dir den kostbarsten Leib, das Blut, die Seele und die Gottheit unseres Herrn Jesus Christus auf, der in allen Tabernakeln der ganzen Welt gegenwärtig ist, zur Genugtuung für die Schmähungen, Gotteslästerungen, Gleichgültigkeiten, durch die er selbst beleidigt wird. Durch die unendlichen Verdienste des Heiligsten Herzens Jesu und die Fürsprache des Unbefleckten Herzens Mariä bitte ich um die Bekehrung der armen Sünder.»

Sodann erhob er sich, nahm die Hostie und reichte sie Lucia, teilte den Kelchinhalt zwischen Jacinta und Francisco und sprach:

«Nehmet hin den Leib und das Blut Jesu Christi, die von den undankbaren Menschen furchtbar beleidigt werden!» - Und er warf sich aufs neue zur Erde nieder und betete dreimal: «Heiligste Dreifaltigkeit, Vater, Sohn und Heiliger Geist ...» Dann verschwand er.

Die Engelerscheinungen waren für die Kinder so überwältigend, daß sie nicht einmal darüber reden konnten, es fehlte ihnen die Kraft dazu - vergleichbar mit dem Erschöpfungszustand des

Daniel, nachdem der Erzengel Gabriel mit ihm gesprochen hatte: «Darauf war ich, Daniel, erschöpft und lag mehrere Tage lang krank zu Bett.» (Dan. 8,27).

Der Besuch der Engel war für Lucia, Francisco und Jacinta eine Vorbereitung. Kritische Stimmen versuchten stets, die Unglaubwürdigkeit der Erscheinungen von Fátima zu beweisen. Auf die Einwände eines gelehrten Herrn, der eine Stelle aus dem Gebet des Engels an die Dreifaltigkeit als theologisch falsch bezeichnete, entgegnete Lucia nur: «Vielleicht hat der Engel nicht Theologie studiert.»

Gerade die Selbstbezeichnung des Engels als Schutzgeist Portugals läßt erneut einen Zusammenhang mit der Vision des Daniel erkennen: «Der Engelfürst des Perserreiches hat sich mir einundzwanzig Tage lang entgegengestellt, aber Michael, einer der ersten unter den Engelfürsten, kam mir zu Hilfe» (Dan. 10,13). Und im Buch Exodus sagt Gott zum Volk Israel: «Ich werde einen Engel schicken, der dir vorausgeht ... Achte auf ihn, und hör auf seine Stimme! Widersetz dich ihm nicht!» (Ex. 23,20-21)

In erhabener Weise wird hier die Schutzfunktion der Engel deutlich. Sie ist uns durch die kirchliche Lehre über die Schutzengel vertraut, die jeder Mensch von Gott an seine Seite gestellt bekommen hat.

Wie arm ist unsere Zeit allein durch das Vergessen oder Leugnen dieser geistigen Mitstreiter Gottes! Wie schön und wie klärend jedoch ist die Vorbereitung der Kinder durch den Engel. Die Rolle Mariens aber gewinnt durch diese Besonderheit der Erscheinung in Fátima eine weitere tiefe Bedeutung: sie tritt auf als Königin der Engel.

1. Erscheinung: Nun wenden wir uns wieder den drei Kindern zu, wie sie am 13. Mai 1917 in der «Cova da Iria» («Ebene des Friedens») ihre Herden weideten und spielten. Trotz Sonnenscheins zuckte plötzlich ein Blitz am Himmel, woraufhin die Kinder eilig ins Tal hinabliefen. Auf halbem Weg aber blitzte es erneut, und da sahen sie über einer kleinen Steineiche eine wunderschöne Frau, die heller leuchtete als die Sonne. Mit beruhigender Stimme sprach sie: «Habt keine Angst, ich tue euch nichts zuleide.»

Lucia beschrieb sie später als Gestalt voll Freude und paradiesischem Frieden. Sie vermochte den Anblick des Antlitzes der Erscheinung stets nur in die Worte «Licht! Licht! Licht!» zu fassen.

Auf die Frage der Kinder, woher sie komme, antwortete die Gestalt: «Ich komme vom Himmel» und zeigte in das Blau des Himmels. «Und was wollt ihr von uns?» fragten die Kinder. «Ich bin gekommen, euch zu bitten, daß ihr sechsmal nacheinander zur gleichen Stunde wie heute, am dreizehnten jeden Monats, hierher kommt bis Oktober. Im Oktober werde ich euch sagen, wer ich bin und was ich von euch will! Ich werde dann noch ein siebtes Mal kommen.» Es folgten noch ganz persönliche Fragen der Kinder und wiederum die Abnahme eines wichtigen Versprechens: «Wollt ihr euch Gott schenken, bereit, jedes Opfer zu bringen und jedes Leiden anzunehmen, das er euch schicken wird, als Sühne für die vielen Sünden, durch die die göttliche Majestät beleidigt wird, um die Bekehrung der Sünder, von denen so viele auf die Hölle zueilen, zu erlangen als Genugtuung für die Flüche und alle übrigen Beleidigungen, die dem Unbefleckten Herzen Mariens zugefügt werden?»

«Ja, das wollen wir», antwortete Lucia im Namen aller drei mit Begeisterung.

Danach wurden die Kinder ermahnt, täglich den Rosenkranz für den Frieden zu beten. Nur Lucia sprach mit der Erscheinung. Jacinta konnte die Fragen und Antworten, Francisco jedoch nur die Stimme Lucias hören und die Lippenbewegungen der schönen Dame sehen.

Nach dieser ersten Erscheinung gab es viele Mißverständnisse im Dorf, und auf die Seherkinder wurde seelischer Druck ausgeübt. Trotzdem waren sie entschlossen, jeden 13. des Monats zur Cova da Iria zu gehen, um die hohe Dame dort zu erwarten.

2. Erscheinung: Am 13. Juni 1917, pünktlich um 12 Uhr, erschien die Dame, die ihren Namen noch nicht genannt hatte, wieder.

Auf die Frage, was sie wünsche, antwortete sie: «Ich will, daß ihr am 13. des nächsten Monats hierher kommt, daß ihr fortfahret, täglich den Rosenkranz zu beten, und daß ihr lesen lernt. Dann will ich euch sagen, was ich noch weiter wünsche.»

Lucia bat auch noch um die Heilung eines Kranken und erhielt die Antwort: «Wenn er sich bekehrt, wird er im Laufe des Jahres genesen.»

Daraufhin erhielten die Kinder den ersten Teil ihrer Geheimnisse mitgeteilt, der später von Lucia bekanntgegeben wurde: Francisco und Jacinta würden bald ins Paradies heimgeholt, Lucia sollte «die Verehrung meines Unbefleckten Herzens in der Welt begründen.»

Als Lucia ganz traurig fragte, ob sie dann ganz allein auf der Welt bleiben müsse, antwortete Maria unter anderem: «Mein Unbeflecktes Herz wird deine Zuflucht sein und der Weg, der dich zu Gott führt.» Damit drückt die Gottesmutter in einem Satz ihre große Aufgabe aus: Sie führt uns alle zu ihrem göttlichen Sohn!

Danach öffnete Maria wieder ihre gefalteten Hände und ergoß eine Lichtflut auf die Kinder, in der sie sich selbst in Gott sahen. So verstanden sie nun die Bedeutung der Liebe zum Unbefleckten Herzen Mariens.

3. Erscheinung: Genau zur Mittagszeit, am 13. Juli 1917, erschien Maria zum dritten Mal.

Ihre Botschaft lautete erneut, daß die Kinder am 13. des nächsten Monats wiederkommen und den Rosenkranz beten sollten. Besonders für den Frieden, den nur die Madonna ihnen und der Welt erbitten könne.

Außerdem äußerte sich Maria nochmals zu Heilungen: Sie werde nicht jeden Menschen heilen, denn für manche Kranke sei es besser, nicht sofort geheilt zu werden. Der damit verbundene Aufruf zum Gebet ist ein wichtiger Hinweis für uns Menschen, da diese Aufforderung Mariens deutlich macht, daß eine körperliche Heilwerdung einen inneren Heilungsprozeß bedingt. Wer diesen Schritt als notwendige Voraussetzung akzeptiert und beherzigt, versteht das Wirken der Gottesmutter und ist bereit, ihre unendliche Güte zu empfangen.

Lucia erzählte, daß nach dieser Vision alles Dunkel aus ihrer Seele gewichen und der Herzensfrieden eingezogen war.

Wieder erhielten die Seherkinder ein Geheimnis, das sie damals noch nicht erzählen durften. Später wurde es als das zweite und dritte Geheimnis von Lucia mitgeteilt, wobei das dritte bekanntlich noch im Vatikan unter Verschluß ist und trotz der Aufforderung Mariens durch Lucia nicht veröffentlicht wurde - ebenso wie das Geheimnis des kleinen Maximin Giraud von La Salette!

Das zweite Geheimnis wurde von einer Höllenvision eingeleitet: Ein Strahlenbündel drang von den Händen Marias in die Erde ein, und an dieser Stelle erkannten die Kinder so etwas wie ein Feuermeer, aus dem entsetzliche Klagelaute widerlicher Wesen in unbekannten Tiergestalten dröhnten. Diese Vision erinnert wiederum an die geheime Offenbarung des Johannes, bei der ein Schacht in einen Abgrund führt, aus dem die Verunreinigung der Welt erfolgen wird, sobald der fünfte Engel seine Posaune bläst (Offb. 9,1-2). Ob da die Begriffe Hölle und Erdinneres für Dunkelheit, Gottferne, Verhärtung, Entspiritualisierung und Materialismus stehen? Jedenfalls werden sie uns von Maria äußerst konkret gezeigt, im Gegensatz zur Verniedlichung und Leugnung aller dieser Zustände und des Begriffes Hölle!

Erschreckt und um Hilfe bittend, sahen die Kinder zu Maria auf und diese sagte voll Güte und Trauer:

«Ihr habt die Hölle gesehen, auf welche die armen Sünder zugehen. Um sie zu retten, will der Herr die Andacht zu meinem Unbefleckten Herzen in der Welt einführen. Wenn man das tut, was ich euch sage, werden viele Seelen gerettet, und der Friede wird kommen. Der Krieg geht seinem Ende entgegen. Aber wenn man nicht aufhört, den Herrn zu beleidigen, wird nicht lange Zeit vergehen, bis ein neuer, noch schlimmerer, beginnt. Es wird das während des Pontifikates Pius' XI. geschehen. Wenn ihr dann eines Nachts ein unbekanntes Licht sehen werdet, so wisset, es ist das Zeichen von Gott, daß die Bestrafung der Welt für ihre vielen Verbrechen nahe ist: Krieg, Hungersnot und Verfolgung der Kirche und des Heiligen Vaters. Um das zu verhindern, will ich bitten, Rußland meinem Unbefleckten Herz zu weihen und die Sühnekommunion am ersten Tag des Monats einzuführen.

Wenn man meine Bitte erfüllt, wird Rußland sich bekehren, und es wird Friede sein. Wenn nicht, so wird es (Rußland) seine Irrtümer in der Welt verbreiten, Kriege und Verfolgungen der Kirche hervorrufen. Die Guten werden gemartert werden, der Heilige Vater wird viel zu leiden haben. Mehrere Nationen werden vernichtet werden ... Am Ende wird mein Unbeflecktes Herz triumphieren, der Heilige Vater wird mir Rußland, das sich bekehren wird, weihen und der Welt wird einige Zeit des Friedens geschenkt werden.

Portugal wird der wahre Glaube immer erhalten bleiben. Dieses dürft ihr niemandem sagen; nur Francisco dürft ihr es sagen!»

Mit den Worten: «Mehrere Nationen werden vernichtet werden.» verkündete Maria den dritten Teil des Geheimnisses.

In diesem Zusammenhang soll auch auf den geschichtlichen Hintergrund verwiesen werden: Papst Pius XI. starb am 10. Februar 1939. Der 2. Weltkrieg begann offiziell am 1. September 1939, was Lucia 1946 in einem Interview folgendermaßen kommentierte: «Der Anschluß Österreichs war der entscheidende Anlaß. Als das Münchener Abkommen getroffen worden war, jubelten meine geistlichen Schwestern. Sie sagten: ‹Jetzt ist der Friede gesichert!› Ich aber wußte leider weit mehr.» (13. 3. 1938)

Am 25. und 26. Januar 1938 bezeichneten Astronomen das unbekannte Licht am Himmel, das Maria den Kindern angekündigt hatte, als Nordlicht. «Beim Studium aller Umstände dieser Lichterscheinung würden sie wohl erkennen, daß das kein Nordlicht war, noch sein konnte.» - so Lucia.

Und was die Weihe Rußlands anbelangt, mahnte und beschwor Lucia immer wieder die Kirche: «Es war in dieser Epoche (1929), daß unser Herr mir kundtat, es sei der Augenblick gekommen, der Heiligen Kirche seinen Wunsch der Weihe Rußlands und sein Versprechen der Bekehrung dieses Landes mitzuteilen. Diese Offenbarung geschah in folgender Weise: Ich hatte von meinen Vorgesetzten und dem Beichtvater die Erlaubnis bekommen, die Heilige Stunde von elf Uhr bis Mitternacht von jedem Donnerstag auf Freitag zu halten. Eines Nachts, ich war ganz allein, bloß das ewige

Licht brannte, ... da plötzlich erleuchtete ein übernatürliches Licht die ganze Kapelle, und über dem Altar zeigte sich die Erscheinung, von der ich ganz besondere Erleuchtungen erhielt. Gegen Ende sagte Unsere Liebe Frau: ‹Es ist der Zeitpunkt gekommen, in dem nach dem Wunsch des Herren der Heilige Vater in Vereinigung mit allen Bischöfen der Welt die Weihe Rußlands an mein Unbeflecktes Herz vornehmen sollte; dafür verspricht er, es durch dieses Mittel zu retten. Es sind so viele Seelen, die der Verdammung durch die göttliche Gerechtigkeit verfallen.› Ich habe dem Beichtvater von allem Rechenschaft gegeben, der mir auftrug, den Wunsch des Herrn aufzuschreiben.

Etwas später, mittels innerer Erleuchtung, beklagte sich der Herr, daß man seinen Wunsch nicht habe beachten wollen ... man wird es tun, aber es wird spät sein.

Rußland wird seine Irrtümer in der Welt verbreiten, wird Kriege hervorrufen, die Kirche verfolgen, der Heilige Vater wird viel zu leiden haben.»

Am 18. Mai 1936 bemerkte Lucia: «Was die Weihe Rußlands und der ganzen Welt an das Reinste Herz Mariens betrifft, kann ich nur das wiederholen, was ich andere Male gesagt habe. Ich höre, daß sie nicht gemacht wurde; aber es ist Gott selbst, der es aufgetragen hat. Er ist es, der dies zuläßt.»

P. J. Aparicio, Jesuitenpater und einer der Seelenführer Lucias, sagt weiter, Lucia habe noch folgende Mitteilung gemacht, und zwar am 6. Februar 1939: «In einer innerlichen Mitteilung ließ mich der Herr erkennen, daß der gnadenvolle Augenblick, von dem er im Mai 1938 gesprochen hat, zu Ende geht. Der Krieg mit allen Schrecken, die ihn begleiten, wird bald beginnen ... Er verspricht den besonderen Schutz des Unbefleckten Herzens Mariens für Portugal in Hinblick auf die Weihe, welche der Episkopat mit dem Volk an das Unbefleckte Herz vorgenommen hat ..., aber weil auch Portugal in die Schuld verstrickt ist, muß es einige Folgen des Krieges erleiden, der enden wird, wenn die Zahl und das Blut der Märtyrer seine Gerechtigkeit versöhnt haben wird.»

20. Juni 1939: «... Unsere Liebe Frau hat versprochen, die Geißel des Krieges zurückzudrängen, spätestens dann, wenn diese Andacht gepflegt und verbreitet wird; und wir sehen tatsächlich, daß Maria diese Strafe wegnimmt in dem Maß, als man sich bemüht, die Verehrung zu verbreiten; aber ich hege die Befürchtung, daß wir viel mehr tun müßten, als wir tun, und daß Gott, wenig zufrieden, den Arm seiner Barmherzigkeit zurückzieht und die Welt durch den Krieg verwüsten läßt, der schrecklich sein wird, schrecklicher denn je.» Ihr Seelenführer bemerkte hinzu: «Diese Worte sind von Lucia unterstrichen. Es hat auf mich die Art und Weise einen Eindruck gemacht, in welcher sie die Ereignisse behauptet und voraussagt. Ich zweifle nicht, sie spricht kategorisch, als ob sie die Zukunft sehe. Ich bin überzeugt, daß Unsere Liebe Frau es ihr gezeigt hat.»

Am 18. August 1940: «Ich setze voraus, daß es Unserem Herrn gefallen würde, wenn man bei seinem Stellvertreter auf Erden für die Verwirklichung seiner Wünsche eintreten würde; aber der Heilige Vater wird es nicht gleich machen; er hegt Zweifel an der Wahrheit, und er hat recht. Der gütige Gott könnte durch ein Wunder zeigen, daß er es ist, der das wünscht. Aber er benützt die Zeit, um durch seine Gerechtigkeit die Welt für die so großen Verbrechen zu strafen, und sie vorzubereiten für eine vollkommene Rückkehr zum Herrn. Der Beweis, den er führt, ist der besondere Schutz des Heiligsten Herzens Mariens über Portugal im Hinblick auf die vorgenommene Weihe.»

«... aber es ist notwendig, weiterzubeten; darum glaube ich, daß es gut sein würde, mit einem großen Vertrauen auf die Barmherzigkeit Gottes und auf den Schutz des Unbefleckten Herzens Mariens die Notwendigkeit des Gebetes einzuschärfen, des Gebetes, das begleitet ist von Opfern, besonders jenen, die notwendig sind, um die Sünde zu vermeiden. Es ist der Wunsch unserer gütigen Himmelsmutter vom Jahre 1917, den sie mit einer tiefen Traurigkeit und Zartheit ihres Unbefleckten Herzens geäußert hat: ‹Sie sollen nicht mehr unseren Herrn beleidigen, denn er ist schon zuviel beleidigt!›

Welche Strafe, daß wir diese Worte und ihre ganze Bedeutung nicht genügend betrachtet haben.»

Und was ist geschehen? Am 31. Oktober 1942 und 8. Dezember 1942 erfolgte die Weihe der Kirche und der Menschheit an das Unbefleckte Herz Mariens durch Papst Pius XII. sowie am 7. Juli 1952 die Weihe Rußlands. Aber die klare Ausführung des Marien- und Christus-Wunsches wurde bisher noch nicht befolgt: Der Papst soll «in Vereinigung mit allen Bischöfen der Welt die Weihe Rußlands an mein (Marias) Unbeflecktes Herz vornehmen.»

Eine klare Aufforderung und eine bisher ebenso klare Nichtbefolgung. Alle Bischöfe der Welt, so die Anweisung der Gottesmutter. Das ist wirklich zuviel verlangt. Ist es das wirklich? Und wer übernimmt die Verantwortung dafür, im Namen der ganzen Menschheit?

Und was ist mit dem berühmten dritten Geheimnis von Fátima, das seit Pius XII. alle Päpste gelesen und, wohl erschrocken über dessen Inhalt, nicht zur Veröffentlichung freigegeben haben? Lucia hat es aufgeschrieben und ihrem Bischof überreicht mit der Auflage Mariens, es nicht vor dem Jahr 1960 der Öffentlichkeit preiszugeben. Seither sind über 36 Jahre vergangen und nichts ist offiziell in die Wege geleitet worden, außer einer widersprüchlichen vatikanischen Presseaussendung am 8. Februar 1960, die ohne überzeugende Gründe die Nichtbekanntgabe dieses dritten Geheimnisses der Gottesmutter Maria feststellte und mit den recht merkwürdigen Worten gegen das sonst von der Kirche so gefeierte Fátima und die Seherkinder endet: «Obwohl die Kirche die Erscheinungen von Fátima anerkennt, so wünscht sie doch nicht die Verantwortung zu übernehmen und die Wahrhaftigkeit der Worte zu verbürgen, von denen die drei Hirtenkinder behauptet haben, daß die Jungfrau sie an sie gerichtet hat.» Doch war es nur Schwester Lucia, die dieses Geheimnis nach kirchlicher Aufforderung schweren Herzens niedergeschrieben hat und nicht «die drei Hirtenkinder».

Und Lucia sagte 1957 zu P. Fuentes, dem damaligen Anwalt für die Seligsprechung von Francisco und Jacinta: «Pater, die Muttergottes ist sehr unzufrieden, weil man ihrer Botschaft von 1917 kein

Gehör geschenkt hat. Weder die Guten noch die Bösen haben ihr Gehör geschenkt ... Aber das, Pater, müssen Sie den Leuten sagen, daß sie nicht hoffen sollen, der Heilige Vater, die Bischöfe, die Pfarrer oder die Ordensoberen würden sie zur Sühne aufrufen.

Es ist an der Zeit, daß jeder aus eigenem Antrieb heilige Werke vollbringe und sein Leben ändere, wie es die Heilige Muttergottes von ihm verlangt.» Und wenn man die Realität betrachtet, ist dies genau die Entwicklung, die bereits von den Marienheiligtümern ausgeht, zum Großteil an den offiziellen Amtskirchen vorbei.

Was den Inhalt des dritten Geheimnisses anbelangt, so lassen sich aus Detailbemerkungen Eingeweihter Schlüsse ziehen, wie zum Beispiel aus einem Interview, in dem Kardinal Ratzinger 1984 dem italienischen Journalisten Vittorio Messori sagte: «Wenn man es - zumindest vorläufig - nicht publik macht, dann um zu verhindern, daß die religiöse Prophetie mit Sensationsmacherei verwechselt wird.» Also beinhaltet dieses Geheimnis, das seit 1960 zur Botschaft werden sollte, eine Sensation! Für den Vatikan? Unwillkürlich werden wir an die altbekannten Papstweissagungen des Bischofs Malachias aus dem Jahre 1143 erinnert. Nach diesen Papst-Charakteristiken ist Johannes Paul II., der mit der Beschreibung «De labore solis» (von der Sonnenverfinsterung) versehen ist, der vorletzte Papst, der unter normalen Verhältnissen gewählt wurde. Nach dem letzten mit der Beschreibung «De gloria olivae» (vom Ruhm des Ölbaumes) wird ein Papst folgen, von dem es keine Beschreibung mehr gibt, sondern von dem es heißt: «Während der äußersten Verfolgung der Heiligen Römischen Kirche wird Petrus II. aus Rom regieren. Er wird seine Herde unter vielen Bedrängnissen weiden, an deren Ende die Siebenhügelstadt zerstört und der furchtbare Richter sein Volk richten wird.» Diese Aussicht auf eine radikale Neuerung, daß es im Amts-Selbstverständnis eben keinen Bischof von Rom mehr geben wird, ist mit Sicherheit ein Grund, warum der Vatikan die Veröffentlichung der Schrift verweigert. Die bereits zitierten Worte Schwester Lucias, daß es an der Zeit sei, daß jeder aus eigenem Antrieb heilige Werke vollbringe und sein Leben ändere, wie es die

Heilige Muttergottes verlange, und nicht auf die Oberen der Kirche warte, weisen ebenfalls in diese Richtung. Genauso wie das nicht veröffentlichte Geheimnis über die «Wiederherstellung aller Dinge» des Maximin aus La Salette! «Keiner wird mehr den anderen belehren ... sondern sie alle, klein oder groß, werden mich erkennen», hört der Prophet Jeremia Gott über diese kommende Zeit sagen. (Jer. 31,34) Und Maria bereitet uns darauf vor.

4. Erscheinung: Am 13. August 1917 hatte sich eine große Menschenmenge auf der Cova da Iria eingefunden, um Zeuge der Erscheinung sein zu können. Die Seherkinder aber kamen nicht. Der Bezirksvorsteher von Vila Nova de Ourèm hatte sie entführt, gequält und versucht, das Marien-Geheimnis aus ihnen herauszupressen. Sogar mit dem Martertod hat er den Kindern im Gefängnis von Ourèm gedroht! Es half nichts, denn sie blieben stumm und wären lieber in den Tod gegangen, als ihr Geheimnis zu verraten. Auch die Eltern setzten die Kinder noch unter Druck, weil sie an der Echtheit der Erscheinungen zweifelten und den Kindern unterstellten, daß sie Lügengeschichten erzählten. Die wartende Menschenmenge aber war wegen dieses vollkommen ungesetzlichen Behördeneingriffs sehr aufgebracht.

Die Seherkinder waren sehr traurig, daß ihnen das Erscheinen der schönen Dame diesmal verwehrt geblieben war. Und mit ihnen die vielen, die in die Cova da Iria gekommen waren.

Am 19. August hüteten Lucia, Francisco und dessen älterer Bruder Joao die Viehherde in den «Valichos». Das Erscheinen Marias kündigte sich wie schon zuvor durch einen Blitz an, woraufhin Lucia ihren Cousin Joao bat, Jacinta zu holen. Denn Lucia hatte die Anzeichen richtig gedeutet und wußte, daß sich ihnen erneut die schöne Dame zeigen werde. Und tatsächlich, sie erschien wieder über einem Baum schwebend.

Die Erscheinung beklagte, daß man am 13. die Kinder daran gehindert habe, zu ihr zu kommen, und bat, täglich den Rosenkranz zu beten und weiterhin am 13. jeden Monats zu kommen. Dann kündigte sie an: «Im letzten Monat werde ich ein Wunder

Fátima
Papst Paul VI. begrüßt im Mai 1967 das einzige überlebende Seher-
kind von Fátima, die damals 60-jährige Nonne Lucia.
Bildquelle: Süddeutsche Zeitung, Bilderdienst, München

wirken, auf daß alle glauben. Hätte man euch nicht nach Vila Nova d'Ourèm gebracht, würde das Wunder viel eindrucksvoller sein. Als Kompensation wird auch der heilige Josef mit dem Jesuskind kommen, um der Welt den Frieden zu geben, Unser Herr, um das Volk zu segnen, Unsere Liebe Frau als Schmerzhafte Mutter ...»

Zum Schluß erfolgte wieder die Aufforderung: «Betet, betet viel und bringt Opfer für die Sünder. Wisset, daß viele in die Hölle kommen (auf die Hölle zueilen), weil niemand für sie opfert und betet.»

Maria weist uns damit auf die Weltverantwortung hin, die jeder Mensch guten Willens hat und jederzeit wahrnehmen kann: durch das Gebet für alle Menschen. Wieviel wertvoller ist doch das Gebet für andere als die noch so positiven Bitten in eigener Sache! Dies ist die christliche Art des in unserer Zeit so stark strapazierten Wortes Solidarität. Wenn alles mit allem zusammenhängt, dann ist also jede Sünde aller Menschen auch ein Versäumnis aller Gerechten.

5. Erscheinung: Mit der Verfolgung der Kinder am 13. August 1917 erzielten die Behörden genau den gegenteiligen Effekt von dem, was sie eigentlich damit erreichen wollten: In ganz Portugal, das damals eher antikirchlich und antireligiös regiert wurde, war die Empörung über die Verschleppung sehr groß und die Erscheinungen dadurch schnell in aller Munde. Von nun an zweifelten nur mehr wenige, daß die Kinder doch die Wahrheit sagten.

So kniete also Lucia am 13. September 1917 inmitten von 20.000 Menschen und rief auf einmal: «Da ist sie! Da kommt sie!»

Auf Krankenheilungen angesprochen, sagte Maria, einige würden gesunden, andere nicht, weil sie sich Christus nicht anvertrauten. Also waren nicht alle in der seelischen Verfassung, von einer Heilung auch wirklich positiv erfaßt zu werden. Wieviele Menschen müssen leiden, um zu lernen? Eine körperliche Heilung soll auch von einer seelischen begleitet sein.

Für den 13. des kommenden Monats versprach die Erscheinung ein Wunder.

6. Erscheinung: Eine ungeheure Menge von 70.000 Menschen hatte sich schon Stunden vor der Erscheinungszeit auf der Cova da Iria

Fátima
Die Kirche hat die Marienerscheinungen von Fátima in Portugal an-
erkannt und hier ihre Pracht entfaltet.
Bildquelle: Süddeutsche Zeitung, Bilderdienst, München

eingefunden. Die Eltern der Kinder waren noch immer kleingläubig und malten sich und den Kindern die Blamage, ja den Zorn der Pilger aus, wenn kein Wunder geschehen würde. So kamen die Kinder am 13. Oktober 1917 bei strömendem Regen an den Erscheinungsort. Sie waren ruhig und voll Zuversicht.

Zu Mittag rief Lucia, daß die Erscheinung komme, und wendete in Ekstase ihr Gesicht der schönen Dame zu und fragte sie, wie schon so oft: «Wer seid Ihr und was wollt Ihr von mir?» Und erstmalig erhielt Lucia die Antwort, daß sie die Rosenkranzkönigin sei und wolle, daß an diesem Ort eine Kapelle zu ihrer Ehre errichtet werde. Dazu bat sie wieder um den täglichen Rosenkranz und sagte, daß der Krieg zu Ende gehe und die Soldaten bald heimkehren würden.

Auf die üblichen Bitten Lucias für Bittsteller folgte die Botschaft: «Die Leute sollen sich bessern und um die Verzeihung ihrer Sünden bitten. Sie sollen den Herrn nicht mehr beleidigen, der schon zuviel beleidigt wurde.» Das waren die letzten Worte der Marien-Botschaften von Fátima.

In diesem Moment schrie Lucia: «Schaut die Sonne!» Der Regen hörte plötzlich auf, und eine silberne Sonne erschien, die sich rasend im Kreise drehte und mit prächtigen bunten Strahlenbündeln Wolken, Erde, Felsen und Menschen in die phantastischsten Farben tauchte. Plötzlich schien sich die Sonne vom Firmament zu lösen und herunterzukommen. Ein tausendfacher Schreckensschrei ertönte. Viele Menschen warfen sich im Schlamm auf die Knie. Dieses optische Wunder dauerte zehn Minuten an. Als alles vorbei war, stellten die 70.000 Menschen verwundert fest, daß ihre durchnäßten Kleider plötzlich trocken waren. Noch nie wurden so viele Menschen gleichzeitig Augenzeugen eines solchen Wunders! Alle Anwesenden waren tief getroffen.

Die Seherkinder selbst sahen zuerst die Heilige Familie, dann Maria als Schmerzensmutter und als Maria vom Berge Karmel.

Die große Friedensbotschaft von Fátima ist seither in der ganzen Welt bekannt. Durch die internationale Wallfahrt der Madonnenstatue von Fátima in viele Länder sind Wunder in großer Zahl geschehen. Christen aller Bekenntnisse und sogar Hindus, Mohammedaner und Menschen anderer Religionen haben die Friedensmadonna enthusiastisch verehrt und gefeiert. Menschenmassen versammelten sich ihr zu Ehren, und viele konnten immer wieder das Taubenwunder bestaunen: Eine oder mehrere weiße Tauben kamen aus dem Nichts und setzten sich zu Füßen der Marienstatue nieder. Dort blieben sie lange Zeit ohne Angst vor den Menschen, in treuer Anhänglichkeit zur Gottesmutter.

Die Seherkinder erhielten noch viele ganz persönliche Offenbarungen von Maria und später von Jesus Christus. Tröstlich ist der bekanntgewordene Inhalt einer Nachricht von Jacinta an den Papst, die sie vor ihrem Tod ihrer «Patin», der Oberin des Waisenhauses in Lissabon Mutter Maria Gondinho, anvertraute: Sie sprach vom kommenden Triumph des Herrn, und daß vorher noch viele Tränen fließen müßten, weil Gottes heiliger Wille in der Welt nicht erfüllt werde. «Es wird schon wie das Ende der Welt sein ... man muß viele Opfer der Sühne machen, das heißt, sich abtöten und auf vieles verzichten ...»

Also geht die Welt nicht endgültig unter. Und daß wir alle auf unseren Wohlstand verzichten werden müssen, um die hungernden Brüder mitzuernähren, ist uns mittlerweile klargeworden. Und wenn wir nicht bereit sind zu teilen, wird uns unser Überfluß an sinnlichen Gütern weggenommen werden. Sie werden sinnlos. Die Menschheit wird geheilt, wenn sie sich innerlich heilen lassen will, oder sie erleidet die Schmerzen, die zur Einsicht zwingen. Je nachdem werden wir den Triumph Jesu Christi erleben: in Verzweiflung oder Freude.

Quelle: Prof. Dr. Gonzaga da Fonseca: Maria spricht zur Welt

Frau von den Tränen
Campinas 1930

Seit 1927 gibt es in Campinas, Brasilien, eine Schwesterngenossenschaft mit dem Namen «Institut der Missionarinnen vom gekreuzigten Heiland», die ihre Erfolge in ihrem Apostolat dem Rosenkranz «Unsere liebe Frau von den Tränen» zuschreibt, den Jesus Christus selbst ihrer Schwester Amalia zu beten lehrte.

Die Anrufungen gab der Herr dieser Schwester in einer Vision bekannt: «O Jesus, schaue auf die Tränen jener, die dich auf Erden am meisten geliebt und dich am innigsten liebt im Himmel.»

An diesen Anrufungen kann man erkennen, wie die meisten geistlichen Gemeinschaften direkt von Gott gegründet, gelenkt und geleitet werden. Die Weisungen Gottes gelangen meist durch den Ordensgründer selbst oder durch ein begnadetes Mitglied an die Menschen.

Darüber hinaus gibt uns diese Formulierung noch weitere Aufschlüsse über die unvergleichliche Stellung der Gottesmutter: Von allen Wesen im Himmel und auf Erden liebt Maria Gott am meisten!

Am 8. März 1930 kniete Schwester Amalia vor dem Tabernakel, als sie sich emporgehoben fühlte und Maria ihr erschien, die ihr einen Rosenkranz mit den Worten übergab: «Dieses ist der Rosenkranz meiner Tränen, der von meinem Sohne seinem geliebten Institute anvertraut wird als Anteil seines Vermächtnisses. Die Anrufungen wurden schon von meinem Sohne gegeben. Mein Sohn will mich durch diese Anrufungen besonders ehren, und so wird er alle Gnaden, die man um meiner Tränen willen erbittet, gerne gewähren. Dieser Rosenkranz dient zur Bekehrung vieler Sünder, hauptsächlich der Spiritisten ...»

Auf diese Art der geistigen Übergabe eines speziellen Rosenkranzes, der wir nun zum ersten Mal begegnen, werden wir noch öfter stoßen. Meist ist der Rosenkranz für die jeweilige Gemeinschaft bestimmt. Sehr oft leitet Jesus Christus die Übergabe zu Ehren seiner Mutter selbst ein, und Maria konkretisiert die genaue Betweise.

Wie schon bei Bartolo Longo in Pompei, der im Jahre 1872 zunächst Priester des Spiritismus war und dann durch die Muttergottes zu einem tiefgläubigen Menschen wurde, begegnet uns nun auch hier der Spiritismus. Was damals die Spiritisten waren, sind heute die Sektenmitglieder, Guru-Jünger bzw. Guru-Sklaven oder Menschen, die sich den okkulten Praktiken verschrieben haben, um Macht oder seelischen Sinnesrausch der neuen Art zu erleben, sich von dieser Welt abzuheben, ohne sich selbst überwinden zu müssen. Solche Expreßmethoden zur «Erleuchtung» sind Fallen, gerade für jene sensiblen Menschen, die das Licht sehr genau spüren und erahnen können. Nicht so sehr bei selbstgefälligen Wohlstandsbürgern, jedoch bei ehrlich Suchenden können Maria und ihre Lieblinge am wirksamsten Herzen berühren - denn sie sind ebenso sensibel und aufgeschlossen für das Spirituelle wie die «Spiritisten» -, nur bringen sie ihnen das reine, das göttliche Licht. Wie oft schon sind Menschen, von diesem Licht im Herzen getroffen, niedergesunken in Tränen der inneren Erschütterung und als Gewandelte wieder aufgestanden!

Quelle: Robert Ernst: Maria redet zu uns; Lexikon

Königin des Himmels
Beauraing 1932

In der belgischen Gemeinde Beauraing, zur Diözese Namür gehörend, befindet sich, nicht weit von der Pfarrkirche entfernt, in einem Klostergarten eine schlichte Lourdesgrotte. Aus dieser Gegend stammten jene fünf Kinder, die verschiedene Erscheinungen Mariens abwechselnd sahen und hörten: Fernande (15 Jahre), Gilberte (13 Jahre) und Albert (11 Jahre) Voisin sowie Andrée (14 Jahre) und Gilberte (9 Jahre) Degeimbre.

Am 29. November 1932 sahen die Kinder, die zufällig durch den Klostergarten gingen, wie sich die Statue der Lourdesgrotte plötzlich bewegte, bis sie erstaunt ausriefen: «Die Statue der Grotte bewegt sich! Die Mutter Gottes!» Verängstigt eilten die Kinder nach Hause.

Am nächsten Tag gingen sie wieder zur Grotte und sahen, daß neben der Statue die «schöne Frau» schwebte.

Daraufhin folgten fast täglich insgesamt weitere zweiunddreißig Erscheinungen bis zum 3. Januar 1933. Manchmal sagte Maria gar nichts, manchmal nur einen Satz. Während der ersten Erscheinung sprach Maria nichts, bei der vierten fragte Albert: «Bist du die Unbefleckte Jungfrau?». Maria sagte «Ja» und verschwand. In den folgenden Tagen brachte man immer wieder Kranke an den Ort, aber es geschahen keine Wunderheilungen.

Auf die Frage der Kinder: «Was wollen Sie?» antwortete Maria: «Daß ihr artig seid.» Später erkannten die Seher, daß mit «artig» die völlige Selbsthingabe gemeint war.

Ab dem 29. Dezember 1932 bemerkten die Kinder abwechselnd, daß Maria ein goldenes Herz in der Mitte ihrer Brust hatte, von dem Strahlen ausgingen. Am 30. Dezember mahnte sie die Kinder: «Betet! Betet! Betet viel!» Sie wiederholte den Aufruf am 1. Januar. Am letzten Tag ihrer Erscheinung, am 3. Januar, waren bereits 20.000 Menschen zugegen. An diesem Tag sagte Maria einigen der Kinder ein Geheimnis und außerdem: «Ich werde die Sünder bekehren! Ich bin die Mutter Gottes, die Königin des Himmels. Betet ohne Unterlaß! Adieu!»

Fernande Voisin berichtete: «Ich sah eine große Feuerkugel, die zerplatzte, und dann schaute ich die Gottesmutter und hörte die Frage: ‹Liebst du meinen Sohn?› Ich antwortete: ‹Ja.› ‹Liebst du mich?› Antwort: ‹Ja.› ‹Dann opfere dich für mich.›» Die Fragen und Antworten waren die gleichen wie damals zwischen Christus und Petrus vor dem Hahnenschrei!

Leider wissen wir wenig über das weitere Leben der Seherkinder. In Beauraing aber hat, wie stets nach Marienerscheinungen auch andernorts, das religiöse Leben stark an Kraft gewonnen, und die-

111

ser belgische Ort hat seitdem wie ein Magnet Hunderttausende von Menschen in der Hoffnung auf eine Heilung an Leib und Seele angezogen.

Quelle: Robert Ernst: Maria redet zu uns; P. Odo Staudinger: Die Mutter mit dem goldenen Herzen

Jungfrau der Armen
Banneux 1933

Nur wenige Tage nach den Ereignissen von Beauraing, im Januar 1933, wollte der Pfarrer des kleinen belgischen Ortes Banneux zusammen mit einigen Pfarrkindern die Echtheit jener Marienerscheinungen, die nun in aller Munde waren, überprüfen, und sie erbaten deshalb von Maria die Bekehrung eines ungläubigen Bürgers ihrer Gemeinde. Es wurde ein Erfolg weit über die Vorstellung der Beter hinaus!

Am 15. Januar 1933 sah die zwölfjährige Mariette Béco, deren Vater ehrlich, aber ohne Glauben lebte, durch das Fenster im Garten ihres abseits gelegenen Elternhauses eine helleuchtende Frau. Sie beschrieb sie ihrer Mutter: «Ihr rechter Fuß ist unbekleidet und trägt eine goldene Rose. Am rechten Arm hängt ein Rosenkranz. Die Jungfrau blickt mich lächelnd an.» Sie hatte in der Erscheinung sofort die Jungfrau Maria erkannt.

Aber Mutter, Vater und Pfarrer Jamin glaubten ihr nicht.

Maria erschien wieder am Abend des 18. Januars. Mariette fiel auf die Knie, ging zu einer Quelle und tauchte beide Hände ins Wasser. Zeugen hörten, wie das Kind mechanisch die Worte wiederholte: «Diese Quelle ist mir vorbehalten ... Gute Nacht! ... Auf Wiedersehen!» Mariette war wie geblendet und betete noch einige Zeit weiter. Diesmal sprach Maria zu ihr.

Am 19. Januar antwortete die Erscheinung auf die Frage Mariettes, wer sie sei: «Die Jungfrau der Armen.» Dann ging die Seherin betend und sich mehrmals hinkniend wie am Vortag zur Quelle und stellte dort die Frage: «Sie sagten gestern: die Quelle ist mir vorbehalten. Warum?» Maria: «Für alle Nationen. Für die Kranken. Ich werde für dich beten.»

Wie bisher sah Mariette zunächst einen leuchtenden Punkt, der immer größer wurde und schließlich die Gestalt einer schönen Frau annahm. Auf die Frage, was sie wolle, antwortete Maria: «Eine kleine Kapelle.» Darauf segnete sie Mariette durch Handauflegen.

Bei der fünften Erscheinung am 11. Februar betete die «unreligiöse» Seherin bereits den Rosenkranz und hörte, wie Maria sprach: «Ich komme, um das Leid zu lindern.» Am 15. Februar erhielt Mariette ein persönliches Geheimnis, und auf die Bitte um ein Zeichen, eine Anregung des vorsichtigen Pfarrers Jamin, erwiderte Maria: «Glaubt an mich, und ich werde an euch glauben. Betet viel! ... Auf Wiedersehen!» Wie schön dies doch klingt, das gegenseitige Vertrauensversprechen!

Am 20. Februar bekam das Mädchen die schlichte Botschaft mitgeteilt: «Mein liebes Kind, bete viel.»

Bei der achten und letzten Erscheinung hörte der Dauerregen, wie in Fátima, plötzlich auf, als Maria erschien, die sprach: «Ich bin die Mutter des Erlösers, die Mutter Gottes ... Bete viel! Adieu!» Und mit einer segnenden Handauflegung entschwand die Jungfrau der Armen.

Am 19. März 1942 durfte man in der Diözese Lüttich Maria mit ihrem neuen Ehrentitel «Jungfrau der Armen» verehren, seit dem 22. August 1949 ist die Erscheinung von Banneux vom Lütticher Bischof anerkannt.

Quelle: Robert Ernst: Maria redet zu uns; Lexikon

Königin des Weltalls
Heede 1937

Heede ist ein kleiner, an der Ems liegender und zur Diözese Osnabrück gehörender Ort in Norddeutschland. Hier ist die Muttergottes folgenden vier Kindern im Alter von elf bis dreizehn Jahren zwischen 1937 und 1940 mehr als hundertmal erschienen: Anna Schulte, Grete und Maria Ganseforth, Susanne Bruns.

Bemerkenswert ist, daß die Kinder bei den Erscheinungen laut Augenzeugenberichten meist ganz plötzlich und alle gleichzeitig auf die Knie fielen, obwohl sie nicht immer zur selben Zeit dasselbe hörten oder sahen. Auch diese Art der selektiven geistigen Wahrnehmung wird schon in der Bibel erwähnt: «Nur ich, Daniel, sah diese Erscheinung; die Männer, die bei mir waren, sahen die Erscheinung nicht; doch ein großer Schrecken befiel sie, so daß sie wegliefen und sich versteckten.» (Dan. 10,7) - oder bei Saulus, der allein die Worte Christi vernahm und vom Licht geblendet wurde, seine Begleiter aber nicht.

Die ersten zwei Wochen erlebten die Kinder nur visuelle Wahrnehmungen der Erscheinung, vernahmen aber noch keine mündlichen Botschaften. Von den weiteren Erscheinungen sind folgende Worte bekannt: Am *7. April 1938* sagte Maria zu Anni Schulte: «Kinder, betet noch viel!»

Am *13. Mai 1938* fragte Grete Ganseforth: «Sollen wir Kranke holen»? «Jetzt noch nicht», war die Antwort. Und auf die Frage, ob sie allabendlich kommen sollen, antwortete Maria: «Ja!»

Am *5. April 1939,* zweifellos der Höhepunkt der Ereignisse von Heede, fragte Maria Ganseforth die Gottesmutter, unter welchem Namen sie verehrt werden wolle: «Als Königin des Weltalls und Königin der armen Seelen». Mit diesem Selbstzeugnis spricht Maria aus, was sie uns Menschen durch ihr Erscheinen in diesem norddeutschen Ort mitteilen will:

Hält man sich die Tatsache vor Augen, daß die Erscheinungsgeschehnisse an einem Allerseelentag auf dem Friedhof begannen, so

114

wird nur noch unterstrichen, was mit dem Titel «Königin der armen Seelen» bereits ausgesagt wird - Maria ermahnt die Menschen zum Gebet für die Verstorbenen und offenbart damit, daß «auch die Seelen im Fegfeuer der fürbittenden Macht der Mutter und Königin nicht zu entraten brauchen». Mit der Bezeichnung «Königin des Weltalls» aber stößt Maria nun erstmals auch in eine kosmische Dimension vor, eine Dimension, die ihr auch schon in der Apokalypse des Johannes zuteil wird. Interessant in diesem Zusammenhang ist, daß Papst Pius XII. am 1. November 1954 Maria als «Königin des Weltalls» verkündete und das Fest dazu für den 22. August festsetzte.

Auch fragten die Kinder, in welchem Gebet die Gottesmutter unter diesem Titel bevorzugt verehrt werden möchte, worauf sie antwortete: «In der Lauretanischen Litanei.»

Am *24. Oktober 1939* hörten alle vier Kinder zugleich: «Offenbart alles, was ich euch gesagt habe, den Geistlichen.» Wiederum stellt Maria einen direkten Bezug zu den Amtsträgern her und demonstriert damit, daß ihre Worte keinesfalls als unverbindliche Privatoffenbarungen abgetan werden sollen. Schon gar nicht von der Kirche!

Am *26. Januar 1940* sah Maria Ganseforth, wie die Gottesmutter weinte, und stellte die Frage: «Mutter, was hast du?» Diese antwortete: «Kinder, betet!»

Am *19. Oktober 1940* vertraute Maria jedem der Kinder einzeln ein Geheimnis an mit der Auflage: «Erzählt dies nur dem Heiligen Vater.» Daß dies tatsächlich geschehen ist, beweist folgender Ausspruch eines hohen vatikanischen Würdenträgers: «Heede wird noch ein großer Wallfahrtsort.»

An diesem Tag präzisierte Maria noch etwas, was sie schon des öfteren deutlich gemacht hatte. «Ich werde nur diejenigen heilen, die in der rechten Gesinnung kommen.»

Am *3. November 1940* sahen die Kinder Maria zum letzten Mal. Nochmals sagte sie zu jedem von ihnen Worte, die ein Geheimnis bleiben sollten, und dann zu allen: «Und nun, liebe Kin-

Heede:
Gedenkstätte der 1. Marienerscheinung in Heede unter den Eichen.
Bildquelle: Weto/Albrecht Weber

der, zum Abschied noch den Segen. Bleibet gottergeben und brav. Betet oft den Rosenkranz! Nun ade, liebe Kinder, auf Wiedersehen im Himmel!»

Obwohl die deutsche «Geheime Staatspolizei», die gefürchtete Gestapo, den Pfarrer von Heede zur Übersiedlung zwang und die Anreise der Pilger zu dem einsamen Ort zu verhindern versuchte, kamen immer mehr Menschen nach Heede. Gegen Kriegsende pilgerten sogar ganze Militärtruppen zu dieser heiligen Stätte in Norddeutschland.

Der zuständige Bischof von Osnabrück äußerte sich zu Heede wie folgt: «Es ist nichts Abergläubisches darin. Sie können daran glauben. Die Anrufungen: ‹Königin des Weltalls› und ‹Königin der armen Seelen› können Sie privatim gebrauchen ... Sie können daran glauben und auch mündlich und schriftlich dafür eintreten, aber nur als Privatmann. Der Glaube ist etwas Gutes. Gegen die Mutter-Gottes-Erscheinungen in Heede ist nichts einzuwenden. Es fehlt mir aber der Beweis.» (Mitteilungen des hochwürdigen Herrn Pfarrers Dieckmann in Heede vom 22. Februar 1950). Derselbe Bischof erklärte auch: «Ich hindere niemand, in Heede zu beten oder dorthin zu wallfahren.»

Am *22. Oktober 1945* erhielt Grete Ganseforth noch Botschaften durch Jesus Christus: « ... Es ist mein Wunsch, daß die Aussprüche meiner heiligsten Mutter und auch die meinen jetzt möglichst überall bekannt werden. Die meisten Menschen werden sich freuen. Es werden aber auch viele da sein, die nicht auf diese Gnade eingehen. Auf meine heiligste Mutter in Fátima und auf meine Aussprüche haben nur sehr wenige gehört. Es ist mein Wunsch, daß die Aussprüche, die ich dir gegeben habe, möglichst einzeln bekannt werden, damit die Menschen darüber nachdenken können und sie betrachten ... Einst müssen alle Menschen Rechenschaft bei mir geben über die Gnaden, die ich ihnen gegeben habe.»

21. November 1945: «... Die Menschen sollen in Heede besonders beten und Buße tun für die Bekehrung der Sünder, damit ich möglichst viele Menschen retten kann. Heede soll hauptsächlich ein Ort sein für die Bekehrung der Sünder. Die Kranken werde ich nur heilen, wenn sie in der rechten Gesinnung kommen. - Die Menschen werden eine große Sehnsucht nach Heede bekommen.»

22. Januar 1946: «Lieber Heiland, sie glauben nicht, was du gesagt hast.» Antwort: «Ihr müßt für diese beten, viel beten, ihr dürft es diesen nicht übelnehmen; denn sie wissen nicht, was sie damit tun. Aber wehe denen, die sich ein Urteil erlauben, bevor sie sich richtig erkundigt haben!» Frage: «Aber lieber Heiland, tut dir das auch noch weh?» Antwort: « ... Durch ihre Worte verderben sie viel und halten dadurch die Gnaden auf, die ich den Menschen geben will. Aber ich werde dafür sorgen, daß meine Sache durchdringt. Bete viel, daß die Menschen die Gnaden richtig aufnehmen und daß sie Buße tun, damit ich die strafende Hand zurückziehen kann.»

31. Dezember 1946: «Wenn die Gnade nicht benützt wird, dann geht diese Gnade für Deutschland verloren!»

7. Februar 1946: «Meine Braut, die Zeit wird immer ernster. Wenn die Menschen sich nicht bekehren und mich und das Unbefleckte Herz meiner heiligsten Mutter weiter so beleidigen, wird eine noch größere Strafe über die Menschen kommen.» - Frage: «Lieber Heiland, wodurch tun sie dir denn am meisten weh?» Antwort: «Meine Braut, täglich beleidigt man mich durch die Sünde der Unkeuschheit, des Stolzes und der Habsucht.»

12. Februar 1946, Frage: «Lieber Heiland, warum läßt du das Wasser so schrecklich über die Erde laufen?» (Im Frühjahr 1946 gab es viel Hochwasser. Auch in Heede war die Kirche durch einen breiten Wasserstreifen wochenlang vom Ort getrennt. Ein provisorischer Steg für die Kirchgänger wurde vom Wasser einmal fortgeschwemmt.) Antwort: «Meine Braut, dies ist ein Vorzeichen für die kommende Strafe und eine Warnung für die Menschen, damit sie Buße tun.»

Mit Maria war Grete Ganseforth durch eine innere Stimme bis zu ihrem Tod weiterhin verbunden. Sie hat ihr Leben Gott als Sühneopfer für verirrte Menschen angeboten. Das Opfer, das Maria am wertvollsten ist und das sie deshalb auch gerne angenommen hat. Grete Ganseforth starb am 27. Januar 1996 im Alter von 70 Jahren in Heede.

Quelle: P. Odo Staudinger: Heede; Eizereif / Brinkmann: Maria in Heede

Mit Leib und Seele im Himmel
Kérizinen 1938

In einer einsamen Talniederung zwischen den verwitterten Erhebungen des amorikanischen Gebirges im Departement Finistère liegt, zur Gemeinde Plouvenz-Lochrist gehörend, der Weiler Kérizinen. Es ist eine Gegend, in der die Bretagne ihre Ursprünglichkeit bewahrt hat. Keine reiche Gegend. Kérizinen besteht aus drei kleinen Häusern. Karge, von Ginsterbüschen umrandete Felder prägen das Umland.

In einem dieser Häuser lebte der Kleinbauer Yves Ramonet mit seiner Frau Marie-Yvonne und neun Kindern. Eines davon ist Jeanne-Louise, geboren am 7. Oktober 1910. Die Eltern und zwei ihrer Geschwister starben schon früh, alle anderen verließen Kérizinen, so daß Jeanne-Louise, noch keine dreißig Jahre alt, allein im einsamen Haus zurückblieb, kränklich, mit viel Arbeit und einer Kuh als ganze Habe.

Jeanne-Louise war ein begnadetes Kind. Mit zwölf Jahren sprach Jesus beim Empfang der Hostie zu ihr: «Sei mein Apostel! Liebe deine Brüder!» Sie hörte noch öfter die geliebte Stimme und wollte daraufhin, mit Zustimmung der einfühlsamen Mutter, in ein Kloster eintreten. Doch das nächstgelegene Kloster lehnte Jeanne-Louise wegen ihrer angeschlagenen Gesundheit zweimal ab.

Im Jahre 1936 konnte sie nach Lourdes pilgern. Nach ihrer Rückkehr fühlte sie eine Kraft, die es ihr auf einmal ermöglichte, ihrer Arbeit nachzugehen, was aber nicht bedeuten soll, daß sie nun plötzlich vollkommen geheilt war. Ihre noch verbliebenen Leiden opferte sie geduldig Christus auf.

So hütete Jeanne-Louise am 15. September 1938 gleich neben dem Haus ihre einzige Kuh und stickte dabei. Plötzlich sah sie eine Lichtkugel. In dem Licht stand eine Frau. Sie war jung. Etwa 17 Jahre alt, sehr schön. Sie sah zum Himmel auf. An ihrem Arm hing ein weißer Rosenkranz.

Jeanne-Louise erschrak, aber da vernahm sie bereits die Stimme der Gestalt: «Fürchte dich nicht! Ich tue dir nichts zuleide.»

Wie das schon bei anderen Marienerscheinungs-Erlebnissen der Fall gewesen war, sank die Seherin auch hier, ohne daß es ihr bewußt gewesen wäre, in die Knie. Da fuhr die Frau fort: «Du wirst mich in den kommenden Jahren öfter sehen. Dann werde ich dir sagen, wer ich bin und was ich will.

Ein neuer Krieg bedroht Europa. Ich werde ihn um einige Monate hinauszögern, denn ich kann nicht taub bleiben gegenüber so vielen Gebeten, die jetzt dort in Lourdes zu mir aufsteigen und den Frieden erbitten.»

Als sie dies gesprochen hatte, erhob sich die Frau im Lichtglanz. Sie schwebte langsam gegen Norden empor und verschwand in weiter Ferne hoch oben am Himmel. Jeanne-Louise sprach nicht über ihre Vision.

Von dieser ersten Erscheinung an hatte Jeanne-Louise bis 1965 einundsiebzig Erscheinungen und Visionen. Sie meinte dazu: «Nach der Erscheinung fühle ich immer großen Frieden und Freude.» So brachten im übrigen auch die Kinder von Fátima ihr Gefühl zum Ausdruck. Dieses Gefühl des Friedens und der inneren Ruhe stand ganz im Gegensatz zur Engelerscheinung, die die Seherin so sehr angestrengt, ja fast gelähmt hatte durch ihre Intensität.

Die Seherin war, wie viele Bäuerinnen dieser Gegend, ungebildet, ein ganz einfacher Mensch, und wurde gerade auch deshalb auserwählt, um die Mächtigen und Gelehrten zu beschämen. «Ich habe dich von anderen erwählt», sagte später Jesus Christus zu ihr, «um den Seelen meine Liebe zu dem Elend, zu dem armen Nichts zu zeigen, das du bist.» Der Beichtvater regte Jeanne-Louise an, die an sie gerichteten Worte aufzuschreiben. Und wie das so oft zu beobachten ist, bestanden ihre ersten Aufzeichnungen anfangs aus kurzen, holprigen Sätzen, die sich später dann zu harmonisch-flüssigen Botschaften von großer apokalyptischer Kraft formten.

«Mache nicht, wie früher, Anstrengungen, um meine Worte zu behalten», forderte das «Herz Jesu» im Jahre 1952 sie auf. «Ich werde dein Gedächtnis sein, wenn du sie niederschreibst.» Diese Versicherung gab Jesus schon in der Bibel: «Macht euch keine Sorgen, wie ihr euch verteidigen oder was ihr sagen sollt. Denn der Heilige Geist wird euch in der gleichen Stunde eingeben, was ihr sagen müßt» (Lukas 14,11-12).

Noch etwas fällt auf, wenn man die Marienerscheinungen der letzten Zeit betrachtet: Maria bereitet vor, und ihr göttlicher Sohn folgt sehr oft mit seiner Seelenführung nach oder umgekehrt. Das war in Fátima so, in Campinas und zuletzt in Heede. Maria bereitet den Weg des Herrn, und er nimmt sie dafür in unbeschreiblicher Liebe zu sich als Miterlöserin auf.

Die markantesten Marien- und Jesusworte an Jeanne-Louise und einige Geschehnisse sollen nun herausgegriffen und geschildert werden, um das Marienbild, das durch die bisherigen Erscheinungen und Botschaften herausgearbeitet wurde, weiter zu vervollständigen.

7. Oktober 1939, Maria: «Merke wohl: der Rosenkranz ohne Geheimnisse ist wie ein Körper ohne Seele.»

2. April 1940, Maria: «Es wird jetzt weniger gebetet als in den ersten Monaten des Krieges ... Der Krieg wird lang und hart sein, wenn man den Botschaften, die ich euch gebracht habe, keine Beachtung schenkt.» Auch hier wieder der unmißverständliche Hinweis, daß Beter den Lauf der Geschichte verändern können. Das ist auch das Geheimnis kontemplativer Orden: Sie sind durch das immerwährende Gebet spirituelle Fürsprecher für ihr Land und für die ganze Menschheit!

Mai 1940, Maria: «Die Gefahr, die euch droht, ist der feindliche Einfall in euer Land.» - Der deutsche Angriff auf Frankreich begann am 10. Mai 1940.

7. Oktober 1940, Maria: «Ich bin die Mutter Christi, der in deiner Pfarrei so geliebt wird. Ich will an diesem Ort unter dem Namen ‹Unsere Liebe Frau vom Heiligsten Rosenkranz› verehrt und angerufen werden.»

5. Mai 1941, Maria: «Bald wird Rußland helfend in den Krieg eingreifen; das wird ein harter Schlag für eure Feinde sein. Von nun an betet, betet viel, ihr christlichen Seelen, für dieses große Land, das der Kirche noch feindlich gegenübersteht; sonst werden sich nach dem Krieg die Kommunisten an vielen Orten zum Schaden der Kirchen festsetzen. Bittet Jesus durch mein Unbeflecktes Herz um die Bekehrung der Sünder und Rußlands! Kommuniziere, wenn es dir möglich ist, jeden ersten Samstag im Monat zu Ehren meines Unbefleckten Herzens! Seit vielen Jahren stelle ich diese Bitte, doch man achtet nicht darauf.»

2. Februar 1944, Maria: «Ich mag noch soviel um Gebet und Opfer bitten, man hört nicht auf mich. Doch schau zum Horizont: jenseits der großen Wolken siehst du einen Lichtschimmer, er ist noch sehr schwach, doch eines Tages, und dieser Tag ist nicht mehr ferne, wird er hell aufleuchten. Das wird eure Befreiung sein, dann das Ende dieses Krieges. Doch wenn die Welt nicht Buße tut und zu Gott zurückkehrt, erwarten sie neue und noch schwerere Strafgerichte. Ein ungeheurer Sturm wird über die sündenbeladene Welt hereinbrechen. Ihr könnt ihn abschwächen, wenn ihr euer Tagewerk für Christus verrichtet, euch zusammenschließt und betrachtend den Rosenkranz betet für die Sünder ...

Jeder Christ möge für seinen sündigen Bruder Apostel werden; er möge die verirrten Seelen suchen und in den Schoß der Kirche zurückführen, damit alle vereint mit und für Christus leben. Erst dann wird für die Menschheit, die heute durch den Aussatz der Sünde häßlich zugerichtet ist, jener Friede anbrechen, der bis ans Ende der Zeiten dauern wird. Um Aufruhr und Glaubensverfolgungen von Frankreich fernzuhalten, betet alle sehr oft betrachtend den Rosenkranz! Jeder tue, was in seinen Kräften steht, und ich übernehme alles andere. Ich werde eingreifen; wenn man jedoch, wie im Jahre 1939, mein Anerbieten und meine Bitten zurückweist, wird die Erschütterung unvermeidlich sein.»

Auch hier macht uns Maria wieder auf die Notwendigkeit des Miteinanders aller Menschen aufmerksam: Jeder Mensch und noch mehr jeder Christ ist für alle Christen und alle Mitmenschen mitverantwortlich.

Dann sprach Maria folgendes Gebet:

«O Jesus, durch das Schmerzhafte
und Unbefleckte Herz Mariens
gebe ich mich dir hin,
um auf ewig der Trost deines Heiligsten Herzens zu sein.
Heiligstes Herz Jesu, dein Reich komme
durch das Schmerzhafte und Unbefleckte Herz Mariens!»

Dieses Gebet legt in Kurzform die heilsgeschichtliche Situation, in der wir uns befinden, dar: Durch das Herz Mariens, seiner geliebten Mutter, erreichen wir am besten das Herz des göttlichen Sohnes!

4. Oktober 1947, Maria: Sie regt «eine Vereinigung von Marienkindern, bestehend aus Frauen und Mädchen», an. «Ihr Wahlspruch soll sein: Alles für Jesus durch Maria!»

7. Oktober 1947, Jeanne-Louise notiert: «Die Heilige Jungfrau sprach erneut von den Strafen und Heimsuchungen, die über Frankreich und Europa hereinbrechen werden, und ermahnte uns zu Gebet und Buße, damit das Unheil abgeschwächt, wenn nicht verhütet werde. Danach lehrte sie mich den Rosenkranz zu den heiligen Wunden Christi. Sie sagte mir, daß Jesus bei jedem Wort, das wir bei diesem Rosenkranz aussprechen, von Mitleid gerührt, einen Tropfen seines Blutes auf die Seele eines Sünders fallen lassen werde.

Christus Jesus, dein Reich komme durch das Schmerzhafte und Unbefleckte Herz Mariens!»

Wie in Campinas lehrt Maria eine besondere Form des Rosenkranzes, um ihre Seelenkinder durch die Betrachtung allmählich in die mystische Nähe Gottes einzuführen.

27. Dezember 1947, Maria: Nach einer Klage über das verstockte Frankreich, die Aufforderung an Jeanne-Louise: «Und du, sprich mit deinem Seelenführer und bringe ihm meine Botschaft! Sage ihm, daß eine Mutter zu ihm spricht, eine Mutter, die das Wohl ihrer Kinder will und sich darum bemüht. Er möge alles, was mich an diesem Ort betrifft, seinem Bischof unterbreiten. Wenn man meine Bitten erfüllt, werde ich euch meine Macht zeigen. Freigiebig werde ich meine Gnaden über diesen Fleck Erde ausgießen, den ich mir erwählt habe.

Während die Apostasie in der Welt fortschreitet, gibt es drüben in Rußland eine Rückkehrbewegung zum Christentum, es gibt Bekehrungen.»

7. Februar 1948, Maria: «Zur Zeit des Unheils, das herannaht, wird mein Schutz mit jenen sein, die an mich glauben.»

An diesem Tag fragte die Seherin die Heilige Jungfrau, was das Wort «Apostasie» bedeute, und diese antwortete: «Ein Apostat ist ein Christ, der sich von Christus abkehrt.»

«Sprich mit deinem Seelenführer, selbst wenn er dich abweist! Versuche es ein letztes Mal! Ich kann nicht glauben, daß er die Gnaden ungenutzt läßt. Seine Andacht zu mir war immer so innig, daß ich ihm die schwierige Aufgabe, die eine Beweisführung für Erscheinungen darstellt, anvertrauen will. Deshalb will ich ihm diese Pfarrei übergeben. Er möge also alles, was mich an diesem Ort betrifft, unverzüglich seinem Bischof unterbreiten. Dies ist in zwanzig Jahren der dritte Ort in der Bretagne, wo ich, die Hände voller Gnaden, zu euch herniedersteige mit dem einen Wunsch, sie an euch auszuteilen. Ich leide unter der Gleichgültigkeit, die man mir gegenüber zeigt.»

29. Mai 1948, Maria: «Es wird einen neuen, folgenschweren Krieg geben. Frankreich muß damit rechnen, von einer russischen Armee überfallen und besetzt zu werden. Die Guten werden dann von den Gottlosen verfolgt werden. Schenkt man jedoch meinen Bitten Gehör, werde ich euch vor diesen schrecklichen Feinden beschützen. Ich komme, um euch viele Mühsale zu ersparen und viel Leid zu lindern.

Ich komme, um Frankreich aufzurichten und zu retten. Nach einiger Zeit werde ich ihm einen großen Führer, einen König geben. Es wird dann einen solchen Aufschwung erleben, daß sein spiritueller Einfluß auf die ganze Welt vorherrschend sein wird.

Aber ich komme vor allem für eure Seelen, für die Sünder. Durch die Bretagne, die mir am treuesten geblieben ist, will ich Frankreich wieder verchristlichen. Wenn es zu Christus heimgefunden hat, wird es so Gott anhängen, daß es erneut zum Licht für die heidnischen Völker werden wird.

Einige Jahre nach diesem nächsten Krieg wird es wieder Krieg geben; aber danach werden die treuen Diener Christi einen beglückenden und gerechten Frieden genießen. Jesus wird König sein durch mein Unbeflecktes Herz.

Diese Kriege könnten jedoch vermieden werden, wenn sich die Welt reuig zu Gott bekehrte.»

Immer wieder spricht die Königin der Propheten von Strafgerichten, die durch spirituelle Umkehr vermieden oder gemildert werden können. Die spirituelle Einstellung der Menschen spielt also im Lauf der Geschichte eine elementare Rolle. Eine Tatsache, die vollkommen einleuchtet, nur neigt unsere «aufgeklärte» Epoche dazu, diese Grundwahrheit zu verdrängen.

12. Juli 1948, Maria: «Folgendes wirst du erst viel später bekanntgeben, wenn meine Bitten nicht erfüllt werden: In einigen Jahren wird diese Provinz Bretagne unbewohnbar sein. Wenn jedoch, meinen Wünschen entsprechend, aus diesem Boden, den ich mir erwählt habe, ein bretonisches Lourdes hervorginge, würde das Land durch meinen Segen, der auf Früchte und Ernten wie ein Regen niederginge, sehr ertragreich werden.»

6. März 1949, Maria: «Ich lasse euch jetzt eine letzte Hoffnung: Wenn man meine Bitten schließlich doch erfüllt, wenn von diesem Ort Ehrungen und viel inbrünstige Gebete zu mir aufsteigen, dann werde ich Frankreich retten und vor den Russen bewahren. Von einer plötzlichen Erleuchtung getroffen, werden diese letzteren sich einer neuen, weisen Weltsicht anschließen.»

24. Mai 1949, Maria: «Ich komme vor allem der Sünder wegen an diesen Ort. Wenn man jedoch auf mich hört, werde ich auch die Gesundheit des Leibes nicht verweigern.» Dazu Jeanne-Louise: «Hier sagt mir die Heilige Jungfrau ein zweites Geheimnis.»

6. August 1949, Maria: «Ich wünsche, daß an diesem Ort eine Kapelle gebaut werde.

Mit Leib und Seele in den Himmel aufgenommen, von den Engeln im Triumph hinaufgetragen, von der barmherzigen Heiligsten Dreifaltigkeit zur Königin des Himmels und der Erde gekrönt, wache ich über meine Kinder auf der Erde. Kommt zu mir, ich werde eure Leiden lindern, ich werde die Kirche beschützen und die Sünder retten.

Ich wünsche, daß diese Worte dem Heiligen Vater bekannt gemacht und in der ganzen Welt verbreitet werden. Du wirst sie aber erst zu einem späteren Zeitpunkt, den ich dir noch nennen werde, weitergeben, um dem freien Handeln der Kirche nicht vorzugreifen.»

Ein Jahr später, am *1. November 1959,* verkündete Papst Pius XII. tatsächlich das Dogma der leiblichen Aufnahme Mariens in den Himmel.

Außerdem kündigte Maria an, bald eine Quelle am Erscheinungsort entspringen zu lassen.

9. Dezember 1949, Maria: «Die Zeit ist nicht mehr fern, wo Frankreich, meine bevorzugte Nation, sein wahres und klares Gesicht zurückerhalten wird. Aber zuvor kommt das große Strafgericht, das ihr durch eure Sünden verschuldet habt.

Gehe zu deinem Bischof! Bringe ihm diese letzten Worte, die ich euch vor der großen Heimsuchung gebe! Er möge an diesem Ort Gebete und Pilgerfahrten organisieren, dann wird die Strafe durch mich in barmherziger Weise gemildert werden. Eine Kapelle soll hier erbaut werden. Die Wunder, die Christus, mein Sohn, einst hier bei euch wirkte, will ich heute, vor allem für die Sünder aufs neue wirken.»

Gerade diese letzte Andeutung scheint rätselhaft. Doch auch diesmal erhält die Botschaft durch ein Ereignis, das nur kurze Zeit später eintrat, einen über unsere enge Denkweise hinausgehenden Zusammenhang: Am 13. Juli 1952 fanden Besucher, so wie Maria es angekündigt hatte, eine Quelle am Rande von Jeanne-Louises Feld, dort, wo seit Menschengedenken kein Tropfen Wasser geflossen war. Und als das Mädchen die Quelle freilegte, kam im steil abfallenden Felsrand eine Grotte zum Vorschein, die wie von Menschenhand zur Fassung des Quellwassers gehauen schien. Verbarg sich dahinter ein früheres Heiligtum? Jeanne-Louise erinnerte sich, daß ihr Vater bei der Bearbeitung dieses kargen Bodens immer wieder seltsame Funde durch den Pflug ans Tageslicht gebracht hatte.

Ganz bewußt wählt Maria das Lebens- und Gnadensymbol der Quelle, das für Heilung und Lebenskraft steht. Bereits im Altertum hatte die Quelle eine tiefe symbolische Bedeutung inne und wurde als heilige Stätte verehrt. Auch die Taube wurde seit jeher als Sinnbild gebraucht und war den Göttinnen der Liebe, der Astarte und der Aphrodite, zugeordnet - die Taube, die heute das Symboltier Mariens und des Heiligen Geistes ist. Was will Maria uns damit sagen? Daß wir uns im Denken und Begreifen weiterenwickeln müssen, da die vorchristliche Zeit keine Zeit der völligen Dunkelheit ohne jede Bedeutung für unsere Gotteserkenntnis, sondern vielmehr Adventszeit ist, die schon damals mit vielen Symbolen auf die Vollendung hinwies, auf die Zeit der großen Erlösungstat Gottes und seiner Menschwerdung in Jesus Christus durch Maria, die reine Jungfrau voll des Heiligen Geistes. Sie ist die Vollendung all der weiblichen Archetypen, die sich schon seit Tausenden von Jahren in der Seele dieser Menschheit formten. Es ist ja kein Zufall, daß Maria nach der Auferstehung ihres göttlichen Sohnes längere Zeit gerade in Ephesus wirkte und lebte, in jener angesehenen Stadt im kleinasiatischen Teil des römischen Reiches, die seit grauer Vorzeit den großen Tempel der Göttin Artemis beherbergte und deshalb als heilig galt und Ziel großer Pilgerreisen war. Die Göttin Artemis war ursprünglich Göttin des Mondes, der Quellen und des Waldes, die sich von ihrem Göttervater Zeus die ewige Jungfernschaft erbat. Mit ihrem Pfeil und Bogen kämpft sie gegen den Drachen. Sie trägt den Beinamen Phöbe, die

Reine. Gerade in Ephesus wird sie auch als die große Mutter verehrt: eine Beschreibung, die verblüffende Ähnlichkeit mit Maria aufweist.

Doch zurück zu den Visionen der Seherin Jeanne-Louise, die dreimal die Himmelfahrt Mariens schaute: Am 28. März, 7. August und 15. August 1954. Die Heilige Jungfrau war bei diesen Visionen von Tausenden weißgekleideter Engel umgeben, die sich voll Ehrfurcht vor ihr verneigten. Mit dem Lied «Assumpta est Maria in caelum» trugen sie daraufhin Maria in den Himmel. Beim dritten Mal erschien sie gekrönt mit einem Golddiadem.

Am 15. August erschien außerdem ein Engel, der zu der Seherin sprach: «Unsere Königin gibt dir bekannt, daß der Augenblick gekommen ist, ihre Worte vom 6. August 1949 über ihre Himmelfahrt der Kirche zu übermitteln.» Und bei den Worten «unsere Königin» verneigten sich alle Engel, die um Maria standen, tief vor ihr.

Die Bedeutung dieses Mariendogmas wird von einer Seite, die erst beim zweiten Hinhören dazu berufen scheint, begeistert bezeugt: Von C. G. Jung, dem großen Psychologen der Transzendenz nämlich, dessen tiefe Erkenntnisse bei weitem noch nicht ausgeschöpft zu sein scheinen. Obwohl er aus einer protestantischen Familie stammte, Sohn eines protestantischen Pastors war, stufte Jung die Notwendigkeit dieses Dogmas der Himmelfahrt Mariens für die Gesamtseele der Menschheit in unseren Tagen als äußerst bedeutsam ein. Jung stellte fest: «daß die Gottesmutter dort weilte, galt zwar schon seit mehr als tausend Jahren als ausgemacht, und daß Sophia schon vor der Schöpfung bei Gott war, wissen wir aus dem Alten Testament ... Aber in der Zeit ereignet sich eine derartige Wahrheit erst, wenn sie feierlich verkündet oder wiederentdeckt wird. Es ist für unsere Tage psychologisch bedeutsam, daß im Jahre 1950 die himmlische Braut mit dem Bräutigam vereinigt wurde.» Eine Wahrheit, die gerade in den Botschaften von Kérizinen eine so herausragende Rolle spielt und von Maria und ihrem göttlichen Sohn immer wieder betont wird!

«Mit historisch kritischen Argumenten wird man dem Dogma nicht gerecht», so Jung weiter, «man trifft sogar beklagenswert daneben ... und kann nichts anderes sagen, als daß der protestantische Standpunkt ins Hintertreffen geraten ist, indem er die Zeichen der Zeit nicht versteht und das fortschreitende Wirken des Heiligen Geistes außer acht läßt. Er kann daher eine weitere Offenbarung des göttlichen Dramas weder begreifen noch zugeben.»

Jung sagte, daß er das Himmelfahrtsdogma Mariens «für das wichtigste religiöse Ereignis seit der Reformation halte» und beklagte die protestantische «Männerreligion» ohne metaphysische, personale Verankerung der Frau. Maria werde nicht vergöttlicht, doch «genügt ihre Stellung dem Bedürfnis des Archetypus. Das neue Dogma bedeutet eine erneuerte Hoffnung auf Erfüllung der die Seele am tiefsten bewegenden Sehnsucht nach Frieden und Ausgleich der drohend angespannten Gegensätze ... Hier erweist die katholische Kirche ihren mütterlichen Charakter, indem sie den aus ihrer Matrix wachsenden Baum sich nach dem ihm eigentümlichen Gesetz entwickeln läßt.»

Wenn ein so tief empfindender Psychologe wie Jung ein theologisches Problem wie dieses beleuchtet, so handelt es sich dabei nicht um den von kirchlichen Kreisen mit Recht verurteilten, manchmal aber auch von ihr selbst gepflegten «Psychologismus», den manche gerade jetzt auch in bezug auf Marienerscheinungen pflegen, mit Jung spricht vielmehr einer, der die Tiefen der menschlichen Psyche ausgelotet hat. «Gott ist eine offenkundig psychische und nichtpsychische Tatsache, das heißt, sie ist nur psychisch, nicht aber physisch feststellbar» - lautet sein fachliches Urteil, aus dem er zurecht eine Mitsprache bei religiösen Inhalten und deren Deutung ableitet. Bewußt erweitert er die rein theologische Betrachtungsweise und verzichtet auf Begriffe wie «Erklärung» oder «Festlegung».

4. Dezember 1954: Am Erscheinungsort wurde ein kleines Glashäuschen aufgestellt. Seither schwebt Maria, immer mit einer Krone auf dem Haupt, über diesem bescheidenen Kapellchen.

Es folgen nun die wunderbarsten Botschaften Christi und Mariens über ihre vereinigten Herzen, denen man wieder die Welt weihen soll, über den Heiligen Geist, das Schicksal Frankreichs und die Klage, daß diese Botschaften von offiziellen Kirchenkreisen nicht anerkannt und nicht einmal akzeptiert werden. Als ein Priester sich über die Länge der Botschaften von Kérizinen mißbilligend äußerte und ihre Echtheit anzweifelte, entgegnete Maria: «Habe ich nicht die Freiheit, mit meinen Kindern offen und nach meinem Belieben zu sprechen?»

Jedem, der den ganzen Wortlaut der Botschaft von Kérizinen lesen möchte, sei das gleichnamige Buch aus dem Parvis-Verlag ans Herz gelegt.

5. März 1955, Maria: «Je feindseliger die Welt dem Übernatürlichen gegenübersteht, desto wunderbarer und außergewöhnlicher werden die Ereignisse sein, welche diese Leugnung des Übernatürlichen zuschanden machen werden.»

12. Mai 1955, Maria: «Sich mir widersetzen heißt: die einzige und letzte Hoffnung auf Rettung zunichte machen, welche der Welt noch bleibt ...»

Maria sieht viele Menschen, die nach Kérizinen kommen werden und möchte aus ihnen eine Kongregation von Ordensfrauen gebildet sehen, die ihrem Schmerzhaften und Unbefleckten Herzen geweiht sind: «Durch mein Schmerzhaftes und Unbeflecktes Herz wird sich das Reich des Heiligsten Herzens Jesu in der Welt ausbreiten, das Reich der Liebe und der Gerechtigkeit ...

Und du, empfange mit Vertrauen dieses Brot des Lebens, das Gott dir schickt.» Damit ist die mystische Kommunion gemeint, die die Seherin täglich geistig empfing. Außer sonntags, als sie die Hostie in der Meßfeier gereicht bekam.

1. Oktober 1955, Maria: «Ja, die Zeiten sind ernst. Die Völker und ihre Regierungen haben sich gegen Gott und gegen Christus verbündet. Die Menschheit hat den verfemt und verbannt, der das Leben und der Friede ist. Deshalb sehen wir, wie diese Welt erbebt und sich spaltet wie einst der Calvarienberg in einem Todeskampf, der das Zeichen für ein sicheres und nahes Sterben ist. Um diese haltlosen Völker und Nationen vor dem Zusammenbruch zu ret-

ten, verlange ich erneut die Weihe dieser Welt - doch dieses Mal an unsere beiden, vereinten Herzen. Eure Familien, die Nationen und die ganze Welt sollen durch ein und denselben Weiheakt dem Heiligsten und Barmherzigsten Herzen Jesu und meinem Schmerzhaften und Unbefleckten Herzen geweiht werden, unseren beiden im Heiligen Geist vereinten Herzen.

Diese in sühnender Liebe vollzogene Weihe wird die Wunden unserer Herzen in Quellen des Lebens umwandeln und es uns ermöglichen, als Eroberer auf diese aufgewühlte Erde zu kommen, dem Sturm Einhalt zu gebieten und mit souveräner Geste die zahlreichen Apostaten zu vertreiben, die mit einer teuflischen Wut versuchen, euren Glauben zu zerstören und alles, was Gottes ist, zu beseitigen. Diese Weihe an unsere Herzen wird wie eine wohlklingende Stimme sein, welche die ganze Welt mit einer unbesiegbaren Hoffnung für alle erfüllt, bei Satan und seinen Helfershelfern jedoch wird sie Schrecken und Entsetzen auslösen, denn sie wird das Ende der Herrschaft der Gottlosen bedeuten; die Welt aber, rettungslos dem Untergang geweiht, wird gerettet werden.

Ja, die Welt wird durch unsere beiden vereinten Herzen gerettet werden. Diese Herzen, die eins waren in demselben Leiden, werden auch in ein und demselben Königreich triumphieren. Diese Königsherrschaft wird aber erst dann allumfassend verwirklicht sein, wenn sie zuerst in eurem Innern, in euren Herzen besteht. In euch, im geheimen Heiligtum eurer Seelen, wollen wir das Fundament für unsere göttliche Herrschaft legen, die in Barmherzigkeit, in Licht und Liebe bestehen und der Menschheit vom Himmel her einen zarten Hauch unaussprechlichen Friedens bringen wird.»

Daraufhin die Schilderung der Seherin: «Als die Heilige Jungfrau aufgehört hatte zu reden, erschien zu ihrer Rechten unser Herr Jesus; beide erstrahlten in goldenem Licht. Der Heiland trägt eine rotbraune Tunika, die um die Mitte von einem Gürtel zusammengehalten wird, darüber einen Mantel - von der Farbe des Kleides -, der bis zu den Waden herabfällt. An seinen bloßen Füßen trägt er Sandalen.

Das Antlitz Jesu ist leicht gebräunt (‹Braun bin ich, doch schön, ihr Töchter Jerusalems› Hohelied 1,5) und von einem feinen, rötlich-blonden Bart eingerahmt. Sein Haar ist lang und gelockt. Seine Füße und seine Hände sind von den Wundmalen gezeichnet.

Mutter und Sohn öffneten nun mit einer gleichen Handbewegung ihre Mäntel, so daß ihre Herzen sichtbar wurden.

Das Heilige und Barmherzige Herz Jesu und das Schmerzhafte und Unbefleckte Herz Mariens trugen beide zahlreiche Wunden, von denen manche stark bluteten und andere schon vernarbt waren.

Ein Schwert oder besser, eine Klinge mit beidseitiger Spitze verband die beiden Herzen und durchdrang ein jedes von ihnen. Strahlen umgaben das Heiligste Herz und das Unbefleckte Herz, und rings um das Schwert flutete von einem Herzen zum anderen Licht, wie eine Brücke.

Mitten aus der Herzwunde Jesu traten zwei Strahlenbündel hervor und fielen flach nach unten; das rechte Strahlenbündel war aus weißem, das linke aus rotem Licht.

Maria sprach weiter: «Diese weißen und roten Lichtstrahlen sind Sinnbild für das Wasser und das Blut, die aus dem Herzen meines Sohnes hervorquollen, als es am Kreuz durchbohrt wurde. Der weiße Strahl versinnbildlicht das Wasser, das die Seelen reinigt, der rote das Blut, das den Seelen Leben schenkt. Ihr werdet unendliche Verdienste aus der Betrachtung oder Anrufung dieses Wassers und dieses Blutes schöpfen, die als Quelle der Barmherzigkeit für euch alle aus dem Herzen eures göttlichen Erlösers fließen.»

Wieder gibt Maria, in dieser Vision von ihrem göttlichen Sohn bestätigt, eine klare Anweisung: die Weltweihe - diesmal an beide Erlösungs-Herzen! Das sind schicksalsentscheidende Aufträge für die Kirche, für alle Christen und für die ganze Menschheit. Und wie reagierten die darauf, die diese Weihe kraft ihres von Gott übertragenen Amtes durchzuführen hätten? Außer einigen Ersatzhandlungen allgemeiner Natur erfolgten keinerlei Reaktionen auf diese klare Anweisung. Die Weltweihe aller Bischöfe am selben Tag wurde bisher nicht vollzogen. Wie sagte schon Jesus Christus in einer ähnlichen Situation, als er in seiner engsten Heimat keinen Glauben an seine Worte und seine Sendung fand: «Nirgends hat ein Prophet so wenig Ansehen wie in seiner Heimat und in seiner Familie» (Mt. 13,57). Geht es Maria mit ihrer Kirche ebenso?

10. Dezember 1955, Maria: «Doch wie sehr leidet mein Herz unter der Gleichgültigkeit meiner Priestersöhne, die meine Wünsche nicht beachten! Ich verstehe ihre Vorsicht, aber ihre Uneinsichtigkeit schnürt mir das Herz zusammen.

Ja, leider nehmen viele Diener Gottes meine Bitten und die Bitten meines Sohnes nicht ernst genug. Werden sie sich noch rechtzeitig der großen Bedeutung unserer Warnungen bewußt werden, deren Botschaften in ihrer absoluten Klarheit für die heutige Zeit von größerer Aktualität sind als für die Vergangenheit? ... Oder werden sie trotz unserer angsterfüllten Hilferufe die Menschheit durch diese weltweite Verwirrung ins Verderben rennen lassen?

Um die entfesselte Hölle zu bekämpfen, die eine Höchstanstrengung gegen das Werk der Erlösung wagt, angesichts des Glaubensschwundes der christlichen Länder und angesichts des Gottlosentums, das die Welt zu überschwemmen droht, greift mein Sohn, euer göttlicher Erlöser, durch dringende Aufrufe ein, die Seelen der Verdammnis zu entreißen und seine Kirche zu verteidigen, der er den Endsieg versprochen hat.

Auch ich, die Gott euch zur Mutter gegeben hat, rufe euch zu Gebet und Buße auf. Durch meine Tränen versuche ich, eure Herzen zu rühren und zu erweichen. In unaussprechlicher Herablassung sind mein Sohn und ich bereit, euch unsere Herzen zu zeigen, von Dornen umschlungen und voller Wunden, welche die Sünden der Welt versinnbildlichen. Ich bitte dich daher, bete viel, damit alle, ja alle unsere Priestersöhne mit Großmut unsere Hilferufe beantworten und endlich begreifen, daß sie mitten im Übernatürlichen leben. Sie sollen mit Vertrauen kommen und beten und am Born unserer Herzen trinken. Die Verehrung unserer Herzen wird ihnen ein großes Licht und ein hervorragendes Hilfsmittel sein, um durch mich das Reich Christi auszubreiten. Er will die Menschen nicht strafen, sondern heilen und an sein erbarmendes Herz drücken.»

3. März 1956, Maria: «Dränge doch bei der kirchlichen Obrigkeit darauf, daß hier das Heilige Meßopfer mit Sühnekommunion gefeiert wird.» Leider wurde bis jetzt nur ein Oratorium (Bethaus) in Kérizinen erbaut, wo zwar viel gebetet wird, aber keine Messe gelesen werden darf (1980).

1. Juni 1956, Jesus und Maria:

Maria: «Weil die Menschheit immer mehr in sittlicher Unordnung versinkt, steht sie am Rand des Abgrunds. Sie ist von einer großen Katastrophe bedroht, denn der Zorn Gottes scheint jeden Augenblick über sie hereinzubrechen.»

Jesus: «Wenn ich die Welt strafen würde, wie sie es verdient, müßte ich sie blitzartig, mit einem Schlag zerschmettern. Aber da ist meine Mutter. Ihre Schmerzen und ihre Tränen bilden das Gegengewicht zu den Sünden der Welt und wahren das Gleichgewicht.»

12. Januar 1957, Maria: «Mein Kind, betrachte diese Welt von 1957; sie ist in den dichten Nebel ihrer schweren und zahlreichen Sünden gehüllt. Sie wird in Trauer sinken, denn der erzürnte Gott neigt sich über sie und wird erbarmungslos zuschlagen. Schreckliche Plagen und Ereignisse werden die Welt läutern, sie von ihren Irrtümern und aller Unordnung befreien, um sie für die allseitige Erneuerung vorzubereiten.»

Dazu ergänzte die Seherin: «Während die Heilige Jungfrau dies sagte, hielt sie ein Bild in ihren Händen, das die Welt darstellte und einer ausgebreiteten geographischen Karte glich. Über dem Bild stand geschrieben: Die Welt von 1957. Aber man konnte die Welt nur mit Mühe erkennen, da sie ganz von undurchdringlichen Wolken verhüllt war. Plötzlich tauchten rechts und links eine Art feuriger Kugeln auf, die auf das Bild zusteuerten und bei deren Aufprall jede eine große Flamme entzündete.

Danach erschien die Erde wie zerfetzt und zerstückelt. Wo sich die Explosionen entzündet hatten, waren leere Flächen. Dort war alles vernichtet. Anderswo, an Stellen, die nicht von den feurigen Kugeln getroffen worden waren, erbebte die Erde, und alles stürzte zusammen. Hierauf kam eine dichte Finsternis, die das Bild bedeckte. Die Erde verschwand in diesem Dunkel.

Plötzlich löste sich die Finsternis auf; es war heller Tag. Die Welt tauchte wieder auf, d.h. das, was von der Welt übrig war. Eine entsetzliche Vernichtung hatte stattgefunden.»

Auf diese schaurigen Bilder der Weltzüchtigung und Reinigung hin folgten jedoch die tröstlichen Worte Marias: «Die Welt wird eine Erneuerung erleben und sich aufrichten, die Kirche aber einen Triumph, und dies alles durch das Reich meines Unbefleckten Herzens, das in allem eng verbunden ist mit dem Herzen meines Sohnes. Was ich dir hier sage, habe ich schon vielen Seelen mitgeteilt, damit alle Menschen gewarnt seien und wissen, daß die Stunde Gottes herannaht.»

16. Februar 1957, Maria: «Damit man aber diese Doppelherrschaft der Liebe flehentlich herbeisehnt, verlange ich, daß man ein Bildnis unserer beiden, so eng verbundenen Herzen prägen lasse. Da die Zahl der wahren Apostel zu klein ist, bedarf es eines göttlichen Hilfsmittels in dieser Zeit der Sinnlichkeit und des Hasses gegen Gott und die Kirche.»

Wie schon so oft, beauftragte Maria die Seher mit der Prägung eines Bildes, diesmal mit den beiden Herzen Jesu und Mariae. Damit alle Menschen auch mit ihren leiblichen Augen sehen können, was ihr Inneres schauen und anregen soll. «Schon der bloße Anblick dieses Bildes würde große Sünder bekehren», so Marias Worte, die damit das Bild zur Brücke in das menschliche Bewußtsein werden läßt.

21. November 1957, Maria: «Richtet euch immer aus nach meinen letzten Botschaften! Denkt über sie nach, denn sie sind gnadenvolles Erkennen zukünftiger Dinge. Sie sind Licht für die Zukunft, denn nichts ist besser geeignet, Sünder zu bekehren als die Furcht vor Strafen und nichts ermutigt und stützt die Gerechten mehr als die Gewißheit des Sieges.»

So wie Gott einst die Wasser der Sündflut nur allmählich ansteigen ließ, um den Sündern Zeit zur Reue zu lassen, so tut er es auch heute in seiner unendlichen Güte und vor allem in seiner großen Barmherzigkeit für die Sünder ...

Besonders die letzte Heimsuchung wird furchtbar sein, weniger allumfassend als die Sündflut, aber viel grausamer, denn sie wird aus Feuer und Blut bestehen. Gott wird sichtbar einschreiten, um über die aufrührerische Menschheit zu triumphieren, um die Gottlosigkeit zu zermalmen und den Rationalismus zu Fall zu bringen.»

Das ist es, was so viele Menschen, besonders auch die im Dienste der Kirche stehenden, abschreckt: Maria sagt geradeheraus und ohne viel theoretischer Wenn und Aber, was geschehen muß und wird. Beschönigende Umschreibungen bringen dieser Menschengeneration nichts. Nur die Angst kann noch wirken!

24. Mai 1958, Maria: «Sich selbst überlassen, könnte die Geschichte der Menschheit nur in einer allgemeinen Vernichtung enden. Es wurde ihr jedoch ein Keim eingepflanzt, der jenseits der Zeit aufgehen wird, und aus dem Ernten für die Ewigkeit heranwachsen werden ...»

«Jenseits der Zeit» wird also der positive Keim aufgehen. Seit wir durch Einsteins Relativitätstheorie die Veränderbarkeit der Zeit erkannt haben, ist es für uns sogar vorstellbar, daß es hier auf Erden auch eine andere Zeitqualität geben kann!

«Es wäre noch alles zu erhoffen, wenn sich die arme Menschheit in unsere göttlichen Herzen flüchten würde, um der Sündflut in Feuer und Blut zu entgehen; wenn sie ihre Leiden, vereint mit den Leiden des göttlichen Sohnes, dem Vater aufopfern würde. Wenn sie gemeinsam mit dem Gebet des ewigen Wortes um das Kommen des Heiligen Geistes beten würde. Der Heilige Geist ist die einzige aufbauende Kraft im Kampf gegen die zerstörerischen Mächte, die das Weltall bedrohen. Durch den Heiligen Geist ist die Kraftquelle des Blutes Christi geflossen. Und nur sein Ausgießen kann es ermöglichen, aus diesem Blut Nutzen zu ziehen. Die Verblendung der an das Körperliche gebundenen Menschen ist jedoch so groß, daß sie den Heiligen Geist nicht erkennen können, da er nicht Fleisch angenommen hat. Deshalb wirkt er durch mich, die ich seine Braut bin und die Ausspenderin seiner Gnaden, so wie er der Ausspender der Verdienste Christi ist. Meine Stunde ist gekommen, zugleich mit der Stunde meines Sohnes, die also die Stunde des Heiligen Geistes ist. Seine Aufgabe ist es, zu reinigen und umzugestalten. Er teilt sich mit wie das Feuer, das plötzlich alles in Brand setzt. Oh, welche Wunder wird er wirken und wirkt er schon jetzt, da er die Seelen und die Herzen neu gestaltet, da er Haß und Rachsucht in Liebe und Erbarmen verwandelt, die dann endlich der Menschheit zugleich mit der Herrlichkeit der Kirche Freude und Wonne bringen werden.»

Dies bedeutet für unsere Zeit eine klare Darstellung der überragenden Rolle des Heiligen Geistes seit Jesu Christi Erlösungstat. Zugleich präzisiert Maria auch ihre enge Verbindung mit ihm: Er hat nicht Fleisch angenommen und wirkt deshalb durch Maria, seine ewige Braut. Welch auserkorene Stellung der Mutter des Sohnes Gottes! Und gerade jetzt ist ihre Stunde gekommen. Wer das nicht erkennt, erkennt das Wirken des Heiligen Geistes nicht. Eine Klarstellung, die das Gewicht der marianischen Botschaft hervorhebt, die da sagt, daß ihre Aussagen jede göttliche Barmherzigkeit gerade bei denen beinahe unmöglich macht, die wissen und doch nicht glauben, die hören und doch nicht verstehen wollen. Die Konsequenzen werden dementsprechend hart sein - wie sie uns schon immer für die Sünder wider den Heiligen Geist geoffenbart wurden.

Und doch tröstet sie uns mit der «Gewißheit des Sieges» Gottes auf dieser Erde, den so viele Menschen in die weite Ferne verlegen, anstatt ihn in die Realität ihres Bewußtseins zu integrieren, und dabei vergessen, was uns die Psychologie als Grundsatz sagt: «Was ich verdränge, holt mich irgendwann urplötzlich ein.»

13. Oktober 1958, Maria: «Erkennt in dieser Zeit der Läuterung den Heiligen Geist, der wie ein göttlicher Adler über den Seelen schwebt. Mit seinem Feuerblick zieht er unwiderstehlich jene Seelen an, die begriffen haben, daß er die Mitte ihres Seins ist.»

28. April 1959, Jesus und Maria.

Maria: «Mit Recht könnt ihr gewisse Besorgnisse haben; doch niemand hat das Recht zu verzweifeln.» Ein besonders wichtiges Wort: Das vollständige Aufgeben, die Lähmung in der Verzweiflung bei einem Menschen ist das Werk des großen Gegenspielers! Die Streiter Jesu Christi und Mariens geben nie auf, weil sie auf Gott vertrauen und Gott auf sie vertraut.

«Wenn der Menschheit heute trotz aller Errungenschaften der Untergang droht, kommt das nicht vor allem daher, daß sie allzu oft Gott verleugnet und verjagt? Sie will ihm sogar trotzen und glauben machen, sie sei so mächtig wie er. Armselige Menschen! Sie wollen den Himmel herausfordern mit all den Instrumenten, welche sie in die Atmosphäre schicken! Aber Gott hat ihnen schon so viele Male bewiesen, daß er der Herr der Gestirne und der Sonne ist ...

Fahrt fort, viel zu beten für die Kirche, die zur Zeit eine schreckliche Krise durchmacht. Aber habt Vertrauen, denn was euch als das düsterste Zeitalter der Kirche erscheinen mag, ist der Vorabend ihrer bedeutendsten Siege. Oh, dieser wunderbare Triumph der Kirche, die demütig und arm inmitten des allgemeinen Wohlstands dastehen wird! Sie wird stark sein, und ihre Erfolge werden ans Wunderbare grenzen. Sie wird die ganze Menschheit zu einer einzigen Herde versammeln, unter der Führung eines einzigen Hirten, des Stellvertreters meines Sohnes in Rom.»

Die neue Kirche wird demütig und arm sein und damit erst triumphieren. Etwas, das sich alle ihre ehrlichen Kinder seit langem erhoffen!

Jesus: «Als die Welt Gott verworfen hatte, sandte mich mein Vater, ihr das Licht zu bringen. In diesen Tagen nun verwirft mich die Welt aufs neue: deshalb habe ich euch meine Mutter gesandt. Ihr Licht leuchtet in der Nacht, um die Welt zum Frieden zu führen. Weshalb ist sie denn die Zielscheibe so vielen Widerspruchs? Sie ist doch mit einer so großen Sendung gekommen: Sie ist das Band zwischen Gott und euch.

Ihr glaubt nicht genug an ihre entscheidende Rolle in der Heilsgeschichte. Dennoch könnt ihr euer spirituelles Leben weder planen noch aufbauen ohne sie. Denn ihr sind eine besondere Stellung und eine bestimmte Rolle in jener göttlichen Heilstätigkeit zugewiesen, wodurch die Menschheit ihrer Sündhaftigkeit entrissen wird, um am Leben des Dreifaltigen Gottes teilzuhaben. Ihr könnt also nicht an die Heilsordnung der Erlösung herankommen, ohne meiner Mutter gegenüber eine neue Haltung anzunehmen.

Seid fest davon überzeugt, daß sie von Anfang an eng verknüpft ist mit dem Heil der Menschen.

Sie ist nicht zusätzlich und von außen her dem Erlösungswerk verbunden, sie nimmt teil am Erlösungswerk selbst: sie gehört wesentlich dazu. Deshalb war es mein Wille, daß sie an meiner Seite stehe, als ich für euch am Kreuze starb, damit sie auch bis zum letzten an eurer Erlösung mitwirke. Und im Himmel wollte ich sie mit ihrem jungfräulichen Leib an meiner Seite haben, ohne die Verklärung am Ende der Zeiten abzuwarten.

Meine Gnaden will ich nicht allein austeilen, sondern durch sie, und so ward sie zum Kanal, durch den alle Gnaden fließen. Ihre Verehrung und die Andacht zu ihr ist also nicht freier Wahl überlassen: sie ist unbedingt notwendig. Seht daher in meiner Mutter meine gottgewollte Ergänzung: eure Miterlöserin.

Sie wird in der Menschheit eine Vorrangstellung einnehmen, die euch alle zwingen wird, durch sie zu Gott zu gelangen.»

Damit drückt der Gottessohn aus, was sich in all den Botschaften, die bisher schon herangezogen wurden, herauskristallisiert: Ohne Maria gibt es keine Erlösung durch Jesus Christus. «Sie gehört wesentlich dazu», sagt ihr Sohn eindeutig und unmißverständlich, und das «von Anfang an». Die Vorstellung, daß Maria als kleine Magd mit dem göttlichen Auftrag überrascht wurde, ist nun wohl endgültig widerlegt, hier begegnet uns vielmehr ein Wesen, das seit ewigen Zeiten verknüpft ist mit dem Heil der Menschen und der Schöpfung!

28. Mai 1960, Maria: Die Gottesmutter riet ihren Kindern, wie sie jedem Schicksal begegnen sollen:

»Beunruhigt euch also nicht, sondern setzt euer ganzes Bemühen daran, Herr eurer selbst zu bleiben, den Frieden und die Ruhe eures Herzens zu bewahren! Kein Ereignis soll euch niederdrücken außer eure Sünden und die der anderen! Auch kein Unglück soll euch traurig machen, denn angesichts der Liebe Gottes zu seinen Geschöpfen, gereicht alles, was in der Welt geschieht, zu ihrem Wohle.«

Hier wird die grundlegende Einstellung, wie sie der Christ dem vielfachen Leid auf dieser Erde entgegenbringen sollte, wunderbar dargestellt: Es ist nicht hartherzig, wenn man alles Leid aus der Liebe Gottes als gegeben annimmt, vielmehr spiegelt dies das Wissen um und das Vertrauen auf seine unendlich große Liebe zu jedem von uns wider - und das marianische Annehmen seines Willens.

Und noch etwas lehrt uns Maria. Wir müssen die innere Ruhe und den Frieden des Herzens erringen, erfahren und bewahren, um die kommenden Zeiten zu bestehen. Der Weg dorthin führt über die christliche Meditation, das «Gebet der Ruhe», wie es von der großen Heiligen und Mystikerin Teresa von Ávila genannt wird.

24. Mai 1963, Jesus: «Laßt mich auch von meiner Mutter sprechen. Ihr nennt sie eure Königin. Sie ist mehr Mutter als Königin: die Mutter aller und die Mutter eines jeden im besonderen...

Trennt also nicht, was mein Vater verbunden hat: ohne meine Mutter gäbe es keinen Erlöser, keine Erlösung und keine Kirche. Ich wollte sie für die Herabkunft des Heiligen Geistes im Abendmahlsaal zugleich mit den Aposteln gegenwärtig haben, damit sie auch fernerhin in der Kirche gegenwärtig bleibe.»

25. Februar 1964, Maria: «Ich bin der Weg, der zum Herrn führt.»

Noch viele, sehr viele Botschaften sind in Kérizinen der Welt und den Menschen, die seelisch noch nicht taub sind, geschenkt worden. Die Seherin Jeanne-Louise Ramonet ist eine einfache, ausgeglichene Bäuerin, voll von gesundem Menschenverstand, geblieben. Ungebrochen groß ist die Zahl der Pilger, die zu diesem kleinen Ort in der Bretagne strömt, und es wird von zahlreichen Gnaden und Wundern berichtet. Die Kirche schweigt und wartet ab. Aber Kérizinen lebt, wie viele andere Marien-Heiligtümer, in den Herzen Tausender Menschen. Und die Botschaften rütteln auf und geben Hoffnung auf die Zukunft einer Welt, die geistig bereits heute von den vereinten Herzen Jesu und Mariae erneuert und regiert wird.

Quelle: Kérizinen, Erscheinungen und Botschaften

Die große Gnadenvermittlerin
Marienfried 1940

Bärbel Rueß wurde am 15. Juni 1924 als Tochter eines Sägewerkbesitzers in Ulm geboren. Seit 1938 hatte sie ihr Leben der Gottesmutter geweiht und trat bereits in ihrer Jugend in die Schönstatt-Bewegung ein, die das Marienbild zum Erziehungsprinzip macht. Später hat sie geheiratet und ist jetzt Mutter von fünf Kindern.

1. Erscheinung: Am Pfingstmontag, dem 13. Mai 1940, ging das sechzehnjährige Mädchen durch den Wald bei Pfaffenhofen, wo ihre Familie lebte. Tags zuvor hatte sie ihren Rosenkranz beim Beten verloren und ging die Strecke nochmals ab, um ihn zu suchen. Sie überlegte gerade, welchen Rosenkranz sie beten sollte, als sich eine Frau zu ihr gesellte. Nach kurzer Begrüßung sagte sie zu Bärbel: «Du überlegst dir, welchen Rosenkranz du beten sollst. Ich will dich einen anderen Rosenkranz lehren und mit dir beten.» «Woher wissen Sie, was ich eben gedacht habe, und wer sind Sie?» fragte das Mädchen erstaunt, worauf sie die Antwort erhielt: «Das zu wissen ist nicht wichtig. Wenn du diesen Rosenkranz fleißig betest, wirst du mich besser kennenlernen.» Dann lehrte sie Bärbel den Immaculata-Rosenkranz. Anstelle der bekannten Rosenkranz-Geheimnisse werden folgende Anrufungen eingefügt:

Durch deine Unbefleckte Empfängnis, rette uns!
Durch deine Unbefleckte Empfängnis, schütze uns!
Durch deine Unbefleckte Empfängnis, leite uns!
Durch deine Unbefleckte Empfängnis, heilige uns!
Durch deine Unbefleckte Empfängnis, regiere uns!

Sie lehrte das Mädchen, daß man nach «... rette uns!» jeweils sein persönliches Anliegen einfügen kann, wie beispielsweise «rette unser Vaterland» usw.

Die Frau betete nur das «Vaterunser» und «Ehre sei dem Vater» mit; nachdem sie den Rosenkranz zu Ende gesprochen hatten, entfernte sie sich auf einem Seitenweg.

Bärbel Rueß war von der Frau, die sie mit ihrer Ausstrahlung in ihren Bann gezogen hatte, sehr beeindruckt. Lange Zeit erzählte Bärbel niemandem ein Wort von dieser Begegnung. Erst Jahre später vertraute sie sich Anna Humpf an, der Schwester und Haushälterin des neuen Pfarrers von Pfaffenhofen, die sie als Leiterin eines Gebetskreises sehr schätzte.

2. Erscheinung: Im Mai 1944 wurde auf Anregung des Pfarrers von den Bewohnern des Ortes Pfaffenhofen das Gelübde an die Gottesmutter ausgesprochen, ihr eine Kapelle zu erbauen, wenn sie den Ort bis Kriegsende beschütze. Und tatsächlich blieb Pfaffenhofen von den Bombenangriffen verschont, obwohl es wichtige militärische Ziele ganz in der Nähe gab und häufig Truppen im Ort stationiert waren. 1945 begann man dann auch gleich mit der Verwirklichung dieses Versprechens.

So rodeten am 25. April 1945 der Pfarrer Martin Humpf, seine Schwester Anna (26 Jahre) und Bärbel Rueß (22 Jahre) den Platz, auf dem die Kapelle errichtet werden sollte, für eine erste Marien-Feier. Da wurde Bärbel dreimal gerufen und sie führte ein Gespräch mit einer Person, ohne daß die beiden Mitanwesenden etwas hätten hören können. Später sagte Bärbel zu Anna: «Hast du die Frau gesehen? Das ist die Frau, die ich damals gesehen habe und die mich den Immaculata-Rosenkranz gelehrt hat. Ich konnte sie nie vergessen. Ich möchte nur wissen, was das für eine Frau ist, aber sie sagte es mir nicht.» Und als die anderen erwiderten, daß sie niemanden gesehen hätten, wurde Bärbel ganz ärgerlich, da sie doch auch zu ihnen gesagt hätte: «Der Friede sei mit euch und mit allen die hier beten.»

Dann erzählte sie Pfarrer Humpf und dessen Schwester, was vorgefallen war. «Auf meine Frage, wer sie sei und wo sie wohne, antwortete sie: ‹Wenn ich den Schleier nicht hätte, würdest du mich kennen.› Sie sprach Worte, die ich nicht verstehe: ‹Ich bin das Zeichen des lebendigen Gottes. Ich drücke mein Zeichen meinen Kindern auf die Stirne. Der Stern wird mein Zeichen verfolgen. Mein Zeichen aber wird den Stern besiegen.

Dort, wo das meiste Vertrauen ist und wo man die Menschen lehrt, daß ich bei Gott alles kann, werde ich den Frieden verbreiten. Dann, wenn alle Menschen an meine Macht glauben, wird Friede sein.›

Beim Abschied sagte die Frau: ‹Der Friede sei mit euch und mit allen, die hier beten.›».»

Der Pfarrer meinte dazu: «Diese Aussagen passen für niemanden anderen als für die Mutter des Herrn.»

Erneut kleidet Maria ihre Botschaft in apokalyptische Worte - «Der fünfte Engel blies in seine Posaune. Da sah ich einen Stern, der vom Himmel auf die Erde gefallen war; ihm wurde der Schlüssel zu dem Schacht gegeben, der in den Abgrund führt. Und er öffnete den Schacht des Abgrunds.» (Offb. 9,1-12). Die Gottesmutter prophezeite der Seherin: «Mein Zeichen aber wird den Stern besiegen.» Sie kämpft gegen den bösen Widersacher, den Stern Luzifer (den verkehrten Lichtträger) und «Verderber», wie er in dieser Stelle der Apokalypse genannt wird, aber auch gegen «die Häupter, die Führer des Gottesvolkes», die im Solde des Teufels «irrende Sterne geworden» sind, wie Maria es in der Botschaft von La Salette ausgedrückt hat. Und diese bekämpfen natürlich auch sie!

Somit ist sie «das Zeichen des lebendigen Gottes», die in dieser Entscheidungsschlacht alle Vollmachten von ihrem Sohn erhalten hat. In diesem Kampf kann sie alles bei Gott für ihre Menschenkinder bekommen, was sie zu deren Rettung braucht. Dieses Alles-bei-Gott-Können ist keine Anmaßung Mariens, wie es Kritiker mißverstehen wollen, sondern ein tröstliches Zeichen Gottes für alle, die guten Willens sind. Wenn dies endlich in die stolzen Herzen der Menschen eingedrungen ist, daß Maria jetzt für die Menschheit «alles kann», wird es endlich den echten Frieden auf dieser Welt geben. Er ist ja durchaus möglich und nicht wider die Menschennatur, der dauerhafte Frieden auf dieser Welt. Dazu aber bedarf es der Stärke reiner Demut, so wie sie uns Maria vorgelebt hat.

Der letzte Satz: «Der Friede Christi sei mit euch und mit allen, die hier beten» war Segen und Auftrag zugleich. Der Platz, der von den dreien gerodet wurde, war also der richtige für die Marienkapelle. Und man beschloß, ihr den Namen «Marienfried» zu geben. Nach diesen letzten Abschiedsworten Mariens zweifelte Bärbel übrigens noch immer, ob es wirklich die Muttergottes war, mit der sie sprechen durfte.

3. Erscheinung: Es trug sich am 25. Mai 1946 zu. Der «Engel der großen Gnadenvermittlerin», wie er sich selbst nannte und den Bärbel schon von früheren Besuchen her kannte, forderte sie nun auf, nach Marienfried zu kommen.

Bärbel zweifelte. Auf den Einwand des Pfarrers, einen Engelsauftrag nicht zu mißachten, machten sich Bärbel und Anna auf den Weg nach Marienfried. Sie schmückten den Bildstock und beteten. Da kam Bärbels Vater vorbei, aber Anna wollte nicht mit dem Auto nach Hause fahren. Es waren ja nur wenige Minuten bis zum Ort Pfaffenhofen. So blieben sie noch.

Plötzlich stand der Engel vor Bärbel. Er zeigte mit dem Finger nach rechts. Dort stand die geheimnisvolle Frau. Bärbel beschrieb sie später so: «Sie war ganz weiß gekleidet, hatte einen weißen Mantel an, ähnlich einem Umhang. Die Haare waren dunkel und in der Mitte gescheitelt, die Augen auch dunkel. Es war ein so schönes Leuchten in ihren Augen, in ihrem ganzen Gesicht, so eine Klarheit, Reinheit und Güte.»

144

Diesmal wurde Bärbel von dem Bewußtseinsschleier, der es verhindert hatte, daß sie bei der letzten Erscheinung die Gestalt klar hätte erkennen können, befreit und sie erkannte das Wesen der Frau. Sie rief: «Maria!»

Da begann Maria zu ihr zu sprechen: «Ja, ich bin die große Gnadenvermittlerin. Wie die Welt nur durch das Opfer des Sohnes beim Vater Erbarmen finden kann, so könnt ihr nur durch meine Fürbitte beim Sohne Erhörung finden. Christus ist deshalb so unbekannt, weil ich nicht bekannt bin. Deshalb goß der Vater seine Zornesschale über die Völker aus, weil sie seinen Sohn verstoßen haben. Die Welt wurde meinem Unbefleckten Herzen geweiht, aber die Weihe ist vielen zur furchtbaren Verantwortung geworden. Ich verlange, daß die Welt die Weihe lebt. Habt restloses Vertrauen auf mein Unbeflecktes Herz! Glaubt, daß ich beim Sohn alles kann!

Setzt an die Stelle eurer sündigen Herzen mein Unbeflecktes Herz, dann werde ich es sein, die die Kraft Gottes anzieht, und die Liebe des Vaters wird Christus neu in euch zur Vollendung bilden. Erfüllt meine Bitte, damit Christus bald als Friedenskönig herrschen kann!» An dieser Stelle bekam auch Bärbel ihr persönliches Geheimnis, über das sie schweigen muß.

Dann sagte Maria weiter: «Die Welt muß den Zornesbecher bis zur Neige trinken wegen der unzähligen Sünden, wodurch sein Herz beleidigt wird. Der Stern des Abgrundes wird wütender toben denn je und furchtbare Verwüstungen anrichten, weil er weiß, daß seine Zeit kurz ist, und weil er sieht, daß sich schon viele um mein Zeichen geschart haben. Über diese hat er keine Macht, wenn er auch den Leib vieler töten wird. Aber aus diesem für mich gebrachten Opfer erwächst meine Macht, die restliche Schar zum Sieg für Christus zu führen. Einige ließen sich mein Zeichen schon eindrücken, und es werden immer mehr werden. Euch, meinen Kindern, will ich sagen: Vergeßt in den blutigsten Tagen nicht, daß gerade dieses Kreuz eine Gnade ist und dankt dem Vater immer wieder für diese Gnade!

Betet und opfert für die Sünder! Opfert euch selbst und euer Tun durch mich dem Vater auf! Stellt euch restlos zu meiner Verfügung! Betet den Rosenkranz! Betet nicht so sehr um äußere Güter! Es geht heute um mehr. Erwartet auch keine Zeichen und Wunder! Ich will im Verborgenen wirken als die große Gnadenvermittlerin. Den Frieden der Herzen will ich euch vermitteln, wenn ihr meine Bitten erfüllt. Nur auf diesem Frieden wird sich der Friede der Völker aufbauen können. Dann wird Christus als Friedenskönig über alle Völker herrschen.»

Im Anschluß an diese Worte trug die Gottesmutter Bärbel auf, diese Botschaft der Welt zu verkünden. Diese jedoch entgegnete: «Ich kann mir das alles nicht merken.» Maria erwiderte: «Zur rechten Zeit findest du die rechten Worte wieder.» Und so war es auch.

In Fátima wurde erstmals das Weiheopfer an Maria verlangt, so wie sie der Heilige Ludwig Maria Grignion von Montfort in so flammenden Worten empfahl. Zu Bärbel Rueß sagte Maria nun, daß man die Weihe leben muß! Und als wunderbares Mittel der Weihe und Hingabe regt Maria den Herzenstausch an, den ebenfalls dieser Sohn Mariens erstmals propagiert hatte. Damit zieht der Mensch mit dem Herzen Mariens die Kraft Gottes, den Heiligen Geist, unwiderstehlich an, und damit beginnt wieder eine Umwandlung in Jesus Christus. Seine Erlösung. Eine wunderbare, ganz mystische Form der Unterweisung prägt die Erscheinung von Marienfried. Hier werden nicht die großen Menschenmassen wie in Lourdes und Fátima bewegt und angesprochen. Hier wird die Seherin und mit ihr alle Menschen, die diesen Herzenstausch vollziehen möchten, in das tiefe Geheimnis der Ganzhingabe an Gott und der Ganzannahme durch Gott geführt, wodurch sich diese unbeschreibbare Intimbeziehung zwischen dem vor Liebe glühenden Schöpfer und seinem Erdenkind entfalten kann. Allerdings nur, wenn wir wieder auf das von Jesus Christus gewährte Vorrecht der Muttergottes vertrauen, diese Liebe in einzigartiger Weise anzuziehen.

Als persönlichen Auftrag erhielt Bärbel die Anweisung: «Der Teufel wird nach außen solche Macht bekommen, daß alle, die nicht fest in mir gegründet sind, sich täuschen lassen.

Es wird eine Zeit kommen, da wirst du ganz allein stehen und furchtbar verleumdet werden, denn der Teufel weiß die Menschen zu blenden, daß sich sogar die besten täuschen lassen. Aber du sollst alles auf das Vertrauen gründen. Überall, wo die Menschen nicht auf mein Unbeflecktes Herz vertrauen, hat der Teufel Macht. Wo aber die Menschen an die Stelle ihrer sündigen Herzen mein Unbeflecktes Herz setzen, hat er keine Macht. Er wird aber meine Kinder verfolgen. Sie werden verachtet werden, aber er kann ihnen nichts anhaben.»

Als Bestätigung der Erscheinung sollte Bärbel auf den Kellerberg gehen:

«Dort ist ein Mann in größter Not, dem sollst du helfen. Schicke ihn hierher, hier wird ihm geholfen werden. Dies soll ein Zeichen dafür sein, daß du keiner Täuschung unterliegst.»

Und zu den Zweifeln Bärbels Stellung nehmend, sagte Maria: «Schau, heute morgen habe ich dich ganz allein gelassen, da war meine Gnade nicht bei dir. Es wird noch oft so sein. Ich brauche Opfer. Die größten Gnaden müssen durch solche Leiden erkauft werden.»

Und abschließend: «Am Fest des heiligen Abtes Wilhelm sollst du wieder kommen.»

Darauf sprach der Engel, der dabeistand, ein Gebet zur Muttergottes mit verschiedenen Anrufungen, von denen einige lauteten: «Wirke als Mutter der Gnaden. Wirke als wunderbare Mutter wunderbare Gnaden ... du Weg zum Frieden ... du vertrauenswürdige Mutter ... Rettung der Christenheit ... du Große - du Getreue - du aller Gnaden Vermittlerin!» Zwischen den einzelnen Anrufungen antwortete Bärbel immer: «Bitt' für uns!» Dann forderte der Engel Bärbel und Anna auf: «Kniet nieder!»

Die Gottesmutter gab den Segen und sprach dabei: «Ich vermittle euch den Frieden Christi im Namen des Vaters und des Sohnes und des Heiligen Geistes.»

Während die Frau zu Bärbel sprach, veränderte sie ihr Aussehen nicht. Die Hände hatte sie gefaltet. Als der Engel zu beten begann,

147

wurde sie ganz hell und klar, unbeschreiblich schön. Sie breitete die Hände aus. Der Schein, der zuerst nur in ihrem Gesicht zu sehen war, verbreitete sich nun über ihre ganze Gestalt. Über dem Haupte waren dreifach übereinander lauter Strahlen sichtbar. Es sah aus wie eine Krone. Als sie den Segen gab, wurde sie ganz durchsichtig und noch viel heller als ein Strahl.

Bärbel mußte wegschauen, denn sie war wie geblendet von dem Anblick. Als sie wieder aufschaute, war die Erscheinung verschwunden.

Danach ging Bärbel auf den nahen Kellerberg und fand wirklich den von der Erscheinung vorausgesagten verzweifelten Mann und führte ihn nach Marienfried, wo er Trost und Lebensmut fand. Ein schöner, zutiefst menschlicher Beweis für die Echtheit dieser Erscheinung.

4. Erscheinung: Am 25. Juni 1946, am Fest des heiligen Abtes Wilhelm, waren Pfarrer Humpf, dessen Schwester Anna und Bärbel in Marienfried. Sie hatten strengstes Stillschweigen über die Erscheinung bewahrt. Bärbel wollte, nachdem sie gebetet hatte, wieder nach Hause gehen. Da sah sie die Erscheinung und rief aus: «Maria, wie bist du schön!»

Darauf sprach die Gottesmutter: «Ich bin die große Gnadenvermittlerin. Der Vater will, daß die Welt diese Stellung seiner Dienerin anerkennt. Die Menschen müssen glauben, daß ich als die dauernde Braut des Heiligen Geistes die getreue Vermittlerin aller Gnaden bin. Mein Zeichen ist im Erscheinen. So will es Gott. Nur meine Kinder erkennen es, weil es sich im Verborgenen zeigt, und geben dem Ewigen deswegen die Ehre.

Meine Macht kann ich der großen Welt heute noch nicht offenbaren. Ich muß mich mit meinen Kindern zurückziehen. Im Verborgenen will ich Wunder an den Seelen wirken, bis die Zahl der Opfer voll ist.

An euch liegt es, die Tage der Dunkelheit abzukürzen. Euer Beten und Opfern wird das Bild des Tieres zertrümmern.

Dann kann ich mich aller Welt offenbaren, zur Ehre des Allmächtigen. Wählt euch mein Zeichen, damit der Dreieinige bald von allen angebetet und geehrt werde.

Betet und opfert durch mich! Betet immer! Betet den Rosenkranz! Erbittet euch alles durch mein Unbeflecktes Herz beim Vater! Wenn es zu seiner Ehre gereicht, wird er es euch geben. Betet den Immaculata-Rosenkranz, den gnadenreichen Rosenkranz, wie ich ihn dir gezeigt habe. Erfleht in ihm nicht vergängliche Werte, sondern erbittet Gnaden für einzelne Seelen, für eure Gemeinschaften, für die Völker, damit alle das göttliche Herz lieben und ehren.

Haltet mir den geweihten Samstag, so wie ich es gewünscht habe. Die Apostel und Priester sollen sich mir alle besonders weihen, damit die großen Opfer, die der Unerforschliche gerade von ihnen fordert, zunehmen an Heiligkeit und Wert, wenn sie in meine Hände gelegt werden.

Bringt mir viele Opfer! Macht euer Gebet zum Opfer! Seid uneigennützig! Es geht heute nur darum, daß dem Ewigen Ehre und Sühne werde. Wenn ihr euch restlos dafür einsetzt, will ich für alles andere sorgen. Meinen Kindern will ich Kreuze aufladen, schwer und tief wie das Meer, weil ich sie in meinem geopferten Sohn liebe. Ich bitte euch, seid bereit zum Kreuztragen, damit bald Friede werde. Wählt euch mein Zeichen, damit dem Dreieinigen bald die Ehre wird!

Ich fordere, daß die Menschen meine Wünsche bald erfüllen, weil dies der Wille des himmlischen Vaters ist, und weil es zu seiner größeren Ehre und Herrlichkeit heute und allzeit notwendig ist. Ein schreckensvolles Wehe verkündet der Vater denen, die sich seinem Willen nicht unterwerfen wollen.»

Daraufhin formulierte Maria ganz klar und deutlich ihren Willen: «Ich will, daß es die Menschen so erfahren, wie ich es gesagt habe, Wort für Wort. Du kannst es dir merken.»

Bärbel fragte, wie sie das machen solle. Die Gottesmutter antwortete: «Sag den Menschen, daß ich eine neue Botschaft an die Welt habe. Äußere Umstände und Einzelheiten brauchen jedoch nicht gesagt werden. Es geht ja nur darum, daß die Menschen meinen Willen erfahren, der der Wille des Vaters ist.

Die Geister werden sich an dieser Botschaft scheiden. Eine große Schar wird Anstoß daran nehmen. Eine kleine Schar aber wird sie richtig verstehen und auswerten. Diese wird darin meinen Willen erkennen und sich freuen.

Diese Schar hat meine Stellung in der heutigen Zeit erkannt und ihr viel Freude gemacht. In vielen Ländern hat diese Schar ihre Vertreter und diese werden mitsorgen, daß meine Botschaft verbreitet wird. Viele aus dieser Schar haben schon meine verborgenen Wunder sehen dürfen. Sie haben erkannt, daß ich die ‹Wunderbare Mutter› bin, und geben mir unter diesem Titel die Ehre.»

Hier spricht Maria besonders die Marianische Kongregation an.

Auf die Bitte des Pfarrers, ein «sichtbares Zeichen» zu setzen, damit die Menschen an die Erscheinungen glaubten, sagte Maria:

«Ich gebe erst dann Zeichen, wenn die Menschen meinen Willen erfüllen. Dann wirke ich größere Wunder denn je, und zwar Wunder an den Seelen. Ich habe schon oft äußere Zeichen gegeben, und nur wegen der äußeren Zeichen sind viele gekommen.

Wir stehen vor einer Zeit, in der alle irre werden, die nur der sichtbaren Wunder wegen an sie glauben. Die Zeichen gereichen ihnen nur zur größeren Verantwortung.»

Das ist der Grundton der Erscheinungen von Marienfried: Keine großen Zeichen und Wunder, sondern die noch viel bedeutenderen Wunder der Umkehr in den Seelen der Menschen werden von hier aus stattfinden. Eine klare Absage an unsere allzu laute, sichtbare Art innerhalb und außerhalb der Kirchen.

Bärbel stellte dann noch die Frage, ob die Kapelle hier gebaut werden solle: «Ich habe euren Wunsch erfüllt, haltet ihr euer Versprechen!» Dazu zeigte Maria auf das Bild «Dreimal Wunderbare Mutter». Menschen hatten schon davor gebetet und sich gewünscht, daß es in der Kapelle aufgestellt würde. «Ich habe diese Opfer angenommen und will, daß noch viele unter dieses Bild geführt werden und als mir ‹geweihte Opfer› mir die Macht geben, das Reich des Friedenskönigs zu schaffen. Wenn diese Schar anfängt, meinen Willen zu erfüllen, dann werde ich von hier aus die ersten und größten Wunder wirken. Dort, wo die Menschen zuerst meine Botschaft anerkennen ur.d befolgen, dort werde ich die er-

Marienfried a. d. Roth
Die Kapelle von Marienfried/Pfaffenhofen: Manche Erscheinungsorte bleiben bescheiden und bewahren damit ihren intimen Charakter. Bildquelle: Direktorat Marienfried

sten und größten Wunder wirken, aber nur sichtbar meinen Kindern, weil sie sich im Verborgenen zeigen werden.»

Dann folgte der Aufruf zum Gebet: «Meine Kinder müssen den Ewigen mehr loben und preisen und ihm danken. Dafür hat er sie ja erschaffen: zu seiner Ehre!»

Nach jedem Rosenkranz solle man die Anrufungen beten: «Du Große, du Getreue, du aller Gnaden Vermittlerin!»

«Für die Sünder muß viel gebetet werden. Deshalb sollen sich ihr viele zur Verfügung stellen, damit sie ihnen ihre Aufträge zum Beten geben kann. Es sind so viele Seelen, die nur auf das Gebet meiner Kinder warten.»

Darauf sah Bärbel weiße Gestalten so weit das Auge reichte. Unter ihnen auch ganz große und beeindruckende. Sie beteten ein Preisgebet zum Vater und kniend verneigten sie sich tief bis zur Erde. Es wurde in wechselnden Chören gesprochen.

Man sagte ihr, dies sei ein «neues Lied». Pfarrer Humpf und seine Schwester hörten nichts von alledem und sahen nur, wie sich Bärbels Lippen bewegten. Unwillkürlich wird man dabei an die Stelle in der Apokalypse des Johannes erinnert: «Und sie sangen ein neues Lied vor dem Thron und vor den vier Lebewesen und vor den Ältesten. Aber niemand konnte das Lied singen lernen, außer den Hundertvierundvierzigtausend, die freigekauft und von der Erde weggenommen worden sind» (Offb. 14,3).

Dann aber sprach Bärbel auf einmal ganz deutlich und laut das Preisgebet an die Heiligste Dreifaltigkeit. Pfarrer Humpf hat es mitstenographiert:

Heil dir, ewiger Herrscher,
lebendiger Gott, allzeit Gewesener,
furchtbarer und gerechter Richter,
immer gütiger und barmherziger Vater!
Dir werde neu und allzeit Anbetung,
Lobpreis, Ehre und Herrlichkeit
durch deine sonnengehüllte Tochter,

unsere wunderbare Mutter! Amen.
«Du große Gnadenvermittlerin:»
«Bitte für uns!»

Heil dir, geopferter Gottmensch,
blutendes Lamm, König des Friedens,
Baum des Lebens, du unser Haupt,
Tor zum Herzen des Vaters,
ewig aus dem Lebenden Geborener,
in Ewigkeit mit dem Seienden herrschend!
Dir werde neu und allzeit Macht
und Herrlichkeit und Größe
und Anbetung und Sühne und Preis
durch deine makellose Gebärerin,
unsere wunderbare Mutter! Amen.
«Du getreue Gnadenvermittlerin!»
«Bitte für uns!»

Heil dir, Geist des Ewigen,
allzeit Heiligkeit Strömender,
seit Ewigkeit wirkend in Gott!
Du Feuerflut vom Vater zum Sohn,
du brausender Sturm,
der du wehest Kraft und Licht und Glut,
in die Glieder des ewigen Leibes,
du ewiger Liebesbrand,
gestaltender Gottesgeist in den Lebenden,
du roter Feuerstrom
vom Immerlebenden zu den Sterblichen!
Dir werde neu und in alle Ewigkeit Macht
und Herrlichkeit und Schönheit
durch deine sternengekrönte Braut,
unsere wunderbare Mutter! Amen.
«Du aller Gnadenvermittlerin!»
«Bitte für uns!»

Es gibt wenige Lobpreise, die schöner und mitreißender sind als dieses von Bärbel mit der himmlischen Schar gesprochene Gebet. Wer es mit offenem Herzen betet, wird sofort von dieser enthusiastischen Stimmung mitgerissen. Das ist die kosmische Anbetung und Lobpreisung Gottes der Zukunft, das ist vorweggenommen das neue Jerusalem!

Bärbel behielt nun in ihrem Bericht die Wir-Form bei, weil sie sich in diese Betgemeinschaft von Engeln und Menschen eingebettet fühlte: «Der Engel betete nun das gleiche Gebet zur Gottesmutter wie im Mai. Die Mutter sagte dann, daß sie sich gefreut habe, daß ihre Schar hier am vergangenen Sonntag den gnadenreichen Rosenkranz zu beten versprochen habe. Sie wolle die Gemeinschaft segnen und nun den Rosenkranz mit uns beten. Wir beteten alle den Rosenkranz.

Die Mutter sagte immer ‹Amen› und betete das ‹Ehre sei dem Vater, und dem Sohne, und dem Heiligen Geiste ... › ganz allein. Dabei verneigte sie sich tief. Dasselbe tat sie auch beim Aussprechen des Namens Jesu. Dasselbe taten auch die anwesenden weißen Gestalten. Der Engel forderte uns auf, das gleiche zu tun. Den ersten Teil des Ave Maria beteten alle Gestalten mit, den zweiten Teil nur wenige. Der Engel sprach zum Schluß die drei Anrufungen zur Gnadenvermittlerin.

Danach gab die Mutter den Segen wie im Mai. Sie breitete die Hände zum Segen aus, dabei sprach sie zur Heiligsten Dreifaltigkeit ein Gebet. Sie betete für die Kirche, daß diese ihre Stellung anerkennen und den Willen des Vaters achten möge. Sie bat den Dreieinigen Gott, daß er die Kirche durch sie segnen und den Frieden vermitteln möge.

Die Mutter war von Anfang an viel schöner und verklärter als im Mai. Sie war so gut und freundlich. In ihrem Gesicht lag etwas wie ein großer Schmerz. Sie klagte auch, daß ihre Kinder sie verlassen und daß sie sie deswegen nicht zum Heiland führen könne. Dies sei für sie ein großer Schmerz.

Als die Schar anfing zu beten, wurde sie noch viel schöner, ganz klar und licht. Die dreifache Strahlenkrone über ihrem Haupte war so hell und so groß, daß sie den ganzen Himmel bedeckte.

Als sie (Maria) den Segen gab, streckte sie die Hände aus wie der Priester vor der heiligen Wandlung, und da sah ich von ihren Händen lauter Strahlen ausgehen, die durch die Gestalten gingen und auch durch uns. Die Strahlen kamen von oben in ihre Hände. Die Gestalten und auch wir wurden davon ganz licht. Die Strahlen gingen dann auch von ihrem Körper aus und durchdrangen alles, was rundum war. Sie war ganz durchsichtig geworden und in einen Glanz getaucht, den man nicht beschreiben kann. Sie war so schön und rein, so licht, es gibt dafür kein Wort.

Ich war wie geblendet. Ich habe alles rundum vergessen und wußte nur das eine, daß dies die Mutter des Heilandes war.

Auf einmal taten mir die Augen weh von der Helle. Ich schaute weg, und dann war sie und mit ihr alles Helle und Schöne vor meinen Augen verschwunden.»

Damit enden diese wunderbaren, mystischen Erscheinungen der Muttergottes in Marienfried. Die Seherin Bärbel Rueß hatte noch sehr oft Begegnungen mit ihrem Engel, der ihr auftrug, für Menschen zu beten und Leiden für sie zu übernehmen.

Die kirchlichen Untersuchungen ergaben, daß die Erscheinungen von Marienfried der katholischen Glaubenslehre entsprechen. Als Beweis für die Echtheit wurde eine Wunderheilung gefordert, die jedoch ausblieb. Maria sprach ja auch von Wundern an Seelen. Aus diesem Grund erkennt die Kirche Marienfried nicht als «echt» an, lehnt die Erscheinungen allerdings auch nicht ausdrücklich ab. So ist es jedem Katholiken selber überlassen, daran zu glauben oder nicht. Daß jedoch aus dieser Pfarrei beispielsweise in den letzten zwanzig Jahren zwanzig Berufungen in den Priester- oder Ordensstand kamen, ist Wunder genug, berücksichtigt man den allgemeinen Priestermangel dieser Tage.

Am 25. Juli 1976 hielt Bischof Dr. Rudolf Graber eine Predigt über die Botschaften Mariens in Marienfried und meinte darin, daß Marienfried dem großen Lobgesang Gottes mit seinem Hymnus den marianischen Akzent gebe. Auch Bischof Venancio Pereira aus Fátima unterstreicht die Bedeutung von Marienfried: «Das Heiligtum Marienfried bedeutet für mich eine Synthese der Marienverehrung unserer Zeit. Es gehört zu den vollkommensten marianischen Heiligtümern der katholischen Kirche, wo die Gottesmutter so vielseitig verehrt wird.»

Der jetzige Bischof von Augsburg, Viktor Josef Dammertz, hat auf die Bitte vieler Freunde Marienfrieds hin dankenswerterweise eine Kommission eingesetzt, die darüber befinden soll, ob die Erscheinungen als echt anzusehen sind. In einer erst kürzlich abgegebenen Erklärung bat er um Geduld für die zeitraubende Arbeit der Prüfung und hob die Bedeutung Marienfrieds als Gebetsstätte hervor, die weit über die Grenzen hinaus ausstrahle.

Quelle: Franz Künzli: Die Erscheinung in Marienfried

Mutter der göttlichen Gerechtigkeit
Sonnenhalb 1942

Im Schweizer Kanton Appenzell lebte eine stille Kämpferin für den Rosenkranz, Frau Maria Graf oder Mutter Graf, wie sie von allen genannt wurde. Sie wurde am 14. August 1906 in Haslen geboren und starb am 19. Februar 1964 in Sonnenhalb. Aus ihrem Nachlaß wurden die «göttlichen Offenbarungen der Liebe» veröffentlicht.

Mutter Graf war seit frühester Jugend mit Christus eng verbunden, der ihr auch zu verstehen gab, daß sie Familienmutter und Ehefrau sein und trotzdem ihr Leben ganz in seine Dienste stellen solle. Im Alter von 35 Jahren sagte der Herr zu ihr: «Gib mir Seelen.» Und auf ihr banges Fragen, wie sie das machen solle, antwortete er: «Durch meine heiligen Wunden kannst du alles erlangen.» Und so war es dann auch. Sie richtete viele Menschen auf, die in Scharen zu ihr kamen.

Im Jahre 1942 erschien ihr erstmals die Gottesmutter, die sich ihr als «die Mutter der Göttlichen Gerechtigkeit» vorstellte und wiederholt darum bat, daß man seine Krankheit und sein Unglück vergessen und den Rosenkranz für die anderen Menschen beten solle. Dieser Schritt vom Vergessen des eigenen Leides zur Hinwendung zum Leid der Mitmenschen brachte vielfache, wunderbare Heilung.

Über die Stellung Mariens sagte eine Stimme zu Mutter Graf: «Die Gottesmutter ist die Liebe und Wonne des Dreieinigen Gottes, denn sie ist sein vollkommenstes Geschöpf. Und Gott hat an ihr sein großes Wohlgefallen. Sooft aber aus gläubigen Herzen eines ihrer Kinder auf Erden ein Ave Maria an ihr Ohr dringt, erfüllt es aufs neue ihr Unbeflecktes Mutterherz mit unendlicher Wonne, weil jedes Ave Maria der Gruß des himmlischen Vaters an seine auserwählte Magd ist. Der Heilige Geist erfüllt sie mit unaussprechlicher Liebe als seine Braut. Und der Sohn hat an dieser Wonne und Freude Mariens sein höchstes Wohlgefallen, so daß ein Blick Mariens auf Jesus genügt, um von ihm für ihre Kinder auf Erden alles zu erlangen, was ihm zur Ehre und Verherrlichung und den Seelen zum Heile gereicht.»

Einige exemplarisch herausgegriffene Botschaften Jesu Christi und besonders seiner Mutter Maria sollen uns nun wieder helfen, die Sendung der Muttergottes besser zu begreifen:

Juli 1947, Maria: «Ich habe unter dem Kreuze alles geopfert, um allen Mutter zu werden. Opfere auch du, um deinem Volk Mutter zu sein!»

14. November 1949, Maria: «Die den Rosenkranz beten, werde ich retten.» Dazu schilderte Mutter Graf folgendes Bild: «Da sah ich im Geiste plötzlich wieder, wie vor Jahren, eine jedoch größere, viel größere schmutzige Flut, in welcher viele am Ertrinken waren. Über dieser Flut schwebte die Gottesmutter in schneeweißem Gewand, von einem matten Licht umflossen. Es war, als ob das schneeweiße Gewand Licht sei. Ich sah sie langsam weiterschweben, jedem Ertrinkenden den Rosenkranz reichend.»

Heiliger Abend 1949, Jesus und Maria: Mutter Graf hörte die Worte: «Nur durch meine Mutter» und erzählte: «Mir war, als weise

157

mich Jesus an seine heilige Mutter, daß ich sie bitte, unsere Jugend zu führen. Ich betete zu ihrem reinsten Mutterherzen um Gnaden und Erbarmen für diese irregeführte, falsch erzogene Jugend. Im innersten Herzen und aus Mitleid mit diesen Seelen flehte ich sie an um Rettung aus dieser Sündenflut.

Dann betete ich mit dem Volk den Englischen Gruß. Beim zweiten Ave Maria hörte ich mich angerufen: ‹Mein Kind› und ich schaute auf. Ich sah vor mir schwebend über den Menschen die Heilige Jungfrau ganz schneeweiß, wie in Licht gehüllt. Sie trug keinen Mantel, hatte die Hände gefaltet und sagte: ‹Ich komme, mein liebes Kind, ich komme bald.› ...

Dann wagte ich, mich an das liebste, heiligste Mutterherz zu wenden, und fragte sie, wann sie denn komme, uns zu helfen. Im Herzen vernahm ich die Antwort: ‹Wenn das Dogma von meiner leiblichen Aufnahme in den Himmel verkündet ist.›.»

20. Mai 1956, Jesus: «So wenige Priester bringen mein heiliges Blut nach der Meinung meiner hochheiligen Mutter dem Vater dar.»

18. Februar 1962: Mutter Graf erzählte: «Heute Abend war ich allein, und so betete ich den Rosenkranz auf dem Boden kniend. Ich bat die liebste Mutter, mich zu führen, daß ich Jesu und ihre Herzenswünsche erfüllen könne. Während des ersten Gesätzchens sagte mir die Gottesmutter: ‹Mein Kind, gib mir die Leidenden!›

Ich sagte: Ich muß es ja der göttlichen Vorsehung überlassen, wer mir sein Leid klagt.»

Maria sprach: «Ja, nun denn, mein Kind, frage sie ganz unauffällig, ob sie lieber leiden oder mir versprechen, sich meines Anliegens anzunehmen, ob sie lieber leiden oder täglich den Rosenkranz für die Bekehrung der Sünder beten.»

2. Mai 1960: Mutter Graf notierte in ihr Tagebuch: «Heute erkenne ich klar meine große Mission. Die Großen, die Regenten der Völker muß ich durch Maria dem Heiligsten Herzen Jesu übergeben. Nun heißt es für mich: Die Hand bei der häuslichen Arbeit, das Herz bei Gott, das Auge in seinem großen Reich!

Für die Großen, welche die Macht über Frieden oder Vernichtung in den Händen haben, muß geopfert und gebetet werden. Sie werden entweder unter dem Einfluß des Guten oder Bösen handeln.»

Dazu sagte ihr Maria: «Nur mit einem großen Heer von Betern kann der Drache besiegt werden.»

10. Januar 1961 Jesus und Maria: Mutter Graf: «Ich war am Kochen, und Jesus sagte: ‹Meine Mutter steht nun neben dir, sie sieht dir zu, sie liebt dich so sehr, weil du alles ihrem Unbefleckten Herzen schenkst, um es durch sie mir zu schenken. Oh, welche Freude bereitest du mir damit, meine liebe kleine Seele!›

Als ich aus Liebe zur himmlischen Mutter den Rosenkranz gebetet hatte, dachte ich über das Erlebte nach und konnte es nicht begreifen. Ich erkannte, daß Maria da ist und Jesus in meinem Herzen anbetet. Ich vernahm die Worte: ‹Ich bin die Gottesgebärerin auch heute. Jesus wird in meinen Kindern auf gleiche geheimnisvolle Weise geboren. Das Herz, das mir gehört, vereinige ich mit dem Heiligen Geiste. Das ist Gottesliebe. Durch diese Liebe wird Jesus wiedergeboren im heiligen Opfer, und die liebende Seele wird eins mit ihm. So muß die Seele zuerst mein werden, und ich mache sie zum Reiche Christi.›.»

21. Februar 1962, Jesus: «Meine liebe Kleine, das größte Diadem, der kostbarste Stein fehlt noch in der Krone meiner hochheiligen Mutter. Ich will, daß Maria Verkündigung (am 25. März) zu einem Festtag erhoben wird. Ihr feiert ihre Unbefleckte Empfängnis, die auf meine Menschwerdung hin geschah. Aber meine Menschwerdung feiert ihr nicht. Ihr alle sollt erkennen: Sie war erster Opferaltar und erster Tabernakel meiner unendlichen Liebe. Durch dieses Fest wird die Krone vollkommen, und dann kommt ihre Krönung als Königin über Himmel und Erde.»

1953, Maria: Mutter Graf schilderte: «Während ich die Haus- und Heuarbeiten wie gewohnt besorgte, sagte die Gottesmutter: ‹Mein Unbeflecktes Herz ruht nicht, bis die armen Sünder sich bekehrt haben.›

Und ich erblickte im Himmel oben die Heiligste Dreifaltigkeit, zwar ungenau, in so hellem Licht; aber genau sah ich die himmlische Mutter. Wie mit goldenen Strahlen ruhte das Auge des himmlischen Vaters und des Sohnes auf ihr. Es war zugleich der Heilige Geist im Strome unendlicher Liebe, der sich auf Maria und durch ihre Anschauung Gottes wieder zur Heiligen Dreifaltigkeit zurück ergoß. Die Gottesmutter wandte den Blick, ihr Angesicht, zurück zu mir. Und ich verstand, daß die unendliche Seligkeit der Gottesmutter im Himmel so groß ist, daß ein menschliches Herz im ersten Augenblick davon fast gesprengt würde. Und von diesem seligen Glück will sie allen ihren Kindern schenken, die sich ihres großen Herzensanliegens annehmen und für die Bekehrung der Sünder beten.

Es kam das Fest Mariä Namen. Ich war bei den Samstagsarbeiten, die ich verbunden mit dem Akt der Liebe Jesus aufopferte für die Bekehrung der Sünder. Da wurde mir gesagt: ‹Siehe das große Elend. Zwei Drittel der Menschen, auch unter Deinen (da war unsere Pfarrei gemeint) leben in Sünde und Laster. Meine Mutter kommt als Mutter der göttlichen Gerechtigkeit, jene zu retten, die guten Willens sind. Wenn ihre Zeit abgelaufen ist, kommt ihr Sohn als Gott der Gerechtigkeit.› Ich begab mich ahnungslos zu Bett. In der Nacht wurde ich wach und fühlte mich ganz in der Gegenwart der Heiligen Dreifaltigkeit. Aus einem Licht hörte ich die Worte:

‹Ich bin die Mutter der göttlichen Gerechtigkeit. Aber wenn man meine Bitten nicht erfüllt, kommt nach mir der Sohn in Gerechtigkeit, die sündige Welt zu strafen. Ein furchtbares Donnern wird die Stunde seines Zorns künden. Hierauf werden die unvernünftigen Geschöpfe sicheren Schutz aufsuchen.›

Ich sah dies alles mit offenen Augen. Wie ein riesiger Donner grollte die Erde auf. Und die Tiere, Rehe, Hasen und Vögel eilten dahin. Dann kam wie eine riesige schwarze Decke oder Wolke tiefschwarze Nacht über die Welt. Ich hörte weiter:

‹Eine furchtbare Finsternis wird die Erde einhüllen zum Schutz derer, die gerettet werden. Dem Satan ist Macht gegeben über alle jene Menschen, die dem Plan ihrer Königin entgegentreten und ihm gedient haben. Dabei sind jene, die das Rosenkranzgebet verachtet haben und deshalb auf der Seite ihrer Feinde stehen. Satan und sein Anhang werden über die Beute herfallen. Sie werden den Menschen die Seele aus dem lebendigen Leibe reißen. Es verbreitet sich dann ein furchtbarer Gestank, der von den Teufeln ausgeht, und dieser wird die verdammten Seelen vom Leibe trennen. In dieser Finsternis wird kein Licht brennen außer dem Licht des Glaubens, das denen erhalten bleibt, die meine Bitte treu erfüllt haben. Auf die Fürbitte der Gerechten werden viele Seelen gerettet werden. Jene nämlich, die ohne ihre Schuld außerhalb der Kirche stehen. Satan wird mit seiner Beute zur Hölle fahren. Nach dem Siege mit den Auserwählten wird ein Hirt und eine Herde werden.›

Ich fragte, ob denn die Laster und Sünden den Gestank verbreiten. Die Antwort war:

‹Nein, Satan tritt auf als Fürst dieser Welt und wird mit seinem Pestgeruch alle töten, die ihm dienen durch Laster und Sünde. Betet, betet, daß die Menschen in einem Augenblick Gott erkennen und sich bekehren! Dann wird Friede sein.›

Ich mußte zu dem Gehörten es auch mitfühlen. Ein furchtbarer, beißender Stinkgeruch war in meiner Kehle, so daß ich Brechreiz hatte, und zwar zwei Tage lang. Dann wußte ich, daß ich dieses Erlebnis aufschreiben muß. Und sobald ich es niedergeschrieben hatte, war dies alles verschwunden, und mir war wieder wohl.

Oh, wenn man doch die Menschen, den Leidenden und Bedrängten, dies alles mitteilen und sie zum Rosenkranz aufrufen könnte! Sie, die Gottesmutter will uns ja helfen, will uns retten und vor dem Untergang bewahren.»

April 1957, Jesus: «Das ist das Amt meiner hochheiligen Mutter, ‹Miterlöserin des Menschengeschlechtes› zu sein.»

25. Oktober 1961: Mutter Graf berichtete: «Heute war für dieses Jahr die letzte Messe in unserer Kapelle. Als wir drei Ave Maria beteten, sah ich im Geiste weit oben die himmlische Mutter. Mit einem Fuß stand sie auf dem Leib des Drachen. Sein Vorderteil wand sich unter dem Tritt der Gottesmutter. Sie wandte ihr Antlitz ganz nach oben, die Hände über der Brust gekreuzt. Und ich vernahm im Herzen die Worte:

161

‹Mit der Heiligen Dreifaltigkeit ist sie ausgestattet, und mit dieser Macht wird sie siegen.›.»

Jesus sagte einmal zu Mutter Graf, als ihr Seelenführer nach einem Zeichen für die Echtheit dieser «Offenbarung der göttlichen Liebe» verlangte: «Kein anderes Zeichen wird ihm gegeben als jenes, welches schon gegeben ist, das Zeichen, dem niemand widersprechen kann. Daran soll er die Sendung meiner hochheiligen Mutter erkennen: Durch Eva ist der Fluch über die Erde gekommen, durch sie (Maria, die neue Eva) wird er von denen wieder genommen, die guten Willens sind.»

Quelle: Franz Künzli: Offenbarungen der göttlichen Liebe nach den Aufzeichnungen von Maria Graf

Die Frau aller Völker
Amsterdam 1945

Es ist der ausdrückliche Wunsch der am 13. August 1905 in Amsterdam geborenen Seherin I. P., daß ihr Name nicht in der Öffentlichkeit bekannt wird, da sie jeden Rummel um ihre Person vermeiden möchte. Wir wollen ihren Wunsch respektieren. Zu ihrem Lebenslauf sei nur so viel gesagt, daß sie das fünfte Kind eines Textilkaufmanns war und ihre Mutter schon früh starb.

Bereits mit zwölf oder dreizehn Jahren sah die Seherin Maria dreimal als lichterfüllte Frau. Später hatte sie dann verschiedene schöne und auch furchtbare Erlebnisse übersinnlicher Art, so packte sie zum Beispiel eine dunkle Männergestalt, die ihr schon öfter erschienen war, am linken Arm und zischte sie an: «Nun kommst du dran!» Gleichzeitig aber spürte sie rechts einen Griff und vernahm eine Stimme: «Fürchte nichts! Es wird dir nichts Böses geschehen!» Darauf verschwand die dunkle Gestalt mit einem Schrei. Ihr Vater und ihr Priester-Führer waren derselben Meinung, wie sie sich nach diesen Erlebnissen zu verhalten habe:

«Sprich mit niemandem darüber! Vergiß alles! Die Menschen würden dich für anormal halten!»

So war die Seherin durch diese Erlebnisse zwar vorbereitet, aber keinesfalls in Erwartung eines besonderen Ereignisses, da die Erscheinungen der lichterfüllten Frau seit ihrer Kindheit keine Wiederholungen mehr gefunden hatten.

1. Erscheinung, 25. März 1945: Die Seherin erzählt, was sich bei dieser ersten Erscheinung zutrug: «Oben links von mir sehe ich jemanden stehen, bekleidet mit einem langen, weißen Gewand: eine Frau. Es scheint mir die Heilige Jungfrau zu sein. Nun hebt sie drei Finger hoch, dann vier und hernach die fünf Finger, und sie sagt dabei: ‹Die 3 bedeutet den Monat März, die 4 den April und die 5 den 5. Mai.› (der 5. Mai war das Ende des 2. Weltkrieges in Holland)

Dann zeigt sie mir den Rosenkranz und sagt: ‹Dem ist es zu verdanken; aber ausharren› (im Rosenkranzgebet). Nun schweigt sie eine Weile und fügt hinzu: ‹Das Gebet muß verbreitet werden.› Nun sehe ich vor mir lauter Soldaten, viele Alliierte, und die Heilige Jungfrau weist auf sie. Dann nimmt sie das Kreuzchen des Rosenkranzes und zeigt auf den Christus. Dann zeigt sie wieder auf die Soldaten. Ich soll verstehen, daß das Kreuz (Christus) die Lebensstütze der Soldaten werden muß, denn die Stimme sagt: ‹Nun werden diese bald nach Hause gehen›, und sie zeigt auf die Soldaten. Ich frage: ‹Bist du Maria?› Jetzt lächelt sie mich an und sagt: ‹Sie werden mich 'die Frau' nennen, Mutter.›

Die Gestalt geht an meinen Augen vorbei, und nun sehe ich in meine Hand. Dann wird ein Kreuz vor mir niedergelegt, und ich muß es aufnehmen. Ich nehme es ganz langsam auf, denn es ist schwer.

Dann ist plötzlich alles verschwunden.»

Während der ganzen Erscheinungszeit war I. P. bei klarem Bewußtsein. Sie hörte auch, wie ihr Beichtvater Pater Frehe ihr auftrug zu fragen, wer die Frau sei. Die Seherin dachte aber beim Anblick der Gestalt, die ihr da gegenüberstand, selbst gleich an Maria.

Diese erste kurze Erscheinung enthält schon alles, was in den folgenden 60 Marien-Botschaften von 1945 bis 1959 noch ausführlicher
erläutert werden wird: Zuerst die prophetische Komponente durch
die Vision der Soldaten, die in drei Monaten heimkehren sollten,
weil der Krieg zu Ende war; dann die Aufforderung zum Beten wie
bei allen Marienerscheinungen; und schließlich das wirklich ganz
Neue, das Archetypische an diesem Selbstzeugnis von Maria an I. P.
in Amsterdam: «Sie werden mich ‹die Frau› nennen, Mutter».

Nicht nur, daß Papst Paul VI. im Jahre 1965, am Ende des zweiten Vatikanischen Konzils, Maria feierlich zur «Mutter der Kirche»
erklärte, Maria wird auch selbst in diesen Amsterdamer Erscheinungen ihre Universalität als Mutter der Erde erklären, die ihr in
dieser heilsgeschichtlichen Situation zusteht.

Dieser Erscheinungszyklus endete also 1959 und wurde dann
von «Eucharistischen Erlebnissen» abgelöst, die 1984, so J. F.
Künzli, abgeschlossen waren. Wiederum ist es nicht möglich, den
vollen Wortlaut der zuerst kurzen, symbolträchtigen sowie der späteren, sehr ausführlichen Botschaften hier ungekürzt wiederzugeben. Der Schwerpunkt soll deshalb auf den neuen, bisher in dieser
Art und Klarheit noch nicht gehörten Belehrungen der Gottesmutter liegen.

4. Erscheinung, 29. August 1945: «Dann zeigt sie einen neuen,
doch seltsamen Krieg an, viel später, der schreckliches Unheil verursachen wird. Es muß jedoch viel verändert werden in der Kirche.
Die Ausbildung der Geistlichen wird verändert werden müssen. Ich
sehe jetzt Reihen junger Geistlicher vorbeiziehen. ‹Bessere, der heutigen Zeit angepaßte Ausbildung›, sagt die Frau ausdrücklich.
‹Doch gut, mit dem guten Geist.› Ich sehe plötzlich eine Taube um
meine Hand fliegen, die noch immer festgehalten wird. Die Taube
sendet neue Strahlen aus. Dann weist die Frau auf den Papst und
sagt: ‹Weite muß kommen, mehr sozial. Verschiedene Bewegungen
gehen das soziale Problem an, und das ist gut so; doch soll es möglichst unter der Leitung der Kirche geschehen.› Dann macht die
Frau ein niedergeschlagenes Gesicht und sagt: ‹Es muß viel verän-

164

dert werden in der Ausbildung». Ich sehe große Gegenströmungen, viel Widerstand dagegen in der Kirche. Und dann ist die Frau plötzlich verschwunden.»

Daß bei der Ausbildung der Priester nicht alles so ist, wie es sich Maria wünscht, ist nicht zu übersehen: Die Spiritualität der Kirche, ihre große mystische Tradition ist verdrängt worden. Doch ohne spirituelle Kraft können die Priester den Armen an Leib und Seele nicht auf Dauer helfen. Ohne Spiritualität werden sie selbst hilfsbedürftig. Gerade Mutter Teresa von Kalkutta hat dies oft betont. Ihre Ordensbrüder und -schwestern sind sich darüber bewußt und leben danach. Dieses Bewußtsein befähigt sie zu so großen Werken der Nächstenliebe.

Als Beispiel fehlgeleiteter Priesterausbildung läßt sich eine kleine Geschichte, die sich vor zwei, drei Jahren in einem österreichischen Priesterseminar ereignete, anführen: Ein Seminarteilnehmer schlug seinen Mitbrüdern vor, eine Zeitlücke von einer halben Stunde für einen Rosenkranz zu nützen, doch erntete er mit diesem Vorschlag nur Gelächter, das überließen sie lieber den alten Weibern! Die spirituelle Kraft aus dem innerlichen Gebet wurde diesen zukünftigen Priestern von niemandem nähergebracht. Die Schwerpunkte ihrer Ausbildung liegen sichtlich woanders. Dabei wäre gerade die spirituelle Vertiefung zeitgemäß und so nötig für die Priesterausbildung.

5. Erscheinung, 7. Oktober 1945: «Dann sehe ich über unsere Kirche eine schwarze Taube fliegen (keine weiße, sage ich, sondern eine schwarze), und die Frau zeigt auf diese Taube und sagt: ‹Das ist der alte Geist, der muß verschwinden!› Und dann sehe ich, wie sich die Taube plötzlich in eine weiße verwandelt.

Die Frau sagt: ‹Das ist eine neue weiße Taube, sie sendet ihre Strahlen aus nach allen Seiten, denn die Welt schwankt noch ein paar Jahre und die Welt würde untergehen. Doch er kommt und wird die Welt ordnen, aber ...›, sie zögert, ‹sie müssen hören!› und sie betont das Wort ‹müssen›, als ob sie wieder warne.»

6. Erscheinung, 3. Januar 1946: «Und jetzt sehe ich verschiedene Dinge vor meinen Augen sich drehen. Kommunismus und eine neue Strömung, die noch kommen wird. Das ist eine Kombination von Nationalismus und Kommunismus.»

Mit der nachfolgenden Erscheinung beginnt die eigentliche Botschaft Mariens in Amsterdam, mit der sie deutlich über die bisher geäußerten Mitteilungen über sich selbst und ihre heilsgeschichtliche Aufgabe hinausgeht.

24. Erscheinung, 16. November 1950: «Ich sehe die Frau auf der Erdkugel stehen. Sie zeigt auf die Erdkugel und sagt zu mir: ‹Kind, ich stehe auf dieser Erdkugel, weil ich ‘die Frau aller Völker’ genannt werden will.› Die Worte ‘aller Völker’ stehen in einem Halbkreis über ihr geschrieben ...

Dann erklärt die Frau: ‹Kind, ich habe meine beiden Füße darauf gesetzt. Deutschland muß gerettet werden. Der Sohn hat dich gerade hierher gebracht, um das besser zu begreifen. (Diese Botschaft wurde nicht in Amsterdam, sondern in Deutschland gegeben.) Ich habe viele Kranke genesen lassen›, und dann weist sie mich auf die Landkarte, und ich sehe Lourdes und andere Orte. ‹Begreifst du jetzt, was ich hier will? Es sind hier so viele kranke Seelen, die müssen gerettet werden. Warum gehen aus Deutschland so viele Geistliche in die Mission? Laß sie doch hier bleiben. Es ist hier so viel Arbeit zu tun.›.»

Dies ist eine Parallele zu Marienfried, wo Maria sagte, daß sie die Krankheit der Seele heilen wolle.

25. Erscheinung, 10. Dezember 1950: «Danach kommt es mir vor, als ob die Frau Menschen in zwei Reihen gruppiere. Jetzt sehe ich ihr zur Rechten Männer stehen und zur Linken Frauen. Dann zeigt die Frau auf die Reihe der Frauen, wobei sie ein sehr mitleidiges Gesicht macht. Sie schüttelt den Kopf und sagt: ‹Kennt ihr eure Aufgabe noch? Hört gut: So wie die Frau ist, so ist der Mann. Gebt ein Vorbild, ihr Frauen! Kehrt zurück zu euerem Frausein!›

Dann blickt die Frau auf die Reihe der Männer und spricht: ‹Ich habe eine Frage an euch Männer: Wo sind die Soldaten für Christus? Mehr habe ich euch nicht zu sagen.›

Dann ist es, als ob sie aus den beiden Reihen von Menschen eine mache. Sie bringt sie mit einem Bogen zusammen. Jetzt sehe ich unabsehbare Reihen von Männern und Frauen nebeneinander stehen. Dann formt sich dieser Bogen plötzlich zu einer großen Kuppel, und über dieser Kuppel bildet sich etwas wie eine große Kirche. Mitten in der Kirche erscheint jetzt eine weiße Taube, die Licht ausstrahlt. Dann sagt die Frau: ‹Laß die doch auf die Menschen der Erde kommen. Ich werde ihnen helfen; aber es muß hart daran gearbeitet werden und schnell.›.»

Das Problem unserer Gesellschaft und der katholischen Kirche kommt hier zur Sprache: Frauen und Männer sind nicht gleichwertig integriert. Nur wenn das endlich gelingt, entstehen die neue Kirche und die neue Welt des Heiligen Geistes!

27. Erscheinung, 11. Februar 1951: «Ich sehe ein helles Licht, und dann sehe ich die Frau stehen. Sie sagt: ‹Ich bin die Frau - Maria - Mutter aller Völker. Du kannst sagen: Die Frau aller Völker oder Mutter aller Völker, die einst Maria war. Ich komme gerade heute, um dir zu sagen, daß ich dies sein will. Menschenkinder aller Länder sollen doch eins sein.›

Dann bleibt die Frau, ohne etwas zu sagen, in der mir bekannten Haltung stehen und schaut mich ruhig an. Dann sagt sie: ‹Die ganze Welt ist in Umwandlung begriffen, das Schlimmste aber ist, die Menschen dieser Welt sind im Wandel begriffen. Ich bringe dich hierhin.›

Und dann ist es, als ob die Frau an der Erdkugel entlang gehe und diese umwälze. Und nun stehe ich mit der Frau auf einmal über Italien. Ich sehe den Vatikan, und mitten darin steht der Papst, in der einen Hand ein Zepter, die andere Hand in der bekannten Haltung mit zwei erhobenen Fingern. Er ist umgeben von vielen Kardinälen und Bischöfen.

Dann höre ich die Frau zu mir sagen: ‹Sieh gut hin, dieses sind Bischöfe aller Länder.› (Das 2. Vatikanische Konzil, 1962 - 1965). Auf einmal ist es, als ob der Papst ein großes, dickes Buch vor sich habe. Dann sagt die Frau: ‹Höre gut zu, Kind. Es sind bereits Veränderungen vorgenommen worden und in Bearbeitung. Ich will jedoch die Botschaft des Sohnes bringen: Die Lehre ist gut, doch die

Gesetze können und müssen geändert werden. Ich will dies gerade heute sagen, weil die Welt sich in einer großen Umwandlung befindet. Niemand weiß, in welche Richtung. Darum will der Sohn mich diese Botschaft senden lassen.›

Und nun stehe ich plötzlich vor einem großen Kreuz und schaue es an. Ich bekomme schreckliche Schmerzen. Es ist, als ob sich alle Muskeln in meinen beiden Armen zusammenziehen würden, so daß meine Hände sich zu Fäusten ballen. Es ist, als ob mein Kopf auseinandergerissen werde, und es befällt mich eine Art Fiebergefühl. Durch dieses alles fange ich an zu weinen. Ich kann das alles nicht länger aushalten und frage die Frau, ob das von mir genommen werden könne. Es dauert noch eine Weile, und dann ist alles wieder vorbei.

Darauf sagt die Frau zu mir: ‹Laß doch alle wieder zum Kreuz zurückkehren, nur dann allein kann Frieden und Ruhe sein.› Ich stehe noch mit der Frau vor dem Kreuz, und sie sagt zu mir: ‹Sprich mir nach. Bete vor dem Kreuz:

Herr Jesus Christus; Sohn des Vaters;
sende jetzt deinen Geist über die Erde:
Laß den heiligen Geist wohnen in den
Herzen aller Völker; damit sie bewahrt
bleiben mögen vor Verfall; Unheil und Krieg:
Möge die 'Frau aller Völker'; die einst Maria war;
unsere Fürsprecherin sein: Amen.›

Ich stehe noch immer vor dem Kreuz und habe diese Worte gebetet und nachgesprochen, die mir die Frau vorgesagt hat. Ich sehe sie jetzt in großen Lettern geschrieben stehen.

Die Frau fährt fort: ‹Kind, dieses Gebet ist so einfach und kurz, daß jeder es vor seinem eigenen Kruzifix in seiner eigenen Sprache sagen kann. Diejenigen, die kein Kruzifix haben, sagen es für sich selbst. Das ist die Botschaft, die ich gerade heute bringen will, weil ich jetzt zu sagen komme, daß ich die Seelen retten will. Arbeitet alle mit an diesem großen Werk der Welt. Wenn doch jedes Menschenkind für sich selbst versuchte, diesem nachzukommen.› Und nun hebt die Frau einen Finger in die Höhe und spricht: ‹Vor allem im ersten und größten Gebot: ‹Liebe›. In großen Lettern sehe ich nun dieses Wort geschrieben stehen.

‹Laß sie damit beginnen›, sagt die Frau. ‹Und dann werden die Kleinen dieser Welt sagen: Wie können wir damit beginnen? Die Großen sind es ja, die uns dies antun. Und dann sage ich zu den Kleinen: Wenn ihr die ‹Liebe› bis zum äußersten untereinander übt, haben auch die Großen keine Chance. Geht zu eurem Kruzifix und betet, was ich euch vorgesprochen habe, und der Sohn wird es erhören.› Dann sagt die Frau zu mir: ‹Es wird wieder eine große Naturkatastrophe kommen. Die Großen dieser Welt werden stets uneinig sein. Die Menschen werden suchen, hier und dort. Denk an die falschen Propheten. Suche und bete nur um den wahren Heiligen Geist! Es ist doch augenblicklich ein Ideenkrieg, Geisteskrieg. Der Streit geht nicht mehr um Rassen und Völker, er geht um den Geist. Begreife das gut.›

Dann faltet die Frau die Hände, und ich sehe wieder den Papst mit Kardinälen und Bischöfen. Nun sagt die Frau, als ob sie zum Papst spreche: ‹Du kannst diese Welt retten. Ich habe des öfteren gesagt, Rom hat seine Chance. Greife diesen Augenblick auf. Keine Kirche in der Welt ist so aufgebaut wie die deine. Aber gehe mit deiner Zeit und dränge auf Änderung bei Ordensleuten, Priestern, Priesterstudenten usw. Halte doch ein Auge darauf. Führe es durch bis ins Kleinste. Die Lehre bleibt, aber die Gesetze können verändert werden. Laß die Kinder dieser Welt mehr genießen von ‘dem Andenken an meinen Sohn’.›

Jetzt sagt die Frau zu mir: ‹Ich habe dich im Traum sehen lassen, wie die häufigere Kommunion durchgeführt werden kann. Dieses sage ich dir für Holland und alle Länder, in denen es nicht so ist.

Für Deutschland will ich sagen: Man lasse in diesem Land hart, hart arbeiten, um die Menschen, die weit, weit abgeirrt sind, zurückzubringen zu diesem Mittelpunkt: ‹Dem Kreuz›. Priester sind zu wenige, aber Laien gibt es viele. Führt doch eine große Aktion unter den Laien durch, um sie aufzurufen zu diesem Ziel! Arbeitet hier vor allem mit großer Liebe und Caritas. Die Großen in Deutschland sollen helfen und sich nicht von der Kirche abwenden. Dann sagte die Frau in deutscher Sprache folgende zwei Sätze: Deutschland jedoch liegt mir sehr am Herzen. Die Mutter Gottes weint über die Kinder Deutschlands.

Für Frankreich, Belgien, Balkan, Österreich sage ich das folgende: Laßt euch nicht zum verkehrten Geist (Egoismus, Anm. des Hrsg.) führen.

Für Italien sage ich: Ihr Großen Italiens, kennt ihr eure Aufgabe?

Zu England sage ich: Ich komme wieder, England.

Zu Amerika sage ich: Treibt eure Politik nicht zu weit und sucht den wahren Geist. Ich bin froh, daß Amerika im Augenblick den Glauben besser findet.

Für Afrika sage ich: (und hierbei zeigt die Frau irgendwohin, und ich sehe Dominikaner) Sage doch, daß ich dort gern ein Seminar hätte. Ich werde den Dominikanern helfen. Sage dieses deinem Seelenführer. Sage ihm auch, daß der Sohn mit seiner Arbeit und seiner Leitung zufrieden ist, und daß er doch in diesen Angelegenheiten mehr durchzuführen wage.

Ich will dich nur gebrauchen, um den Willen des Sohnes in dieser Zeit zu erfüllen. Wohl möchte ich bitten, daß du Menschenkind den Menschen so viel wie möglich hilfst. Ich gebe dir Kraft und Unterstützung dazu. Dein Seelenführer ist dazu erwählt, dir zu helfen bei diesem Werk, sonst kann alles so bleiben, wie es ist. Er wird mich verstehen.

Weiterhin will ich allen orientalischen und asiatischen Völkern, ob sie den Sohn kennen oder nicht, sagen: Wir sorgen für euch!› dann zeigt die Frau auf die Erdkugel und spricht: ‹Diese Zeit ist unsere Zeit! Du, Kind, bist das Werkzeug, um diese Dinge zu überbringen. Du sollst dieses tun. Ja, es sind Beweise genug, die ich auch heute noch gesagt habe. Sag, daß ich sein will: Die Frau aller Völker.›.»

Hier legt es Maria also selbst dar: Sie ist mehr als «nur» Maria oder Miriam, das jüdische Mädchen, das zur Mutter des göttlichen Sohnes wurde. Sie ist die Mutter dieser Welt schlechthin, die Frau aller Völker, der weibliche Archetypus, der die fürchterliche Spannung von der Seele der Gesamtmenschheit wegnehmen und in fruchtbaren Frieden verwandeln kann. Diese Frau aller Völker werden sie annehmen können, die führenden Männer der Welt. Damit dies so geschieht, hat sie dieses kurze Gebet gestiftet, und mehr als 50 Diözesen der Welt erteilten bereits das Imprimatur. Und sie beten alle: «Möge die Frau aller Völker, die einst Maria war, unsere Fürsprecherin sein.» Wann werden es alle christlichen Konfessionen, wann die Mohammedaner, die Buddhisten beten?

29. Erscheinung, 28. März 1951: «Weißt du wohl, daß Theologie weichen muß vor der Sache meines Sohnes? Ich gehe vom Kreuz weg und stelle mich daneben.»

Ja, die theologische Haarspalterei ist nicht die Art von Gläubigkeit, die Maria mit dem Heiligen Geist in die Herzen der Völker bringen möchte.

30. Erscheinung, 1. April 1951: «Ich habe mit meinem Sohn seelisch und vor allem auch körperlich gelitten. Dies wird ein vielumstrittenes Dogma werden ... Damit sind die marianischen Dogmen abgeschlossen.»

Mit diesen Worten bringt Maria ihren Wunsch nach dem Miterlöserin-Dogma zum Ausdruck. Und wie schon bei den letzten Erscheinungen endet die Botschaft mit der Klarstellung: «Diese Zeit ist unsere Zeit», während sie die Seherin lange anschaut. Es ist jetzt heilsgeschichtlich auch die Zeit der Frauen. Das ausschließlich männliche Element ist mit seinem Latein am Ende.

32. Erscheinung, 29. April 1951: «Sag mir dies nach: Das neue Dogma soll sein: Das Dogma der Miterlöserin. ‹Mit-›, darauf lege ich besonderen Nachdruck.»

«Ich will auch unter die Völker kommen, die vom Sohn ferngehalten werden.»

33. Erscheinung, 31. Mai 1951: «Theologen, ihr werdet doch keine Schwierigkeiten haben, wenn ihr bedenkt, daß der Herr und Meister die Frau bereits vorbestimmt hatte, um zu opfern. Das Schwert war ja schon auf das Herz der Mutter gerichtet, damit will ich sagen, daß ich dem Sohn immer vorausgegangen bin in seelischen und körperlichen Leiden.

Und nun spreche ich zu den Frauen dieser Welt: ‹Ihr Frauen dieser Welt, wißt ihr, was es heißt, Frau zu sein? Das bedeutet 'opfern'. Legt eure Selbstsucht und Eitelkeit ab und bemüht euch, alle Kinder und diejenigen, die noch 'grasend herumlaufen', zum Mittelpunkt, dem Kreuz, zu bringen. Opfert selbst mit.›

Und dann spreche ich zu den Männern dieser Welt. Ich sage ihnen: Männer, von euch aus muß die Kraft kommen und der Wille, die Welt zu dem einzigen Fürsten dieser Welt, dem Herrn Jesus Christus, zu bringen.»

34. Erscheinung, 2. Juli 1951: «Durch den Willen des Vaters kam der Erlöser in die Welt. Der Vater gebrauchte dafür die Frau. Der Erlöser bekam also von der Frau nur - und nun lege ich den Nachdruck auf das Wörtchen ‹nur› - das Fleisch und Blut, also den Leib. Von meinem Herrn und Meister empfing der Erlöser seine Gottheit.

Die Frau ist also die Miterlöserin geworden. Ich habe gesagt: Diese Zeit ist unsere Zeit. Das bedeutet, daß der Vater und der Sohn die Miterlöserin, die Mittlerin und Fürsprecherin in diese Zeit senden über die ganze Welt hin.»

35. Erscheinung, 15. August 1951: Maria stellte sich erneut vor: «Ich komme heute als 'die Frau aller Völker'.» «Dann zeigt die Frau um sich und sieht mich an und spricht: ‹Ich habe mit meinem Fuß die Schlange zertreten. Ich bin vereinigt worden mit dem Sohn, so wie ich immer vereinigt war mit ihm.

Dieses - das Dogma - ist vorausgegangen in der Kirchengeschichte. Als Miterlöserin, Mittlerin und Fürsprecherin stehe ich nun in dieser Zeit, in unserer Zeit. Das Dogma der Aufnahme in den Himmel mußte vorausgehen. Das letzte und größte Dogma kommt danach. Das Opfer steht und soll stehen mitten in der Welt, in dieser Zeit ...

Die Menschen sind der Mutter anvertraut. Der Sohn sagte doch: ‹Frau, siehe da deinen Sohn - Sohn, siehe da deine Mutter, also Miterlöserin, Mittlerin und Fürsprecherin.›

Sage das euren Theologen. Sage, daß ich sein will und sein werde die Miterlöserin, die Mittlerin und Fürsprecherin.›.»

36. Erscheinung, 20. September 1951: «Nochmals rufe ich allen Christenvölkern zu: Es ist höchste Zeit, schließt euch zusammen.»

«Weil die Welt nach Einigkeit schmachtet in allem, was die Welt angeht, will der Herr und Meister den Völkern dieser Welt geistliche Einheit bringen. Darum sendet er Miriam oder auch genannt Maria als die 'Frau aller Völker'.»

37. Erscheinung, 15. November 1951: «Miterlöserin war ich schon bei der Verkündigung ... Die Mutter wurde zur Miterlöserin gemacht durch den Willen des Vaters ...

Die Welt erleidet Katastrophe auf Katastrophe. Die Welt geht ökologisch und materialistisch zugrunde. Kriege werden bleiben, solange keine Hilfe kommt vom wahren Geist. Bringe die Menschen zurück zum Kreuz.»

38. Erscheinung, 31. Dezember 1951: «Rom, ergreife deine Chance! Sei großzügig und handle. Nur mit Liebe.»

Ein klarer Hinweis gegen die engherzigen Fundamentalisten, die nur von Vorschriften und nicht vom Verzeihen in Liebe für alle Menschen auch außerhalb der Kirche sprechen.

39. Erscheinung, 17. Februar 1952: «Die Kirche ist und bleibt. Die Lehre ist und bleibt. Die Form und die Gesetze aber können mit dem Beistand des Heiligen Geistes geändert werden. Sage das euren Theologen.»

Immer wieder bereitet Maria die neue Kirche des Heiligen Geistes, das neue Jerusalem vor. Immer wieder ist sie gegen Engstirnigkeit und das starre Festhalten an Ritualen und Menschenregeln.

40. Erscheinung, 19. März 1952: «Während ich vor dem Bildnis für den Heiligen Vater bete, beginnt plötzlich eine Stimme zu sprechen, und ich sehe die Frau aller Völker vor mir stehen. Sie spricht: ‹Sage dem Heiligen Vater, daß er sein Zeichen von der 'Frau aller Völker' erhält. Die Kirche - Rom - wird einem großen Kampf entgegengehen. Bevor das Jahr 2000 da ist, wird viel verändert sein an der Kirche, der Gemeinschaft. Der Kern wird jedoch bleiben.›

Dann sehe ich gleichsam die Schafe rund um den Erdball durcheinander laufen und viele flüchten. Die Frau weist darauf hin und sagt: ‹Siehst du das? Die Kirche - die Schafe sind zerstreut, und noch andere werden fliehen. ʻDie Frau aller Völkerʼ jedoch wird sie zurückbringen in eine Herde.› und nochmals sagt die Frau: ‹in eine Herde›.»

41. Erscheinung, 6. April 1952: «Sage das folgende den Theologen: Bei dem Kreuzesopfer kam die Frau. Der Sohn sagte zu seiner Mutter: ‹Frau, siehe da deinen Sohn.› Die Änderung kam also bei dem Kreuzesopfer. Der Herr und Schöpfer erwählte aus allen Frauen Miriam oder Maria zur Mutter seines göttlichen Sohnes. Die Frau wurde sie beim Kreuzesopfer, die Miterlöserin und Mittlerin. Das wurde durch den Sohn angekündigt, während er zum Vater zurückging.

ʻDie Frau aller Völkerʼ als die Miterlöserin, Mittlerin und Fürsprecherin. Beim Kreuzesopfer verkündet der Sohn diesen Titel der ganzen Welt. Wer oder was ihr auch seid, ich bin für euch die Frau.

Die Frau will vor allem dahin kommen, wo sie war und wo sie noch nicht gewesen ist.»

Ob dieser letzte Satz bedeutet, daß Maria endlich im Heiligen Land erscheinen möchte?

43. Erscheinung, 5. Oktober 1952: «Und nun mache ich den Theologen keinen Vorwurf, wenn ich sage: Warum könnt ihr euch nicht einigen über dieses Dogma? Nochmals werde ich es auslegen und noch deutlicher machen. Der Vater sandte den Herrn Jesus Christus als den ʻErlöser für alle Völkerʼ. Der Herr Jesus Christus war das von Anfang an. Er wurde das bei seinem Opfertod und Heimgang zum Vater.

Miriam oder Maria wurde zur Dienstmagd des Herrn, ausgesucht durch den Vater und den Heiligen Geist. Am Anfang war sie durch die Auserwählung die Miterlöserin, Mittlerin und Fürsprecherin aller Völker. Beim Heimgang des Gottmenschen, des Herrn Jesus Christus wurde sie erst zur Miterlöserin, Mittlerin und Fürsprecherin. Beim Heimgang unseres Herrn Jesus Christus gab er Miriam oder Maria in einer Gebärde an die Völker als: ʻDie Frau aller Völkerʼ.

Er sprach ja die Worte: ‹Frau, siehe da deinen Sohn, Sohn, siehe da deine Mutter.› Durch diese Gebärde bekam Miriam oder Maria diesen neuen Titel. Wie kommt der Titel 'Frau aller Völker' jetzt erst in die Welt? Weil der Herr diese Zeit abgewartet hat. Die anderen Dogmen mußten vorausgehen. So wie das Leben 'der Frau aller Völker' erst vorausgehen mußte. Alle Dogmen, die vorausgegangen sind, umfassen das Leben und Heimgehen der Frau. Die Theologen werden an dieser einfachen Erklärung genug haben. Es ist nötig gewesen, diese Erklärung nochmals zu geben.»

Das große Geheimnis liegt also darin, daß Jesus Christus und Maria immer schon das Erlöserpaar waren, sowohl in der irdischen als auch in der himmlischen Existenz.

47. Erscheinung, 11. Oktober 1953: «Weil Maria den Titel bekommt 'Frau aller Völker', ist sie gekommen unter diesem Titel an verschiedene Orte, in verschiedene Länder.»

49. Erscheinung, 4. April 1954: «Die Frau wurde auserwählt. Sie sollte auch gegenwärtig sein bei der Herabkunft des Heiligen Geistes. Der Heilige Geist mußte über die Apostel, (und mit Nachdruck sagt die Frau, während sie ihren Zeigefinger erhebt) die ersten Theologen kommen. Darum wollte der Herr, daß auch seine Mutter dabei gegenwärtig sei. Seine Mutter, die Frau aller Völker, wurde beim Hinscheiden ihres Sohnes ‹Die Frau aller Völker›, die Miterlöserin, die Mittlerin und Fürsprecherin unter Zeugenschaft eines Apostels, eines Theologen. Er mußte doch sorgen für die Mutter, sie mußte sorgen für ihre Apostel.»

52. Erscheinung, 31. Mai 1956: «War es nicht auch der Herr Jesus Christus, der wartete mit seinem Wunder, (und jetzt spricht die Frau leise und mit Nachdruck) Wasser in Wein zu verwandeln, bis seine Mutter gesprochen hatte? Er wollte seine Wunder wirken, aber wartete doch, bis seine Mutter sprach. Begreifst du das? Das ist meine Antwort für heute an diejenigen, die nicht begreifen konnten, daß die Frau am 31. Mai 1955 in der Thomaskirche erschien (während der Aussetzung).»

54. Erscheinung, 18. / 19. Februar 1958: « ‹Höre, dieser Heilige Vater, Papst Pius XII., wird Anfang Oktober dieses Jahres bei den

Unseren aufgenommen werden. Die Frau aller Völker, die Miterlöserin, Mittlerin und Fürsprecherin, wird ihn in die ewigen Freuden geleiten.›

Ich erschrak über diese Mitteilung.

Die Frau sagte: ‹Erschrick nicht, Kind. Sein Nachfolger wird das Dogma verkünden.› »

Dies war einerseits einer jener Beweise für die Echtheit dieser Erscheinungen, weil Maria den plötzlichen und trotz seines hohen Alters unerwarteten Tod des noch rüstigen Papstes Pius XII. voraussagte, der dann wirklich am 9. Oktober 1958 eintrat. Die Seherin übergab diese Botschaft versiegelt ihrem Beichtvater, damit sich dieser von der Richtigkeit des Inhalts beim Eintreffen des Todes des Papstes überzeugen könnte.

Auf der anderen Seite trat die Prophezeiung, daß der Nachfolger dieses Papstes das Miterlöserinnen-Dogma verkünden werde, nicht ein. Aber Maria sagte ja auch nicht, daß der «unmittelbare Nachfolger» dies tun werde, und einer der Nachfolger könnte dieses Dogma noch verkünden! Gerade weil ersteres so exakt und schnell eingetreten ist, ist auch die zweite Weissagung so glaubwürdig. Maria sieht einfach weiter. In den nächsten Jahren wird sich in der Kirche viel verändern.

In der *60. Erscheinung am 31. Mai 1959* verabschiedet sich Maria mit einem «Lebe wohl, bis im Himmel» von der Seherin.

Wie Ergänzungstexten entnommen werden kann, verteidigte Maria am 31. Mai 1956 und am 31. Mai 1957 den Zölibat. Sie sagte: «Der Zölibat bleibt stets die große Kraft der Kirche. Es gibt Leute, die dies anders wollen. Dies nur als große Ausnahme.»

Nach diesem Erscheinungszyklus folgten die «eucharistischen Erlebnisse», die die Seherin immer wieder, meist während der Messe, erlebte. Hier einige wichtige Worte und Bilder, die von da an meist von Jesus Christus kamen:

30. August 1959: «Fürchte nichts! Ich bin der Herr, euer Schöpfer, der Herr Jesus Christus, der Lebendigmachende. So wie ich jetzt in dir lebe, so werde und will ich leben unter allen Völkern.»

25. März 1969: «Ich bin der Samen, der in ihren Schoß gestürzt worden ist! Ich bin das lebendige Wasser! Fürchte nichts! Ich bin es, das ewige Feuer, das in ihrem Schoß entzündet worden ist für alle Völker.»

15. Januar 1961: «Ich bin es, - der lebendige Christus - die Substanz! Ich bin gegenwärtig in diesem Brot, das ihr Priester austeilen werdet unter allen Völkern! Das Reich Gottes ist mitten unter euch!»

31. Mai 1965: «Eine Kirche und ein Volk ohne Mutter ist wie ein Leib ohne Seele.»

19. Juni 1966: Die Seherin schilderte: «Als ich in die Kapelle der Rue du Bac (in Paris) hineinging, kam eine eigenartige Rührung über mich, die mir sonst fremd war, die ich noch nie gefühlt hatte.»

31. Mai 1967: «Du bist nun dem Herrn begegnet! Meine Stimme wirst du nicht mehr hören! Ich habe gesagt: Ich komme privat zurück, für die Kirche und die Priester. Nun sage ich: Priester und Ordensleute, kehrt zurück zu eurer wahren Berufung, zur Berufung für den Herrn!»

«Meine Worte werden von jetzt an verstummen», sagte Maria zu der Seherin. Und dann berichtete diese von einem Schlüsselerlebnis von großer Tragweite: «Alsdann hörte ich die Frau ein ganz fremdes Wort aussprechen. Es klang wie ein Schrei in meinen Ohren. Ich weiß es nicht recht wiederzugeben. Es schien mir hebräisch oder jüdisch zu klingen, mit einem starken Kehllaut. Es klang wie «Hurach» oder «Gurach» in den Ohren. Ich dachte in meinem Innern: Was höre ich nun? Und wieder sprach die Stimme:

‹Der Geist wird kommen - Der Kontakt wird bleiben.› Dann verschwand das Licht langsam.»

Hier wird in einem dramatischen Ruf ein großer Zusammenhang aufgezeigt: der Zusammenhang zwischen Maria, die in der Ostkirche auch Sophia, die Weisheit selbst und, wie wir gesehen haben, die Miterlöserin des Menschen ist und der «Heiligen Geistin» Ruach. Der Heilige Geist Gottes, eben diese Ruach, war und ist im Hebräischen weiblich! Welche Aussagekraft geht von dieser Weiblichkeit des Heiligen Geistes aus? Und welche Entsprechung findet sich in Maria, seiner immerwährenden Braut?

25. März 1973: «Die Braut des Herrn ist nicht für nichts auf die Erde gesandt worden. Bringt sie unter die Völker! Versteht dies gut: Auch der Herr hat seine Mutter nötig, um zum Leben zu kommen. Durch die Mutter kommt das Leben. Darum muß sie wieder in eure Kirchen und unter die Völker gebracht werden, und ihr werdet das Aufblühen erleben.»

Dazu die Seherin: «Dann kam vor meine Augen ein Dreieck mit einem zweiten Dreieck darinnen: ein Davidstern. Und ich sah eine ganz andere Gemeinschaft von Christen. Aber das schien mir für später bestimmt.»

Wieder ein Hinweis auf die endzeitliche Erscheinung Mariens im Heiligen Land oder auf eine neue Kirche?

15. August 1973: «Bringt die Völker zu ihr, die ich gesandt habe, durch den Heiligen Geist.»

8. September 1973: «Sie wurde überschattet und ganz durchstrahlt vom Licht. Sie ist gesandt, um die Welt zu retten.»

31. Mai 1974: «Ich sende euch den Heiligen Geist, er wird über die Völker herrschen, aber nicht ... bevor dies alles geschehen ist, was sie, die Frau, nach meinem Willen euch verkündigt hat.»

8. Dezember 1974: «Während der Opferung kam das Licht über den Altar und den Priester. Während das Licht sich über alle Menschen ausbreitete, hörte ich:

‹Ich bin der Herr, euer Gott, der Schöpfer.›

Dann kam ein zweites Licht, das mit dem ersten verschmolz, und ich hörte:

‹Ich bin der Herr Jesus Christus, der denen Leben schenkt, die leben.›

Dann kam ein drittes Licht, und ich hörte:

‹Ich bin der Heilige Geist, der in die Verwirrung und in die Finsternis Licht bringen muß. Ihr alle seid getrost!› (Voll Hoffnung).

Während dies alles gesagt wurde, sah ich die drei Lichter jetzt als ein Licht über uns allen leuchten.»

8. September 1976: «Völker hört! Neben dem Opferaltar steht sie durch den Willen des Vaters.»

Der Prophet Micha beschreibt 700 vor Christus die endzeitliche Völkerwallfahrt zum Zion: «Am Ende der Tage wird es geschehen: Der Berg mit dem Haus des Herrn steht fest gegründet als höchster der Berge; er überragt alle Hügel. Zu ihm strömen die Völker. Viele Nationen machen sich auf den Weg. Sie sagen: Kommt, wir ziehen hinauf zum Berg des Herrn und zum Haus des Gottes Jakobs» (Micha 4,1-2). Dies könnte als Kurzschilderung der Worte Mariens in Amsterdam bezeichnet werden, und Micha sieht auch ihre Rolle voraus: «Darum gibt der Herr sie preis, bis die Gebärende einen Sohn geboren hat. Dann wird der Rest seiner Brüder heimkehren zu den Söhnen Israels» (Micha 5,2). Auch das Ende sagt er voraus: «Und er (der aus Bethlehem) wird der Friede sein» (Micha 5,4). Nach Marias Worten bricht genau jetzt diese Einigungszeit für alle Völker an!

8. Dezember 1976: «Sie wird über alle Stämme erhoben werden. - Sie, die Frau aller Völker, die euch helfen wird!»

1. Januar 1978: Die Seherin schilderte: «Nachdem ich kommuniziert hatte, erblickte ich ein Gestell. Es standen alte Bücher darauf, deren Rücken mir zugekehrt waren. Daraufhin hörte ich laut die Stimme sagen: ‹Die Voraussagen werden in Erfüllung gehen.›.»

Später erfuhr die Seherin in zwei Visionen und Auditionen im voraus auch vom Tod von Papst Paul VI.

15. Oktober 1978: Während des Konklaves hörte die Seherin: «Er, der aus der Ferne kommt, wird der Nachfolger Petri werden.»

31. Mai 1979: «Der Heilige Vater wird sie ausrufen als Miterlöserin, Mittlerin und Fürsprecherin.»

15. August 1979: «Mein Petrus, bringe die verherrlichte Frau - die Frau aller Völker - in deine Kirchen. Sie wird die Völker zu ihrem Herrn bringen, die sie durch den Willen des Vaters hat gebären dürfen.»

6. Januar 1980: Die Seherin schaute auf einem verfaulten Seitenast eines Baumes, der herausgerissen wurde, die Worte «Humanismus - Marxismus - Modernismus» und hörte: «Siehst du nun die

Verderbnis? So ist es gut, nun kann der Baum wieder blühen und reife Früchte hervorbringen.»

2. Februar 1980: Zu Papst Johannes Paul II. hörte die Seherin die Stimme sagen: «Und du, mein Oberhirte, ich werde dir die Augen noch mehr öffnen und die Ohren noch mehr aufschließen. Du wirst der Baumeister sein für diese Zeit und das kommende Geschlecht.»

25. März 1980: «Nun stand ich plötzlich auf dem Petersplatz und ich sah deutlich die Peterskirche und den Vatikan. Mitten auf dem Platz kam aus dem Boden ein goldener Stiel mit einer Knospe daran.

Während ich danach schaute, entfaltete sich die goldene Knospe. Blatt um Blatt öffnete sich langsam und wurde zu einer großen goldenen, prächtigen Rose.

Dann sah ich unseren Heiligen Vater, Papst Johannes Paul II., mit einigen Kardinälen und noch ein paar anderen Geistlichen die Treppen von St. Petersburg herabkommen.

Der Heilige Vater trug etwas in seinen Händen. Sie hielten still vor der goldenen Rose, die Kardinäle an seiner Rechten und die anderen links von ihm. Ein Kardinal winkte mir, daß ich neben ihm stehen sollte. Der Heilige Vater stand da mit einer Krone in seiner Hand, das konnte ich jetzt sehen.

Plötzlich veränderte sich die goldenen Rose in das Bildnis der 'Frau aller Völker'. Der Heilige Vater ging darauf zu und legte die Krone oben auf das Bildnis. Dann faltete er die Hände und stand still davor, wie im Gebet. Dann hörte ich die Stimme aus der Höhe rufen:

‹Und dann ... wird die Kirche, die Gemeinschaft, die du da siehst, wieder neu anfangen und aufblühen.›

Dann sah ich deutlich den Heiligen Vater mit seinem Gefolge zum Vatikan zurückkehren.»

11. Februar 1981: «Nach dem Agnus Dei sah ich plötzlich zwischen dem Altar und dem Tabernakel die 'Frau aller Völker' stehen. Sie war gänzlich durchstrahlt von Licht. Ich sah sie wie früher, als sie mir ihre Botschaften gab. Nun aber ohne Kreuz, Schafe und Weltkugel. Ich wollte meinen Augen nicht trauen, aber die Frau begann zu sprechen, und ich hörte sie deutlich sagen: ‹Begreifst du nun, wofür ich gekommen bin?›

Sie wartete kurz und fuhr fort: ‹Der Verfall der Kirche und der Welt ist im vollen Gange. Das Unheil in der Kirche und der Welt vollzieht sich. Die Kriege halten an.›

Dann wartete sie wieder kurz und fuhr fort: ‹Um davor zu warnen, hat mein Herr mich gesandt, aber sie haben nicht gehört.›

Ich sah, daß die Frau sich zum Tabernakel wandte. Mit ihrer rechten Hand wies sie danach und sprach:

‹Sage deinem Oberhirten, ich werde sie zu ihm bringen. Durch mich zu ihm. Aber sie müssen sich bekehren! Die Eucharistie besteht noch!»

15. Mai 1981: Zum Mordversuch an Johannes Paul II., als er noch in Lebensgefahr schwebte: «Sei nicht betrübt und sei getrost! Er wird gesund werden.»

31. Mai 1981: Maria sprach: «Lebewohl, bis in alle Ewigkeit!»

25. März 1984: «Als ich unseren Herrn empfing und zu meinem Platz zurückkehrte, bekam ich eine himmlische Vision. Ich hörte die Stimme ganz deutlich sagen: ‹Die Zeit der 'Frau aller Völker' als Miterlöserin wird bald anbrechen.›

Mit dieser letzten Nachricht am 25. März 1984 sind die «Eucharistischen Erlebnisse» abgeschlossen.

Ebenfalls mit dem 25. März, und zwar des Jahres 1945, nahmen die Erscheinungen auch ihren Anfang; insgesamt erstreckte sich das Erscheinungsgeschehen also über 39 Jahre.

Die vielen Botschaften durch die Seherin von Amsterdam sind so tief, oft verschlüsselt, von so großer theologischer und prophetischer Tragweite, daß sie uns als die Marianische Apokalypse schlechthin erscheinen: voll der plastischen Visionen, die erst entschlüsselt oder durch die Geschichte konkret verwirklicht werden müssen.

Die Kirche hat die private Verehrung der «Frau aller Völker» und besonders die Verbreitung ihres Gebetes nicht verboten, durch das «Imprimatur» sogar beides genehmigt, da sie nicht ihrer Lehre widersprechen. Die offizielle Anerkennung aber hat sie, wie seit 1949 ganz allgemein gehandhabt, nicht ausgesprochen.

Quelle: Franz Künzli: Die Botschaften der Frau aller Völker und Eucharistische Erlebnisse; sowie Unterlagen der Arbeitsgemeinschaft e.V. «Das Große Zeichen - Die Frau aller Völker» (Magnis, Franz Graf von, Hrsg.: Die vollständigen Botschaften)

Rosa Mystica, die geheimnisvolle Rose
Montichiari - Fontanelle 1946

Es war am 25. November 1946 im norditalienischen Montichiari, unweit des Gardasees, als Maria erstmals der Krankenpflegerin Pierina Gilli erschien: In violettem Gewand, tief traurig, hielt sie ihr Hände ausgebreitet. Drei Schwerter steckten in ihrem Herzen. Sie sagte: «Gebet, Opfer, Sühne.»

Nach dieser Erscheinung mußte die Seherin sich von drei Teufeln quälen lassen, und Maria zeigte ihr auch die Grauen der Hölle. Dabei hörte sie eine Stimme:

«Siehe da die Hölle! Die erste Schar wird von jenen gottgeweihten Seelen gebildet, die ihren Beruf verraten haben und deswegen verdammt wurden, weil sie sich nicht bekehrt haben. Die zweite Schar besteht aus jenen gottgeweihten Seelen, die in der Todsünde gestorben sind. Die dritte Schar besteht aus den Judaspriestern!» Die Stimme erklärte: «Dies sind die Seelen der Hölle, die unseren Herrn glühend gehaßt haben.»

Damit war bereits von Anfang an, wie das schon oft der Fall gewesen war, die besondere Aufgabe genannt, die Maria für Montichiari vorgesehen hatte: Die Rettung und Vermehrung der «Gottgeweihten Seelen», also besonders der Priester und Ordensmitglieder.

Es folgte ein siebenunddreißigjähriges Erscheinungsgeschehen, das bis zum 24. März 1983 andauerte.

Die zweite Erscheinung, die sich wieder im Zimmerchen der Seherin zutrug, unterschied sich kaum von der ersten. Bei der dritten, am 13. Juli 1947, betete Pierina in ihrer Kammer gerade mit Ordensschwestern den Heiligen Rosenkranz, als sich Maria zeigte, «weißgekleidet wie in allerfeinstem Atlas, der in glänzendem Licht wie Silber schimmerte, ein schneeweißer Mantel, der unter dem Hals von einem unsichtbaren Verschluß zusammengehalten wurde ...». «Da erschien inmitten eines blitzhellen Lichtes die schöne Herrin, und zwar die liebe Madonna, und mit ihr die heilige Maria Crocifissa di Rosa, die Gründerin der Mägde der Liebe von Brescia (also der Gründerin des Ordens, dem auch Pierina angehörte)», berichtete Pierina später. An diesem Tag konkretisierte Maria ihre besondere Mission in Montichiari. Zuerst aber gab sie sich zu erkennen: «Ich bin die Mutter Jesu und die Mutter von euch allen.» Diesmal waren die drei Schwerter in drei Rosen verwandelt: in eine weiße, eine rote und eine goldene. Dann sagte Maria: «Unser Herr schickt mich, um eine neue marianische Andacht in alle Institute der religiösen Orden zu bringen, männliche und weibliche, und auch für die Weltpriester.

Ich verspreche diesen religiösen Instituten und Kongregationen, die mich mehr verehren, meinen besonderen Schutz, vermehrtes Aufblühen der geistigen Berufungen, weniger verratene Berufe und große Heiligkeit bei den Dienern Gottes, weniger Mitglieder, die den Herrn durch die schwere Sünde beleidigen.

Ich wünsche, daß der 13. eines jeden Monats als Marientag begangen werde. An den zwölf vorausgehenden Tagen sollen besondere Gebete der Vorbereitung verrichtet werden. Dieser Tag soll ein Tag der Sühne sein für die Beleidigungen, die von den gottgeweihten Seelen gegen unseren Herrn begangen werden. Mit dieser Schuld durchbohrten sie mein Mutterherz und das Herz meines göttlichen Sohnes Jesus Christus mit drei brennenden Schwertern.

An diesem Tag werde ich auf die Institute und religiösen Kongregationen, die mich so geehrt haben, eine Überfülle von Gnaden und große Berufsheiligkeit niedersenken. Ich wünsche, daß der

13. Juli jeden Jahres von allen religiösen Instituten gefeiert wird. Dieser Tag sei geheiligt durch besondere Gebete: das ist die heilige Messe, die heilige Kommunion, der heilige Rosenkranz und die Stunde der Anbetung.

Ich wünsche, daß in jeder Ordensgemeinschaft oder jedem religiösen Institut Seelen seien, die mit großem Gebetsgeist leben, um die Gnade zu erbitten, daß ja kein Beruf verlorengeht (Weiße Rose).

Ich wünsche, daß sich dort auch Seelen finden, die großmütig in Opferliebe alle Prüfungen und Verdemütigungen als Sühne unserem Herrn darbringen für die Beleidigungen durch die gottgeweihten Seelen, die in der schweren Sünde dahinleben (Rote Rose).

Ich wünsche, daß auch andere Seelen ihr ganzes Leben aufopfern als Sühne für allen Verrat, den unser Herr durch jene Priester erleidet, die den Verrat des Judas begehen (Goldene Rose).

Die Opferhingabe dieser Seelen wird durch mein mütterliches Herz die Heiligung dieser Diener Gottes und eine Fülle von Gnaden für diese ihre Ordensgemeinschaft erlangen.

Ich werde kein sichtbares Wunder wirken. Aber das augenscheinlichste Wunder wird darin bestehen: Diese gottgeweihten Seelen, die seit geraumer Zeit, besonders während des Krieges, lau geworden sind, so daß sie ihrem Beruf untreu wurden und ihn sogar verrieten, die durch große Verfehlungen Strafgerichte und Verfolgungen heraufbeschworen haben, wie sie ja gegenwärtig gegen die Kirche geschehen, sie werden aufhören, unseren Herrn schwer zu beleidigen; sie werden zum ursprünglichen guten Geist ihrer heiligen Ordensgründer zurückfinden.»

Jetzt schwieg Maria und ließ die Ordensgründerin Maria Crocifissa di Rosa folgendes sagen: «Sage den hochwürdigsten Vorgesetzten: Der Titel dieser neuen Andacht zur Jungfrau Maria heißt: ‹Rosa Mystica›, die wahre und besondere Mutter der gottgeweihten Seelen.»

Maria und Jesus Christus vermittelten auch in Montichiari zahlreiche visionäre Botschaften, eine Auswahl soll im folgenden einen Einblick in dieses Offenbarwerden des Gottsohnes und der Gottesmutter verschaffen:

16. November 1947: Maria befahl der Seherin: «Zum Zeichen der Buße und Läuterung mache mit der Zunge ein Kreuz auf vier Ziegelsteine, die nebeneinander liegen, und diese Ziegelsteine sollen nachher überdeckt werden als Andenken an meine Erscheinung, und man soll sie nicht mehr mit Füßen betreten.»

Und die Seherin berichtete: «Ich warf mich zu Boden und machte mit der Zunge vier Kreuze auf die Ziegelsteine. Dann gab sie mir ein Zeichen aufzustehen. Sie stieg jetzt ganz auf den Boden hernieder. Ihr Gewand berührte den Boden, ihre Füße waren nicht zu sehen.»

Zum Schluß sprach Maria: «Ich rufe den Segen über diesen Ort, über Italien, die Welt, den Heiligen Vater, die Priester, die Gottgeweihten!»

Sie erhob sich, und ihre Hände schützend ausgebreitet, sagte sie: «Wenn du großmütig sein wirst, dann wirst du noch größere Gnaden für die ganze Welt erlangen.» Danach verschwand sie.

22. November 1947: Maria befahl noch einmal: «Mache mit der Zunge vier Kreuze auf diese vier Ziegelsteine.» Es waren die gleichen, auf die Maria das letzte Mal herabgestiegen war. Die Seherin gehorchte und machte mit der Zunge die Kreuze. Dann entfernte sie sich. Maria stieg wieder darauf herab und sagte: «Ich steige auf diesen Platz hernieder, denn hier wird es große Bekehrungen geben. Ich bitte darum, daß diese Ziegelsteine überdeckt und nicht betreten werden.»

Dann bat Pierina Gilli nochmals um eine Erklärung zu der ersten und dritten Gruppe jener Ordensleute, von denen sie in den früheren Erscheinungen gesprochen hatte. Maria erläuterte: «Die erste Gruppe sind jene männlichen oder weiblichen Ordensleute oder Weltpriester, die ihre Berufung durch eigene Schuld verraten. Darunter sind auch Priesterberufe, die ihre heilige Priesterweihe deswegen nicht empfangen haben. Die dritte Gruppe dagegen sind alle geweihten Priester, die unseren Herrn wie Judas verraten.»

Zur Stunde der Gnade äußerte sich Maria wie folgt: «Die ‹Stunde der Gnade› wird ein Ereignis sein mit großen und zahlreichen

Bekehrungen. Dieses sollst du auch persönlich dem hochwürdigen Herrn Bischof von Brescia berichten!»

Pierina fragte weiter: «Was müssen wir als Vorbereitung tun für dieses Ereignis?» Maria antwortete: «Gebet und Buße! Man soll täglich dreimal den Psalm ‹Miserere› mit ausgespannten Armen beten.»

7. Dezember 1947: Diesmal erschien Maria mit Francisco und Jacinta von Fátima. Sie sagte unter anderem: «Morgen werde ich mein Unbeflecktes Herz zeigen, das von den Menschen so wenig erkannt wird! In Fátima habe ich die Andacht der Weihe an mein Herz verkündet ... Hier in Montichiari wünsche ich, daß die bereits empfohlene Andacht als Rosa Mystica, verbunden mit der Verehrung meines Unbefleckten Herzens, in den religiösen Instituten und klösterlichen Gemeinschaften vertieft werde, damit diese gottgeweihten Seelen vermehrte Gnaden von meinem Mütterlichen Herzen erhalten. Mit dieser Erscheinung für die Heiligung der gottgeweihten Seelen beschließe ich den Himmel der Erscheinungen.»

Als die Seherin Maria nach den Kindern fragte, antwortet diese: «Jacinta und Francisco. Sie werden dich begleiten in all deinen Trübsalen. Auch sie haben gelitten, obwohl sie kleiner waren als du.»

8. Dezember 1947: Maria stand auf einer rosengeschmückten Treppe: «Ich bin die Unbefleckte Empfängnis!» Eine Stufe niedersteigend sagte sie: «Ich bin Maria der Gnade, Mutter des göttlichen Sohnes Jesus Christus.» Ein paar Stufen weiter herabgehend, sagte sie: «Durch mein Kommen hier in Montichiari wünsche ich als ‹Rosa Mystica› angerufen zu werden.» Die Seherin sagte: «Liebe Madonna, oh steiget nicht auf diese Ziegelsteine herab!» Ihre Antwort: «Ich wünsche, daß man jedes Jahr am 8. Dezember um die Mittagszeit die ‹Stunde der Gnade für die ganze Welt› feiere. Mit dieser Übung wird man zahlreiche seelische und leibliche Gnaden erlangen.»

Den Titel «Rosa Mystica» erklärt uns die Seherin: «Maria ist die Lehrmeisterin des inneren, mystischen Lebens und die Mutter des mystischen Leibes Christi. Mit anderen Worten: die Mutter der Kirche.»

Maria erteilte noch einen weiteren Auftrag: «Man berichte so schnell als möglich dem Heiligen Vater der katholischen Kirche, und zwar Papst Pius XII., daß diese Stunde der Gnade überall bekanntgegeben werde und sich über die Erde verbreite.» Ohne zu zögern, erwiderte die Seherin: «Ja, das werden wir berichten.»

Die Gottesmutter fuhr fort: «Wenn jemand eine Kirche nicht besuchen kann, soll er daheim um die Mittagszeit beten, und er wird meine Gnade erhalten. Ich wünsche, daß diese vier Ziegelsteine durch ein Eisengitter verschlossen werden, und für die erhaltenen Gnaden eine mir ähnliche Statue (lächelnd) der Rosa Mystica, mit drei Stufen zu Füßen, hergestellt werde und prozessionsweise durch das Land getragen werde. Und ich werde auf allen diesen Wegen geistliche Gnaden und wunderbare Heilung schenken. Dann soll die Statue über die Ziegelsteine gestellt werden.»

Die Seherin fragte: «Ist das eure letzte Erscheinung?» «Ja!», antwortete Maria, «Aber ich werde noch einmal vor deinem Tod erscheinen!»

«Was soll die Treppe bedeuten?», wollte die Seherin desweiteren wissen, und erhielt daraufhin die Antwort: «Wer hier über diesen Ziegelsteinen betet und Reuetränen vergießt, wird eine sichere Leiter zu meinem mütterlichen Herzen, Gnaden und Schutz finden.»

Nach dieser Erscheinung mußte die Seherin Pierina Gilli «auf Anordnung der kirchlichen Obrigkeit» ihren Arbeitsplatz aufgeben und weit weg von ihrer Heimat in ein kleines toskanisches Dorf gehen. Gegen Ende 1948 wurde sie vom Bischof zurückgerufen und vierzig Tage lang von Priestern nicht einfach nur verhört, sondern schon eher gequält. Man wollte die Erscheinungen einfach nicht wahrhaben und wies die Seherin in ein Schwesternkloster ein, wo sie zwanzig Jahre blieb, wo sie aber auch sehr reifte und ihr spirituelles Leben stark bereichern konnte. Für einige Jahre erschien ihr Maria nicht mehr, was sie sehr betrübte und ihr als eine Zeit der Prüfung erschien.

Dann hatte sie eine Vision, die sehr tiefe Geheimnisse berührte.

13. Januar 1951: Über einer Pforte stand: «Fiat della Creazione» (Es geschehe oder ein Ja zur Schöpfung) in rosaroter, darunter «Fiat della Redenzione» (ein Ja zur Erlösung) in blutroter und «Maria della Corredenzione» (Maria von der Miterlösung) in blauer Schrift.

Dazu erklärte eine Stimme: «Das Fiat von Maria, auf Einladung des Engels gesprochen, um so die Mutter Gottes und die Mutter aller Menschen zu werden, ist mit dem Fiat der Schöpfung zu vergleichen, weil es ihr Fiat gewesen ist, durch das sie von Gott Vater alle Gnaden erhielt.» Ein Engelschor fing an zu singen: «Maria, Mutter Gottes, Mutter der Gnade, o sei verherrlicht von allen Menschen aller Zeiten!»

Ein wunderbares Geheimnis, das wiederum hinweist auf die Verbindung Sophia-Maria, denn Sophia, die Weisheit, war selbst das große Fiat, das große Ja zur Schöpfung: «Der Herr hat mich erschaffen als Anfang seiner Wege, vor seinen Werken in der Urzeit, ... als er den Himmel baute, war ich dabei ... als er die Fundamente der Erde abmaß, da war ich als seine geliebte Vertraute bei ihm. Ich war seine Freude Tag für Tag und spielte vor ihm allezeit. Ich spielte auf seinem Erdenrund, und meine Freude war es, bei den Menschen zu sein.» (Sprichw. 8,22-31) Wieder leuchtet diese Entsprechung auf - von Sophia, der personalen Weisheit, als Wesen vor aller Schöpfung und als Anfang der Schöpfung, das sein freudiges «Fiat» zur göttlichen Kreation sagte und von Maria, der menschgewordenen Sophia, dem vollkommensten Geschöpf Gottes (zitiert nach Mutter Graf), die durch die Überschattung durch den Heiligen Geist Mutter des Logos, des Gottessohnes wurde und hier wieder und neu ihr «Fiat» zur Erlösung dieser gottverlassenen Schöpfung sagte. Somit ist sie in die Erlösung mehr und grundlegender eingebunden, als es die Menschen bisher begreifen konnten. Sie ist wahrhaftig die Mit-Erlöserin. Und jetzt ist der Zeitpunkt gekommen, dies immer klarer zu zeigen und zu sagen, damit die Seele dieser Menschheit daran wachse und daran genese. Dafür sei sie, wie die Engelschöre singen, «verherrlicht von allen Menschen aller Zeiten!»

Es ist auch ganz konsequent, daß die Seherin bei dieser Vision Maria als «Madonna» gar nicht sah, wurde doch ihr übergeordnetes Wesen aufgezeigt, so wie das auch im Namen der «Frau aller Völker, die einst Maria war» in Amsterdam ausgedrückt wurde. Sicherlich ist diese Vision der geistige Höhepunkt der Erscheinungen von Montichiari, den wir, befangen durch schablonenhafte Denkweisen, erst noch richtig verstehen lernen müssen!

27. Februar 1952: Ein Jahr später folgte die Erscheinung Jesu Christi an Pierina Gilli. Zuerst war sie voll Befangenheit, doch dann außer sich vor Freude, als er zu ihr sagte: «Tochter!»

Es folgte die in großer Sanftheit gesprochene Erklärung: «Tochter, ich bin Jesus von Nazareth. Sohn des Dreifaltigen Gottes. Ich habe das besonders geliebte Gebiet von Montichiari erwählt, um meine Mutter Maria, die Mutter aller Seelen, die Mittlerin der Gnaden und meiner Barmherzigkeit, sich offenbaren zu lassen.»

Lächelnd und in übergroßem Licht fuhr er fort: «Meine Mutter wird kommen in aller Herrlichkeit, die sie verdient.» (Voll Zartheit:) «Tochter! Liebe mich, wie ich dich liebe. Gib mir dein Leben in Liebe. Denk immer an meine Worte. Fürchte dich nicht! Laß dich nicht entmutigen, wenn du leiden mußt für den Triumph meiner Wünsche. Deswegen durftest du mich schauen!»

(Ganz feierlich:) «Ich wünsche, daß meine Mutter Maria von allen Menschen dieser Erde besser erkannt und geliebt werde!»

(Noch viel feierlicher:) «Mein Herz ist voll der Liebe zu den Seelen!»

Pierina äußerte sich später zu dieser Erscheinung mit einer Stimme der Überwältigung: «Als er mich verließ, sah ich an seiner Stelle ein leuchtendes Kreuz. Um diese heilige Schau zu beschreiben, müßte man die Sprache der Engel besitzen!»

20. Februar 1953: Ein Jahr später erschien Christus ein zweites Mal. Es war drei Uhr nachmittags. Pierina betete den heiligen Kreuzweg, da wurde der Gekreuzigte lebendig und rief sie an: «Meine Tochter, ich liebe dich sehr, und ich schenke dir die Liebe meiner Mutter, um mich damit lieben zu können. Zeige dich dieser Gnade würdig.»

(Mit besonderer Sanftheit:) «Weißt du, Tochter, warum ich gewünscht habe, daß meine Mutter Maria bei ihren Erscheinungen in Montichiari sich unter dem Titel offenbare: Rosa Mystica, Maria der Gnade?»

Pierina antwortete: «Jesus, ich weiß es nicht, wenngleich die kirchlichen Oberen mir sagten, es sei eine Anrufung aus der Lauretanischen Litanei.»

Darauf sagte Jesus: «Oh, es ist nicht bloß deswegen! Aber ich möchte dazu sagen, sie haben die große und wichtige Bedeutung dieser Anrufung nicht erfaßt.» Und Silbe für Silbe und Wort für Wort buchstabierend, erläuterte er: «Rosa will heißen = Leib, Mystica = mystisch; oder auch: mystischer Leib der Kirche. Denn meine Mutter ist dadurch ‹Maria der Gnaden› geworden, weil ich ihr die Macht gegeben habe, alle Gnaden zu verschenken. Durch ihre mütterliche Gnade erhält sie alles von mir. Und deswegen habe ich sie nach Montichiari gesandt, um mit dem Ausdruck ‹Mystischer Leib› und ‹Mittlerin der Versöhnung› die arme Menschheit mit mir bekannt zu machen. Wahrhaftig, das wird geschehen!»

«Tochter, liebe mich immer so, wie du mich in diesem Augenblick liebst!»

Dann dauerte es bis zum Jahr 1961, bis Maria einmal kurz im kleinen Zimmer der Seherin erschien. In der entscheidenden Erscheinung gründete Maria schließlich die Gnadenquelle von Fontanelle und leitete mit dieser Tat viele Werke ein:

27. Februar 1966: Maria erschien als Rosa Mystica und sprach: «Pierina, am 12., 14. und 16. April nach Ostern soll eine Bußwallfahrt von Fontanelle aus gemacht werden. Dieser Ruf nach Buße soll weithin bekannt werden.»

Unverzüglich antwortete sie: «Oh, das werde ich gerne tun.» Darauf sprach Maria mit einem Lächeln:

«Am Weißen Sonntag schickt mich mein Göttlicher Sohn Jesus Christus noch einmal auf diese Erde nach Montichiari, um der Menschheit reiche Gnaden zu bringen. Diese Quelle wird von da ab wundertätig sein!»

Die Augen himmelwärts erhoben: «Von diesem Sonntag an sollen immer wieder Kranke dorthin gebracht werden, und du sollst damit beginnen, jedem einen Becher mit dem wundertätigen Wasser zu reichen und ihre Wunden zu waschen.»

Die Seherin sagte: «Ja, das tue ich gern.» Darauf Maria: «Das wird deine Aufgabe und dein Apostolat sein! Jetzt sollst du nicht mehr verborgen und zurückgezogen bleiben.»

«Ja, das nehme ich mit Freuden an.» Darauf Maria: «Am Weißen Sonntag werde ich dort sein, und das Wasser wird eine Quelle der Reinigung und der Gnaden werden.»

Mit einem Lächeln entschwand sie langsam.

Erscheinungen in Fontanelle

Fontanelle ist ein Stadtteil von Montichiari, den Pierina Gilli von frühester Jugend an kannte. Er liegt nur wenige Kilometer vom Dom, dem Ort der Marienerscheinung, entfernt. Eine Wassergrotte, zu der eine alte Steintreppe führt, gab ihm den Namen. Dorthin sollte die Seherin eine Bußprozession veranstalten, und Maria würde die Quelle segnen.

1. Erscheinung, 17. April 1966: Zu Mittag erschien Maria und sagte: «Mein Göttlicher Sohn Jesus ist ganz Liebe, und er hat mich hierher gesandt, um dieser Quelle wundertätige Heilkraft zu geben. Zum Zeichen der Buße und der Reinigung küsse diese oberste Stufe! (Eine grobe Steintreppe führt vom Weg mit etwa 10 Stufen zur Quelle hinunter.) Geh jetzt weiter hinunter, bleib knien und küsse nochmals die Stufe! (Pierina rutschte rückwärts auf den Knien die Stufe hinab. Maria folgte ihr. Dabei wurden ihre Füße sehr gut sichtbar. Zum dritten Mal sagte Maria:) Nun küsse nochmals die Stufen. Und lasse hier ein Kreuz aufstellen! (Mit der linken Hand bezeichnete Maria diese Stelle.) Die Kranken und alle meine Kinder sollen meinen göttlichen Sohn zuerst um Verzeihung bitten, voll Liebe dieses Kreuz küssen, dann sollen sie das Wasser schöpfen und trinken! (Die Gottesmutter begab sich jetzt in die Nähe der Quelle und sagte:) Nimm Schlamm, Schmutz in deine Hände, dann wasche dich mit dem Wasser! Dies soll dir zeigen, daß die Sünde in den Herzen meiner Kinder zu Schlamm, zu Schmutz wird, aber gewaschen im Wasser der Gnade werden die Seelen wieder reingewaschen und der Gnade wieder würdig. (Maria beugte sich nieder und berührte an zwei Stellen die Quelle mit den Händen. Darauf sagte sie:) Allen meinen Kindern sollen die Wünsche meines Sohnes Jesus aus dem Jahre 1947 bekannt gegeben werden. Seine Wünsche und meine Botschaften habe ich damals in der Domkirche von Montichiari mitgeteilt. Ich wünsche und wiederhole, daß hierher die Kranken und alle meine Kinder zu dieser wundertätigen Quelle kommen! Jetzt ist deine Mission hier inmitten der Kranken und aller, die der Hilfe bedürfen. Ich wünsche außerdem, sage den Gläubigen, sie sollen zuerst in die Kirche gehen, dort meinen göttlichen Sohn im Allerheiligsten Altarsakrament anbeten, nachher sollen sie hierher kommen, sie sollen zuerst dem Herrn danken, der so überaus gütig und barmherzig ist, der Montichiari soviel Liebe und Gnade geschenkt hat.»

Bei diesen Worten erhob sie sich in die Höhe, öffnete ihre Arme und mit ihnen ihren Mantel, der eine unendliche Fläche und Weite im Universum einnahm.

Maria sagte anschließend: «Ich wünsche und wiederhole, daß hierher die Kranken und alle meine Kinder kommen sollen, zur Quelle der Gnade.»

2. Erscheinung, 13. Mai 1966: Dies ist der Jahrestag der ersten Marienerscheinung von Fátima aus dem Jahre 1917!

Maria sprach: «Man verbreite überall die Nachricht von meinem Kommen hier an der Quelle! Ich wünsche, daß hier ein bequemes Becken errichtet werde, um darin die Kranken eintauchen zu können. Dieser andere Teil der Quelle (nach links zeigend) soll zum Trinken reserviert bleiben!»

Nochmals fragte die Seherin nach dem Namen der Quelle in Fontanelle, und Maria antwortete: «Die Quelle der Gnade!» und auf die Frage: «Wie lautet euer Name?» antwortete sie: «Rosa Mystica, geheimnisvolle Rose.»

3. Erscheinung, 9. Juni 1966: Maria erschien schwebend über einem Weizenfeld: «Heute hat mich mein Göttlicher Sohn Jesus Christus neuerlich hierher gesandt. Hier am Fronleichnamsfest, am Fest der Einheit und Fest der Liebe. (Dabei breitete sie die Arme aus mit den Worten:) Wie sehr wünsche ich, daß dieser Weizen zu eucharistischem Brot würde in vielen Sühnekommunionen! Ich wünsche, daß dieser Weizen in vielen Hostien nach Rom komme und für den 13. Oktober Fátima erreichen möge!»

Pierina fragte: «Müssen sie den ganzen Weizen dafür geben?»

Darauf Maria: «Ich wünsche, daß mir gütige Herzen diesen Wunsch erfüllen. Ich wünsche, daß hier eine Überdachung mit einer Statue, die den Blick zur Quelle hin wendet, errichtet wird.»

Einer der Augenzeugen erzählte später: «Und über der Muttergottes weit oben am Himmel sahen wir einen wundervollen farbigen Vogel, der seine Kreise zog, einen Vogel von einer solchen Schönheit und Farbenpracht, wie er in unserer Gegend noch nie gesehen wurde.»

4. Erscheinung, 6. August 1966: Maria: «Mein Göttlicher Sohn Jesus hat mich neuerdings hierher gesandt, um den Weltbund der Sühnekommunion zu erbitten. Und dies soll am 13. Oktober geschehen. Dieser Sühnekommuniontag soll sich über die ganze Welt ausbreiten und bereits dieses Jahr 1966 zum ersten Mal gehalten werden, und dann jedes Jahr wiederholt werden. Jenen Priestern und Gläubigen, die diese eucharistische Übung fördern, verspreche ich eine Überfülle meiner Gnaden.»

Pierina befragte Maria nochmals, was mit dem Weizen zu geschehen habe, und diese antwortete: «Man möge von diesem Weizen meinem geliebten Sohn Papst Paul VI. senden, und man sage ihm, daß es Weizen aus seiner brescianischen Heimat von Montichiari ist, und daß er durch unseren Besuch gesegnet sei. Man sage ihm auch, was mein Göttlicher Sohn Jesus Christus wünscht, auch was Fátima angeht.»

Pierina fragte: «Was soll man mit dem restlichen Weizen machen?»

Maria: «Man mache kleine Brote und verteile sie an einem bestimmten Tag, möglichst am 13. Oktober, hier an der Quelle in Fontanelle als Erinnerung an unseren Besuch, und dies soll ein Zeichen der Dankbarkeit sein seitens der Kinder, die die Erde bebauen. Nach meiner Aufnahme in den Himmel habe ich mich immer als Mutter und Mittlerin zwischen meinen göttlichen Sohn Jesus Christus und der ganzen Menschheit gestellt. Wieviele Gnaden habe ich in all diesen Jahrhunderten gewährt! Wieviele Wohltaten habe ich geschenkt, wieviele Strafgerichte habe ich aufgehalten! Wieviele Zwiegespräche habe ich mit den Seelen geführt! Wieviele Besuche habe ich auf Erden gemacht, um meine Botschaften zu bringen! Aber die Menschen fahren weiterhin fort, den Herrn zu beleidigen! Eben deshalb mein Wunsch nach dem Weltbund der Sühnekommunion. Es ist dies ein Akt der Liebe, der Dankbarkeit der Kinder Gottes gegen den Herrn. Ich habe diesen Ort Montichiari auserwählt, weil in den einfachen bescheidenen Bauersleuten noch die Demut zu finden ist, wie es im armen Bethlehem war. Dieser Ort, in dem immer viel gebetet werden wird, wird ein Ort reichen Segens werden!»

Auf Anordnung des bischöflichen Ordinariates durfte Pierina Gilli seit 1966, gegen den ausdrücklichen Wunsch Mariens, Fontanelle nicht mehr betreten. Sie befolgte dieses Verbot. Doch Maria ist an keine menschlichen Verbote gebunden und erschien ihr viele Male bis zum 24. März 1983. Pierina ertrug die Demütigungen mit der Kraft Mariens.

Hier einige wichtige Marienaussagen:

12. Oktober 1968: «Aber es ist vor allem meine Liebe, die der Kirche meines göttlichen Sohnes Jesus Christus zu Hilfe kommt, die sich in einer grauenvollen, apokalyptischen Finsternis befindet.»

19. Mai 1970: Maria wünscht die Prägung einer Medaille.

29. Juni 1974: «Glücklich der Mensch, der sich seinem Schutzengel anempfiehlt und seinen Einsprechungen Folge leistet.»

8. September 1974: «Der Herr, mein Göttlicher Sohn Jesus Christus, hat mich gesandt, um der ganzen Menschheit ein Geschenk

194

zu machen. Er wünscht, daß in Fontanelle eine solche Kirche gebaut wird. Sie soll mit fünf Rundbögen, Kirchenschiffen und Kuppeln ausdrücken, daß er alle fünf Erdteile in seine Arme schließen möchte! Rufet ganz besonders den heiligen Erzengel Michael an, damit er die Kirche gegen alle drohenden Nachstellungen verteidige, denn die Kirche war noch nie so in Gefahr wie heute. Ich lege immer wieder für sie Fürsprache ein. Auch von diesem kleinen Ort wird Licht ausstrahlen!»

30. Januar 1975: «Ich brenne vor Liebe und Verlangen, die Welt zu retten.»

13. Februar 1976: «Schon seit Jahrhunderten steige ich immer wieder an so vielen Orten der ganzen weiten Welt herab. Wenn ich seit meiner Aufnahme in den Himmel nicht immer wieder auf diese Erde herabgekommen wäre, um meine Kinder um mich zu scharen, wäre die Welt größtenteils ohne mein liebevolles mütterliches Eingreifen kalt und trocken gegen den Herrn geworden!»

17. Februar 1978: «Mein Göttlicher Sohn Jesus mußte am Kreuze sterben, wurde erniedrigt, verachtet und selbst von seinen Freunden im Stich gelassen! Aber im gleichen Augenblick riß der Himmel auf im Triumph. Zu Füßen seines Kreuzes aber stand diese seine Mutter und ergab sich in übergroßem Weh und Schmerz in den Willen Gottes, aber in Liebe und Schweigen!»

24. März 1983: Pierina sah wieder die fünfschiffige Kirche mit den fünf Kuppeln. Dazu hörte sie Marias Worte: «Wahrhaftig, das wird eines Tages Wirklichkeit werden. Meine Tochter, fürchte dich nicht, ich bin euch immer nahe, um allen die Gnaden meiner mütterlichen Liebe zu schenken.»

Die «Rosa Mystica» geht als Wanderstatue oder Bild um die ganze Welt und vollbringt allein durch ihre sichtbare Anwesenheit Wunder, vor allem was die Berufung zu geistlichen Diensten anbelangt. In einem Kloster beispielsweise waren nur mehr der Abt und ein alter Priester. Durch flehentliches Bitten der beiden an ein Bild der Rosa Mystica bewarben sich nur kurze Zeit später viele, um in das Kloster aufgenommen zu werden. Montichiari war vor allem für die Priester und geistlichen Gemeinschaften von großer Bedeutung, da diese doch das Rückgrat der geistigen Streitmacht Mariens bilden sollen.

Darüber hinaus weinten die Bilder und Statuen der Rosa Mystica auf der ganzen Welt auf wundersame Weise glasklare glitzernde und sogar blutige Tränen! So geschehen unter anderem in Schwandorf in Bayern 1977/78; in Erbanno, Diözese Brescia 1982; in Maasmechelen 1983; Montenaken 1984 und Hamont 1985, alles Orte in Belgien. In New York und Chicago; in Tumbes, Peru; in einem Ort in Kanada; in Villa Constitucion, Argentinien; in Santa Barbara, Cartagena und Las Charaas, Kolumbien; in Jambbeiro, Brasilien, diese Ereignisse gehen alle auf das Jahr 1984 zurück. In Giheta, Burundi 1985 sowie in den deutschen Orten Neuental-Zimmersrode 1984 und 1985 in Siegburg und Hannover. Zum Abschluß noch in Fontanelle vor 200 Pilgern am 8. Dezember 1985. Und Mariens Zeichen der Tränen sind sicher noch nicht zu Ende. Vor vielen Menschen, gläubigen und ungläubigen, Katholiken und Protestanten, Laien und Priestern wurde die Echtheit dieser Wunder durch exakte chemische Analysen geprüft und bestätigt: Es handelte sich um menschliche Tränenflüssigkeit und menschliches Blut.

Quelle: Horst Mehring: Maria, Rosa Mystica

Jungfrau der Offenbarung
Tre Fontane 1947

Wieder zeigt uns Maria durch ihr Eingreifen, daß wir in größeren Zusammenhängen denken müssen.

Am 12. April 1947 erschien sie Bruno Cornacchiola und seinen Kindern. Dieser religiös eifernde Straßenbahnschaffner war ein leidenschaftlicher Kämpfer für das, was er für die reine christliche Lehre und gegen das, was er für das Verderben hielt: den Papst nämlich und die Unbefleckte Jungfrau, die auch noch in den Himmel aufgenommen sein soll! Das war seinem protestantischen Herzen ein Greuel, er fühlte sich dazu berufen, dagegen anzukämpfen, und schrieb sogar flammende Artikel, in denen er sein Anliegen pathetisch zum Ausdruck brachte.

Die Wende kam ausgerechnet bei einem Ausflug nach Tre Fontane, obwohl er lieber mit seinen Kindern nach Ostia gefahren wäre. Aber er hatte den Zug versäumt, und der nächste wäre erst in einer Stunde gekommen. So saß er also im Dorf Tre Fontane nahe Rom, das nach den drei Quellen benannt ist, die entstanden sein sollen, als der Apostel Paulus zur Zeit Kaiser Neros den Märtyrertod für Christus erlitt und sein Kopf bei der Enthauptung dreimal am Boden aufschlug.

Es war eine dramatische Inszenierung, diese erste Begegnung des Bruno Cornacchiola mit Maria: Ein jedes seiner Kinder, eins nach dem anderen, kniete plötzlich vor einer Grotte nieder, alle drei blickten schließlich seligen Blickes hinein und sagten immer wieder vor sich hin: «Schöne Frau! Schöne Frau ...» Bruno Cornacchiola war entsetzt, als er den Zustand seiner Kinder realisierte. Er schüttelte sie bei den Schultern, er rief, aber sie konnten ihren Blick nicht von der Grotte abwenden, in der sie etwas wie gebannt fixierten.

Da wollte der Vater, ungestüm wie er nun einmal war, in die Grotte stürmen und dem Spuk ein Ende machen. Er fand sie aber leer vor! So flehte er außer sich: «Gott, rette uns!» Und in diesem Moment fiel der Schleier von seinen Augen. Zuerst herrschte für einen Augenblick Finsternis und dann war alles hell und eine Freude erfüllte ihn. Plötzlich sah auch er die junge Frauengestalt, die mit nackten Füßen auf einem Tuffsteinblock stand. Der Seher war hingerissen und beschrieb später seine Emotionen: «Einem ersten inneren Antrieb folgend, wollte ich einen Schrei ausstoßen; doch die Stimme erstarb mir im Hals.»

Und die Gestalt sagte zu ihm, in dem sie ihm ein Buch anbietend hinhielt: «Ich bin die, die ich bin in der göttlichen Dreifaltigkeit. Ich bin die Jungfrau der Offenbarung. Du verfolgst mich.

Nun reicht es! Betritt den heiligen Schafstall, den himmlischen Hof auf Erden. Das Versprechen Gottes ist und bleibt unabänderlich: die neun Freitage des Heiligen Herzens, die du gefeiert hast, liebevoll von deiner treuen Braut dazu gedrängt, bevor du dich auf den Weg des Irrtums begeben hast, haben dich gerettet!»

Dann vertraute sie dem Seher viele Geheimnisse an, die für den Papst bestimmt waren, um dann mit den Worten zu schließen: «Ich möchte dir einen sicheren Beweis dafür geben, daß diese Erscheinung von Gott kommt, damit du jeden anderen Ursprung, auch den Feind aus der Hölle ausschließen kannst. Dies ist das Zeichen: Sobald du in der Kirche oder auf der Straße einem Priester begegnest, wende dich mit diesen Worten an ihn: ‹Pater, ich muß mit Ihnen sprechen!› Wenn jener antwortet: ʼAve Maria, mein Sohn, was willst du?ʼ, dann bitte ihn, dir Gehör zu schenken, denn er ist von mir auserwählt. Ihm wirst du offenbaren, was dein Herz dir eingibt; und gehorche ihm, denn er wird dich mit diesen Worten auf einen anderen Priester hinweisen: ‹Jener dort ist der Richtige für deinen Fall!› Dann wirst du dich zum Heiligen Vater, dem höchsten Hirten der Christenheit, begeben und ihm persönlich meine Botschaft überbringen. Einer, auf den ich dich hinweisen werde, wird dich zu ihm führen. Mehrere, denen du von dieser Erscheinung erzählst, werden dir nicht glauben; doch laß dich dadurch nicht bedrücken ...»

Hier nennt sich Maria «die Jungfrau der Offenbarung» und verkündet dem protestantischen Seher, daß sie sehr wohl der Offenbarung der Bibel entspricht. Und mit dem Satz «Ich bin die, die ich bin in der göttlichen Dreifaltigkeit» betont sie ihre Stellung als geliebte Tochter des Vaters, als mitleidende Mutter des Sohnes und als ewige Braut des Heiligen Geistes.

Im Laufe dieser Botschaft betont sie außerdem noch, wie wichtig das Rosenkranzgebet für die Einheit der Christen sei, und daß sie mit der Erde dieser Grotte, die voller Schmutzreste heimlicher Sinnlichkeiten war, die in ihr immer wieder stattfanden, viele Wunder wirken werde! Und dann folgte noch eine klare Andeutung auf das spätere Dogma der Aufnahme Mariens in den Himmel: «Mein

Leib konnte nicht verwesen und verweste nicht. Mein Sohn und die Engel sind im Augenblick meines Übergangs gekommen, mich in den Himmel zu führen.»

Der Gegner Mariens, Bruno Cornacchiola, wird von einem Moment zum anderen zu ihrem Boten: der Saulus wurde zu Marias Paulus! Was folgte, war die quälende und demütigende Suche nach dem von Maria angekündigten Priester. Immer wieder sprach er in der Straßenbahn oder auf der Straße Priester an. Aber keiner antwortete mit den richtigen Worten. Da riet ihm seine Frau, er solle doch einfach in die eigene Pfarrei gehen und seine Wandlung erklären. Und siehe da, hier fand er den Priester, wie es ihm Maria vorausgesagt hatte.

Bruno wurde ein anderer Mensch. Sehr tief war seine Antwort, als ihn ein Priester fragte, ob er bei der Erscheinung Mariens eine andere Freude empfinde als beim Empfang der Kommunion: «Wenn ich das gesegnete Brot empfange, spüre ich die Gegenwart der Muttergottes.» Mutter und Sohn waren für diesen bekehrten Menschen also nicht mehr getrennt, sondern eine feste Einheit.

Bruno Cornacchiola widerfuhr immer wieder das große Glück, Botschaften von Maria erhalten zu dürfen. Die Texte sind uns leider nicht vollständig zugänglich. Doch nachstehend einige bedeutende Aussagen und Ereignisse:

12. April 1980: Nach 33 Jahren von der ersten Erscheinung gerechnet, (nicht nur das Datum, sondern auch der liturgische Tag war derselbe!) sind 3000 Menschen auf der Erscheinungsstätte versammelt und haben die unterschiedlichsten Visionen bis hin zu einem Sonnenwunder. Diese Ereignisse hatte Maria dem Seher vorausgesagt.

23. Februar 1982: «Hier will ich ein Haus-Heiligtum mit dem neuen Titel ‹Jungfrau der Offenbarung, Mutter der Kirche!› Mein Haus muß allen offenstehen, damit alle das Haus der Rettung betreten und sich bekehren. Die Dürstenden und die Verirrten werden hierher kommen, um zu beten. Hier werden sie Liebe, Verständnis und Trost finden: den wahren Sinn des Lebens.

Hier, an dieser Stelle der Grotte, wo ich mehrmals erschienen bin, wird das Heiligtum der Sühne sein, als ein Fegefeuer auf Erden.

Da wird eine Pforte mit dem bezeichnenden Namen ‹Pforte des Friedens› sein. Alle werden durch diese Pforte eintreten müssen und sich mit dem Gruß des Friedens und der Einheit grüßen: ‹Gott segne uns, Jungfrau Maria schütze uns!›.»

12. April 1982: Wieder ein Sonnenwunder.

Tre Fontane ist ein lebendiger Wallfahrtsort Mariens in Rom nahe dem Zentrum der Kirche Jesu Christi. Es geschehen dort viele Wunder. Der verwandelte Bruno Cornacchiola und seine Familie sind vielen zum Vorbild geworden.

Quelle: Fausto Rossi: Die Jungfrau der Offenbarung

Maria Immaculata von Nazareth
Caiazzo - Caserta 1948

Pater Gabriel M. Roschini O.S.M. schreibt, daß er, in der vatikanischen Kongregation der Heiligsprechungsprozesse arbeitend, kein so ein beispiellos außergewöhnliches Leben kennenlernen konnte, wie das der Teresa Musco, einem Mädchen aus einer armen Bauernfamilie in Süditalien.

Tatsächlich ist sie eines der ganz seltenen Beispiele von Menschen, die sozusagen schon im Mutterleib zu einem außergewöhnlichen, ganz auf Gott gerichteten Leben bestimmt sind.

Dazu sei am besten Teresa selbst zitiert: «Seit meiner Geburt, o teure Mutter, hast du mich in deine Arme genommen und läßt mich deine große Liebe zu mir verkosten, und seitdem hast du mich nie verlassen.»

Mit acht Jahren schrieb sie, die das Schreiben nicht gelernt hatte, «von der schönen Frau an der Hand genommen» in ihr zuerst loses, später dann gebundenes Tagebuch: «Die schöne Frau kommt alle Tage und spricht zu mir in einer Sprache, die ich nicht kenne.»

Wie ihre Mutter berichtete, unterhielt sich Teresa oft in einer fremden Sprache mit unsichtbaren Personen und verwunderte, ja beunruhigte damit sogar die Lehererin. Ein Wissenschaftler erkannte in dieser unverständlichen Sprache das Aramäische, das man zur Zeit Christi in Nazareth sprach.

Auf mehr als 2.600 Seiten schrieb die Seherin ihr geistliches, mit nie enden wollenden Sühneschmerzen erfülltes Leben nieder, wie es ihr von Jesus aufgetragen wurde. Sie hatte Zwiesprachen mit Jesus, Maria, Engeln, Heiligen und Personen, die sonst noch für sie bedeutsam waren, und zwar fast ununterbrochen. Dazu weinten Bilder und Statuen Jesu und Mariens in ihrer Umgebung Blut und Tränen.

Teresa Musco ging alle Stufen des mystischen Weges zu Gott. Von Jesus gezogen und von Maria geleitet. Dieser mütterlich fürsorgende Schutz Mariens ging so weit, daß sie in Notsituationen Engel mit köstlichem Essen zu Teresa und ihrer hungernden Familie schickte! Einmal bemerkte die Gottesmutter: «Meine Tochter, du hast dein Leben, deine Freiheit, dein Herz und deine Liebe meinem geliebten Sohn geschenkt: so denke ich an alles, was dir materiell vonnöten ist. Du mußt leiden, opfern, schweigen, hast du verstanden? Ich segne dich.»

Jene Erscheinung der wunderbaren, hell leuchtenden Frau im Jahre 1948 soll den Anfang der zahlreichen Erscheinungen markieren, in der ihr Maria sagte: «Weißt du, ich bin deine Mutter und ich bin gekommen, dir zu sagen, daß du später einmal dein väterliches Haus verlassen wirst müssen, um in Caserta zu leben. Dort wirst du einer kleinen Frau begegnen ... Sie wird deine geistliche Mutter sein.» Damals war Teresa erst fünf Jahre alt.

Sie wurde am 7. Juni 1943 in Caiazzo in eine eher verständnislose Bauernfamilie hineingeboren. Am 19. August 1976 starb sie, ebenso wie Jesus, mit 33 Jahren, mit den Wundmalen ihres geliebten Christus seit 1967 gezeichnet, in Caserta. Ihr komplettes Lebensprogramm bekam sie von Maria bereits 1954 diktiert:

«Gott allein das Ziel,
Jesus als Modell,
Maria zur Führerin,
die Engel zum Schutz.
Ich immer im Opfer.»

Das weitere Leben dieser außergewöhnlichen, jungen Mystikerin ist in seiner Intensität wirklich atemberaubend. Ihre Botschaften kamen zuerst aus dem Herzen, oder es wurde ihr die Hand im Tagebuch geführt. Zum Schluß wurde sie zum vollkommenen Sprachorgan Mariens und Jesu. Pater Franco Amico, ihr «geistlicher Bruder», der immer um sie war, schrieb: «Am Donnerstag ... war Teresa in Ekstase, und die Madonna sagte durch ihren Mund: Habt Vertrauen! Was der Bischof wünscht, wird mein Sohn durchführen ...»

Nun wollen wir wieder einige allgemeingültige Texte Mariens herausgreifen. Leider ist uns nur eine Auswahl des 2.600 seitigen Tagebuchs bekannt, aus dem wir schöpfen können. Wer weiß, welche wichtigen Hinweise in diesem mystischen Werk noch ruhen!

20. Mai 1951: «Teresa, Tochter meines Herzens, ich bin hier, um dir etwas anzuvertrauen, das du für dich behalten sollst, solange ich will. Du wirst viele Veränderungen in der Kirche erleben. Christen, die beten, wird es nur noch wenige geben. Viele Seelen gehen in die Hölle. Bei den Frauen wird es kaum noch Schamgefühl geben. Satan bekleidet sich mit ihnen, um viele Priester zu Fall zu bringen. Allgemeine Krisen wird es in der Welt geben. Die Priester, Bischöfe und Kardinäle finden sich nicht mehr zurecht. Sie suchen sich an die Politik zu klammern, um einen Halt zu haben, aber das ist erst recht falsch. Die Regierung wird fallen. Der Papst wird Todesangst ausstehen. Schließlich werde ich da sein, ihn ins Paradies zu führen. Ein großer Krieg wird kommen. Tote und Verwundete wird es sehr viele geben. Satan schreit schon seinen Sieg aus, und das ist der Augenblick, wo alle meinen Sohn in den Wolken erscheinen sehen. Und dann wird er jene richten, die sein unschuldiges göttliches Blut mit Füßen getreten haben. Dann wird mein

Herz triumphieren. Behalte für dich, was ich dir gesagt habe. Du kannst erst darüber sprechen, wenn ich es dir sagen werde.»

13. August 1951: «Ich bin die Madonna, Maria, die Unbefleckte, mit dem von einer Lanze durchbohrten Herzen, gegeißelt, schließlich mit Dornen umgeben und mit Füßen getreten. Meine Tochter, ich bin hier, um dir zu sagen, daß der Vater eine große Züchtigung über das ganze Menschengeschlecht kommen lassen wird. Wisse, Kind, daß Satan an den höchsten Stellen herrschen wird. Es wird ihm gelingen, die Geister der großen Wissenschaftler zu verführen, und das ist der Zeitpunkt, da sie so mächtige Waffen erfinden, daß es möglich ist, einen großen Teil der Menschheit zu zerstören. Und sie beweinen nicht einmal ihren großen Fehler, weil das Gebet bei vielen nicht mehr existiert. Und Gott Vater wird noch einmal seine Macht durch die große Züchtigung zeigen. Aber er wird es noch nicht tun. Er wartet, daß sie wirklich um Verzeihung bitten. Die Dornen, die du um mein Herz siehst, sind da, um zu sühnen für die großen Verbrechen, die sie beständig dem Herzen meines Sohnes gegenüber begehen. Meine Tochter, ich bitte dich, daß du dich anbietest aus Liebe zu Jesus, um die Sündenschuld abzubüßen.»

30. September 1951: «Teresa, meine Tochter, deine Leiden mußt du immer aufopfern, bis du gänzlich geopfert bist. Ich segne dich, damit du darüber nie ungeduldig wirst. Wenn du deinem himmlischen Vater übergeben wirst, wird es voller Perlen und Brillanten sein, und mein Sohn wird dir dafür eine große Belohnung geben. Deinem Flehen wird er nichts abschlagen. Große Leiden werden über Italien verhängt und Blitzableiter sind nur jene, die das Herz meines Sohnes und das des Vaters ins Volle treffen, denn ihr haltet ihren Zorn zurück und richtet die Welt durch eure Opfer wieder auf.

Ihr Priester dürft nicht die von mir auserwählten Seelen den Versuchungen und der Verzweiflung überlassen, denn dann wäre das ewige Feuer für euch da. Viele Seelen gehen um euretwillen verloren. Denkt an eure Pflicht, sonst werdet ihr eines Tages weinen müssen. Denkt daran, sie zu ermutigen, nicht sie zu entmutigen.»

Oktober 1951: «Du brauchst nur mein Herz und deine Liebe darzubringen und an der göttlichen Quelle zu trinken, losgelöst von allen irdischen Dingen. Meine Tochter, die Plagen sind bereit, die der Vater über Italien kommen läßt, und nur die Seelen, die sich als Opfer darbringen, können mitten ins Herz meines Sohnes treffen und den Zorn des Vaters legen. Richtet die Welt auf mit euren Opfern, und unter diesen Seelen habe ich auch dich erwählt, Teresa. Ich wünsche, daß du dich aufopferst und leidest nach meinem Willen. Ich, deine Mutter, Maria Immaculata von Nazareth, segne dich.»

1. Januar 1952: «Heute, am 1. Januar 1952, im Alter von neun Jahren ..., will ich dir sagen, daß die Welt sehr schlecht ist. Ich bin in Portugal erschienen und habe Botschaften gegeben, und niemand hat auf mich gehört. Ich war in Lourdes, in La Salette, aber nur wenige harte Herzen haben sich bekehrt. Auch dir will ich viele Dinge sagen, die mein Herz betrüben. Ich will mit dir sprechen über das dritte Geheimnis von Fátima. Ich bitte dich, du sollst nicht mit Knaben spielen wie alle anderen. Ich will dich zu Hause wissen, und ich will mit dir vom dritten Geheimnis sprechen, das ich Lucia in Fátima gesagt habe, und ich sage dir, daß es schon seit einiger Zeit gelesen worden ist, aber niemand hat es verkündet. Sie möchten es bei sich allein behalten. Niemand wird sich entschließen, es öffentlich zu verkünden, bevor Papst Paul VI. kommt. Dieser wird sich zu Lucia begeben und ihr sagen: ‹Seit langer Zeit warte ich auf diesen Besuch.› Und der Papst enthüllt ihr das Antlitz. Aber dieser Papst wird zwar die ganze Welt auffordern zu Gebet und Buße, aber er wagt nicht davon zu reden, denn es ist schaudererregend.»

Interessant ist diese Prophezeiung, denn Papst Paul VI. wurde erst elf Jahre später, nämlich 1963, zum Papst berufen!

«Die Welt geht einem großen Ruin entgegen ... Das Volk tobt sich immer mehr aus ... . Feuer und Rauch werden die Welt umwälzen, die Wasser der Ozeane werden zu Feuer und Dampf. Der Schaum wird sich erheben, wird Europa aufwühlen und alles eintauchen in eine Lava von Feuer, und Millionen von Menschen und

204

Kindern werden im Feuer umkommen, und die wenigen auserwählten Überlebenden werden die Toten beneiden, denn wohin man auch immer den Blick wendet, wird man nichts anderes sehen, als Blut und Tote und Ruinen in der ganzen Welt.»

23. Oktober 1952: «Meine Tochter, wenn du alle deine Gebete aufopferst, werde ich, deine Mutter, viele, viele Herzen umwandeln. Wisse, meine Tochter, so viele Wissenschaftler sind daran, Waffen auszudenken, mit denen es möglich sein wird, in wenigen Augenblicken einen großen Teil der Menschheit zu vernichten. Gott wird die Menschheit mit größerer Strenge strafen als bei der Sintflut. Wenn alles so weitergehen sollte wie jetzt, und wenn die Menschheit sich nicht bekehrt, werdet ihr sehen, daß die Großen und die Mächtigen, die Kleinen und die Schwachen zusammen untergehen werden. Ich segne dich, Tochter, wir werden uns bald wiedersehen.»

23. Juli 1973: «Meine Tochter Teresa, wisse, daß viele Priester, meine bevorzugten und von mir so sehr geliebten Söhne sagen, daß ich, die Mutter, die Glorie und Ehre meines Sohnes verdunkle! O meine armen und törichten Söhne! Wie blind sind sie! ... Wie haben sie sich vom Dämon fangen lassen! Bis zu welcher Blindheit haben sie es gebracht, daß sie weder auf Jesus noch auf mich gehört haben. Aber ich bin bereit, sie wieder aufzunehmen in meine Arme, und ihnen jegliche Beleidigungen zu verzeihen ... Hat er mich nicht allein gegeben zu den Füßen des Kreuzes? Und nun soll ich es sein, welche die schuldige Verehrung meines Sohnes hindert? Meine armen Söhne, wie töricht sind sie, wie blind! Und wie der Teufel sich gerade ihrer bedient, meiner geliebten Söhne! Er hat es verstanden, sie zu gewinnen und hat sie zu verführen gewußt, wie er es wollte. Ihr habt euch, alleinstehend, verführen lassen vom Satan und ihr, meine treuen Söhne, wollt mich nun aus den Herzen der Menschen streichen? Teresa, opfere dich ganz für sie, die nicht wissen, was sie tun. Du kannst durch deine Opfer viele von ihnen zu meinem Herzen führen.

Ich, die Mutter, verdunkle die Herrlichkeit und Ehre meines Sohnes! Kann denn eine Mutter die Ehre und den Ruhm ihres Sohnes verdunkeln? Strahlt nicht die Glorie der Mutter ganz auf ihren Sohn? Mutter und Sohn bilden doch eine einzige moralische Person. Wer die eine liebt, liebt auch den anderen!»

10. Oktober 1973: «Ein neuer Krieg beginnt im Lande, wo der Erlöser geboren wurde, meine geliebten Söhne, und er wird nicht endigen. Es scheint, daß sie einen Frieden schließen, aber es ist nicht wahr, denn von dort geht der große Krieg aus, von dort kommen die großen Züchtigungen vom Himmel und von der Erde her.»

13. Oktober 1973: «Mein großer Schmerz ist es, daß viele meiner geliebten Söhne sich dem Teufel überliefern und meinen Sohn verleugnen. Weißt du, meine Tochter, sie werden die Messe feiern mit der bereits konsekrierten Hostie, sie mißhandeln, sie bespeien und sehr große Undankbarkeit verüben. Manche von diesen Dingen geschehen von vielen Priestern in der Nähe von Milano.»

15. August 1974: «Tochter, ich bin nicht gestorben, sondern nur eingeschlafen, und nun befinde ich mich mitten unter euch, um zu sehen, wer sich als Opfer anbieten will auf dieser Erde, um sich später im Reiche meines lieben Sohnes zu erfreuen. Ich will auch dich, meine teure Tochter, auf dieser Bahn des Opfers. Willst du es annehmen?»

Mit Leib und Seele aufgenommen in den «Himmel». Wo ist der Himmel? Erscheint Maria in Fleisch und Blut? Sie ist eingeschlafen? Ist sie in ihrem Seelenkleid? Fragen treffen auf Geheimnisse!

Teresa Musco war eine Mystikerin durch und durch, wenn sie zu Jesus spricht: «Wie habe ich mich gestärkt gefühlt in meinem Bestreben, dich immer mehr zu lieben! Ich fühle einen Vulkan in mir. Ich suche nach Eis, um etwas von diesem Feuer zu löschen, aber ich sehe, daß mein Feuer viel stärker ist als Eis.»

Und mit ihrem nachfolgenden Ausruf können wir sie als echte Schwester von Martha, als Maria erkennen, die zu Füßen ihres Herrn sitzt: «Ich verspreche, daß ich mein Leben damit verbringen will, dir zuzuhören. Was stören die Seele, die dem Wort begegnet ist, all die Wunder der Natur?»

Quelle: Benedikt Stolz: Teresa Musco, mit Christus gekreuzigt

Muttergottes von Heroldsbach
Heroldsbach 1949

In der oberfränkischen Pfarrei Thurn-Heroldsbach, in Bayern gelegen, erfolgte ein gewaltiger Einbruch des Überirdischen in diese materialistische Welt, unter der Führung Mariens. Sie erschien nicht nur den sieben Seher-Mädchen, die alle zwischen zehn und elf Jahre alt waren, sondern auch Hunderten, ja Tausenden von Menschen und wirkte, neben einem Sonnenwunder wie in Fátima, auch ein wunderbares Krippengeschehen zu Weihnachten des Jahres 1949. Dabei erschienen den Kindern mehr als vierzig Heilige, Maria mit dem Jesuskind sowie eine unübersehbare Schar von Engeln. Später durften die Kinder Maria und das Jesuskind sogar berühren. Es entstand ein intimer, familiärer Umgang zwischen den Erscheinungswesen und den Kindern. Nirgends kam die Bedeutung der Unschuld und Reinheit von Kindern besser zum Tragen als in Heroldsbach.

Schon bevor der Höhepunkt dieser täglichen Zusammenkünfte zwischen Maria, dem Jesuskind und ihren heiligen Scharen und den Seherkindern, ihren Begleitern, Pilgern und vielen Priestern so richtig begonnen hatte, war eine bischöfliche Kommission in Heroldsbach erschienen und mit besten Eindrücken wieder geschieden. So war das Erstaunen dann auch riesengroß, als bereits am 30. Oktober 1949 der Besuch von Heroldsbach vom Bischof verboten wurde. Die 30.000 anwesenden Gläubigen waren schockiert, und am nächsten Tag kamen 40.000 Menschen!

Am *2. Februar 1950* wurden sogar 70.000 Menschen Augenzeugen eines Sonnenwunders. Als die Kinder Maria in ihrer Verzweiflung fragten, wie sie die unfreundliche Ablehnung der Erscheinungen durch die bischöfliche Kommission auffassen sollten, sagte diese ganz klar: «Ich habe schon gesagt, wenn sie nicht an meine Erscheinung glauben, werde ich sie bestrafen!» Und außerdem trug sie den Kindern auf: «Betet für sie.»

Heroldsbach
Meist sind es die Unbefangenen, die Kinder, denen Maria erscheint.
Hier in Heroldsbach ergreift ein Seherkind die Hand der Muttergottes!
Bildquelle: Süddeutsche Zeitung, Bilderdienst, München

«Betet, betet, betet!» - so einfach und eindringlich lautete dann auch die Botschaft der «Muttergottes von Heroldsbach», wie Maria dort genannt werden wollte. Auch verhieß sie: «Wenn ihr so weitermacht wie bisher, könnte ich das Unglück aufhalten ...» Und wie in Fátima rief sie dazu auf, Buße zu tun und für die Bekehrung Rußlands zu beten. Eine sehr aktuelle Bitte so knapp nach dem Ende des Zweiten Weltkrieges. Immer wieder betonte Maria: «Wenn ihr so weiterbetet wie bisher, könnt ihr vielleicht das Unheil aufhalten.» Und seither wird in Heroldsbach ununterbrochen gebetet.

Am *17. Februar 1950* wurde um eine Kapelle mit sieben Altären wegen der sieben apokalyptischen Gemeinden gebetet. Ein Bund sollte die «Sklavenschaft Mariens» pflegen und aus Laien und Geistlichen bestehen.

Am *24. Februar 1950* verbot der Erzbischof J. Kolb von Bamberg dem Pfarrer von Heroldsbach, den Erscheinungsberg zu betreten. Später wurde er, nach vierzig Jahren erfolgreichen Wirkens und gegen den Widerstand seiner Gemeinde, zwangsversetzt. Die Eltern der jungen Seherkinder aber wurden, weil sie die Erscheinungsaussagen ihrer Kinder nicht widerriefen, exkommuniziert und bekennenden Priestern die Feier des Meßopfers untersagt. Ein Priester wurde sogar in eine Nervenheilanstalt eingewiesen!

Sogar Rom wurde falsch informiert, das daraufhin den Kult in Heroldsbach untersagte. Pilger wurden aus der Kirche ausgesperrt. Diverse Kommentare des Bamberger Bischofs belegen die Stimmung in der damaligen Kirchenhierarchie: «Das ist lauter Phantasterei der Kinder. Warte nur mal, bis die Kinder 18 bis 20 Jahre alt sind. Dann lachen und spotten sie über diese Erscheinungen.» Doch daß dies nicht der Fall sein würde, versteht sich von selbst. Viele Seher, gerade auch die ganz jungen - denken wir an die Kinder in Fátima - mußten Demütigungen über sich ergehen lassen und blieben dennoch standhaft. So gab Maria auch den Menschen von Heroldsbach die Kraft, sich nicht einschüchtern zu lassen, und auch heute wird man niemanden finden, der die Ereignisse der Jahre 1949 bis 1952 leugnen oder sich gar darüber lustig machen würde.

Heroldsbach
Ganz bescheiden beginnt die Volksfrömmigkeit Erscheinungsorte Ma-
rias zu kennzeichnen, wie hier die «Gnadenkapelle» in Heroldsbach.
Bildquelle: Süddeutsche Zeitung, Bilderdienst, München

Zum Abschied am *31. Oktober 1952* durften alle anwesenden Kinder der Muttergottes und dem Jesuskind die Hand reichen. Die Seherkinder führten die Hände der anderen Kinder. Dieses Ereignis dauerte mehr als eine Stunde. Und zum Schluß rief Maria wieder die wunderbaren Worte aus, die wir von ihr bereits kennen: «Der Sieg wird unser sein!»

Heroldsbach ist eine Aufforderung Mariens zu beten. Hier teilte sie uns keine tiefen theologischen oder sie selbst betreffenden Geheimnisse mit. Hier brach sie einfach in unglaublich reichhaltiger Art aus dem Geistigen in eine Gesellschaft ein, die nach dem Krieg nur auf den Wiederaufbau der Wirtschaft konzentriert und auch aus ökumenischen Scheingründen bestrebt war, nur nicht allzu stark das Marianische in der katholischen Kirche aufleben zu lassen. So sagte Weihbischof Dr. Arthur Landgraf, der erbittertste Bekämpfer von Heroldsbach: «Wenn wir das anerkennen, würden uns die Protestanten auslachen!»

Die Muttergottes von Heroldsbach und die Tausenden unermüdlichen Beter warten noch immer auf ein versöhnliches Zeichen vom Bischofsstuhl in Bamberg. Bis jetzt ist keine der unmenschlichen Kirchenstrafen an den heute erwachsenen und verheirateten Seherkindern und deren Eltern aufgehoben!

Quelle: Franz Speckbacher: Erscheinungen in Heroldsbach

Das slowakische Lourdes
Turzovka 1958

In der Nähe des slowakischen Ortes Turzovka, hoch oben auf dem Berg Schiwtschak, erschien Maria dem 42-jährigen Waldaufseher Matousch Laschut. Es geschah am 1. Juni 1958, als der Waldaufseher auf seinem Dienstgang vor einem Marienbild Rast machte. Er kniete nieder und wollte das Vaterunser und Ave Maria beten, als er weiße Rosen um sich sah. Daraufhin hob er seinen Blick und sah in die Augen einer Frau, die wie die Muttergottes von Lourdes aussah. Dieser Anblick überwältigte ihn, und er fiel in Ekstase.

Die Gottesmutter gab ihm nun durch Handbewegungen, Bilder und Erklärungstafeln folgendes zu verstehen:

Zuerst mußte er drei fehlende Latten eines Gartenzaunes wieder befestigen.

Dann nahm Maria einen wunderschönen Rosenkranz, sah dabei Laschut an und zeigte auf den Ort, wo gewöhnlich das Marienbild hing. An seiner Stelle befand sich plötzlich eine Weltkarte (wie bei dem Erscheinungsgeschehen in Kérizinen im Jahre 1957!) ohne Staatsgrenzen, nur mit Festland- und Wassergrenzen. Drei Farben beherrschten die Karte: blau für Gewässer, gelb für Ebenen und grün für Berge und Wälder. Anschließend erschien ein schwarzes Täfelchen, auf dem die jeweils folgenden Veränderungen erklärt wurden, insgesamt wurden sieben solcher Veränderungen gezeigt: Eins bis vier und sieben waren für alle Menschen bestimmt, fünf und sechs nur für den Papst.

1. Phase: Grün steht für das Gute, gelb für das Schlechte. Es stand geschrieben, daß die Ebenen eher schlechte, die grünen Berggegenden jedoch mehr Hoffnung auf Rettung hätten. Zum Schluß die Aufforderung: «Tut Buße! Betet für die Priester, betet den Rosenkranz.»

2. Phase: Die gelbe Farbe nahm zu, die grüne dramatisch ab.

3. Phase: Das Gelb überflutete die ganze Erdkugel, und von den Wolken fiel ein feuriger Regen (ebenfalls wie in Kérizinen, dort waren es Feuerkugeln). Der Text dazu lautete: «Wenn die Menschen sich nicht bessern, kommen schreckliche Katastrophen - vereinzelt oder gehäuft - und die Menschen werden auf verschiedene Art und Weise umkommen.»

4. Phase: Der Seher erkannte die Auswüchse des Schlechten, die Folgen von Sünde und Strafen, die schrecklich waren und jeden Menschen und die ganze Menschheit betrafen. Sie würden den Einzelnen und die Gesellschaft vernichten. Er sah riesige Krater und Explosionen, die Schreckliches aus der Tiefe herausschleuderten und große Flächen verschütteten. Dort hörte jedes Leben auf zu existieren. Materieller und geistiger Tod hielt Einzug. Diese apokalyptische Vision war unmißverständlich: Die Menschen strafen sich selbst auf schreckliche Weise; die Botschaft ebenso eindeutig: Falls sich die Menschen nicht bessern, werden sie durch diese Strafen umkommen.

Phasen 5 und 6 sind für den Papst bestimmt.

Phase 7: Ein schönes, erfreuliches Bild tat sich schließlich dem Seher auf. Er sah die Erde der Menschen, die nach Gottes Gebot lebten. Die Erdkugel im Sonnenlicht. Alles blühte in Frieden und Harmonie. Auf dem Berggipfel stand Maria als «Unsere Liebe Frau von Lourdes» mit dem Rosenkranz in der Hand. Sie zeigte ihn allen Völkern als Symbol für Wohlstand, Ruhe und Frieden. Diese Vision wurde ausdrücklich als eine Möglichkeit dargestellt. Wenn die Menschen sich ändern, kann es wieder so werden! Der Teufel ist mächtig, aber Maria kann ihn besiegen.

Eine echte marianische Verheißung. Immer wieder läßt sie uns auf eine bessere Welt hoffen!

Am Ende wurde dem Seher auf eines der Täfelchen geschrieben, daß er bei Erfüllung seiner Mission «dort oben hinauf» komme, und Maria zeigte mit dem Finger gegen den Himmel.

Zum Abschluß zuckte ein Blitz, und der Himmel teilte sich. Hervor trat ein strahlendes gleichschenkeliges Dreieck, in dessen Mitte Jesus im weißen Gewand und einem roten Mantel erschien, den er über die rechte Schulter und den linken Arm geworfen hatte. Zu seiner linken war das Kreuz. Drei Strahlenpfeile kamen aus seinem Herzen. Einer traf den Seher. Er hörte die Glocken läuten und versank in eine dreistündige Ekstase. Als er am Boden liegend erwachte, fand er neben sich einen Rosenkranz, den ihm Maria überlassen hatte. Man hat übrigens nie herausgefunden, aus welcher Materie er geformt war. Er verschwand einfach wieder vom Hals des Sehers, als die Polizei ihn an sich nehmen wollte.

Dieses Ereignis ließ Matousch Laschut zu einem anderen Menschen werden. So wurde er von all seinen chronischen Krankheiten befreit und ging sich noch am selben Tag bei allen Bewohnern des

Ortes entschuldigen, denen er etwas angetan zu haben glaubte. Das dauerte bis Mitternacht!

Auch deutete er die drei Zaunlatten richtig, er erkannte in ihnen Eckpfeiler für seinen Lebensgarten: häufigerer Besuch der heiligen Messe und Empfang der heiligen Kommunion; Rosenkranzgebet, das er bis dahin nicht gekannt hatte; Liebe und Freundschaft zu allen Menschen.

Maria erschien ihm noch sechsmal im Jahre 1958, dabei war sie dreimal wie in Lourdes gekleidet, dreimal mit Unbeflecktem Herzen und einmal strahlend, als sie das Haupt des Satans zertrat.

Drei Monate lang schwieg Laschut, dann erzählte er von seinen Erscheinungen, wurde daraufhin prompt verhaftet und in psychiatrischen Kliniken drei Jahre lang festgehalten. Doch die Kranken in den Kliniken kamen stets voll Vertrauen zu ihm, da sie merkten, daß eine besondere Ausstrahlung von ihm ausging.

Laschuts Leben verlief nun in einer anderen spirituellen Qualität. Er sah voraus und in die Herzen der Menschen hinein.

Vollkommen unerschrocken begegnete der früher so schüchterne Mann, der die Einsamkeit des Waldes liebte, den vielen Pilgern, die von da an nach Turzovka kamen und kommen. Er ist ein marianischer Mensch geworden: von innen heraus strahlend.

Leider war diese Wandlung einigen Menschen auch ein Ärgernis. So erzählte Laschut einer Frau, die sich beschwerte, daß ihr Pfarrer die Fahrt nach Turzovka verbiete: «Sehen Sie Frau, unser Pfarrer hat mir nicht einmal die heilige Kommunion gereicht. Ich war der einzige von allen, den er übergangen hat. Der Pfarrer sagte mir, er stoße sich daran, daß ich als großer Sünder die Jungfrau Maria gesehen haben soll, während er nichts gesehen habe, obwohl er ein besseres Leben führe als ich.» Der Pfarrer starb eine Woche nach dieser Begebenheit bei einem tragischen Unfall. «Er zeigte in eine falsche Richtung und ist nicht mehr da.», bemerkte Laschut dazu.

Es gab noch zwei weitere Seher im Zusammenhang mit den Erscheinungen am Schiwtschak.

Der zweite Seher war Juraj Kowalek aus Turzovka, dem Maria dreimal im Traum erschien und dann noch als Frau, die ihm am Erscheinungsberg begegnete und ihm zeigte, wo er die neue Quelle entdecken werde. Seitdem sprudelt auch hier eine echte Marienquelle, die bereits unzählige Heilungen bewirkte, wie in Lourdes, dessen Hundertjahr-Jubiläum im Erscheinungsjahr von Turzovka 1958 gefeiert wurde.

Der dritte Seher war Alois Lasak, ein pensionierter Bergarbeiter aus dem zweihundert Kilometer entfernten Hultschin bei Ostrava, dem Maria erschien und den sie beauftragte, ihre Erscheinungsgestalt in Holz zu schnitzen, obwohl er vorher noch nie ein Schnitzwerkzeug in der Hand gehalten hatte und überhaupt kein Talent in dieser Richtung besaß. Und trotzdem entstand in nur drei Monaten ein Wunderwerk! Maria hatte ihn beruhigt und ihm versichert: «Ich werde dir behilflich sein.» Und so war es auch. Maria half diesem Menschenkind, wie alle guten Mütter dieser Welt!

Bei den Erscheinungen von Turzovka fällt auf, daß Maria ausnahmslos älteren Männern erschienen ist. Und diese standen ohne Wenn und Aber zu ihr, trotz der staatlichen und gesellschaftlichen Feindseligkeiten, die von allen Seiten auf sie einstürmten.

Es ereigneten sich zahlreiche weitere übernatürliche Geschehnisse in diesem slowakischen Ort nahe der polnischen Grenze. So zeigt eine von einem Pilger aufgenommene Fotografie, die im Buch von Franz Grufik, dem unermüdlichen Prediger für Turzovka, abgebildet ist, eine Erscheinung der Muttergottes, wie sie über den hohen Tannen schwebt.

Der zuständige Bischof von Nytra hat die Erscheinungen von Turzovka als nicht der katholischen Lehre zuwiderlautend bezeichnet und den Ort zum Besuch freigegeben.

Quelle: Franz Grufik: Turzovka. Das tschechoslowakische Lourdes

Weltaktion Liebesflamme
Budapest 1961

Diesmal traf es die 48-jährige Witwe Elisabeth Kindelmann, gebo-
rene Szántó. Eine Mutter von sechs Kindern, die in sehr armen und
beengten Verhältnissen für ihre Familie in Budapest zu sorgen hatte. Als ihr jüngstes Kind heiratete, mußte sie die gemeinsame Woh-
nung aufgeben und in eine kleine separierte Kammer ziehen. Von
da an nahm sie Jesus in seine Schule: «Entsage dir ganz und gar!»
lautete das Programm des göttlichen Meisters für sie. Und die Jungfrau Mutter Maria, wie Elisabeth sie nannte, sagte ihr: «Bete und
leiste meinem vielgeliebten, vielgeschmähten Sohn Sühne!» Ein
mystischer Weg zu Jesus nahm so seinen Anfang, der in seiner Intensität seinesgleichen sucht. Schon nach vier Jahren konnte Jesus
zu ihr sagen: «Dich durchdringt und umfängt mein Licht. Du
leuchtest durch mich in den dunklen Advent jener Seelen, die noch
auf mich warten. Die Opfer deines Lebens, mit meinen Verdiens-
ten vereint, werden Licht auch für sie sein. Ich sagte schon, ihr
seid das Licht der Welt, die ich mit dem besonderen Licht meiner
Gnade erhelle. Auf die dunklen Flecken der Erde, die von der Sünde überschüttet sind, müßt ihr Licht werfen, damit mein göttliches
Licht die in der Sünde und im Schatten des Todes stolpernden Seelen auf den rechten Weg zurückführe.»

Im Jahr 1966 teilte Jesus ihr mit: «Betrachte daher die Einsamkeit als ausgeschlossen. Das ist zwischen uns unmöglich ... Ich,
dein Meister, habe dich über alles belehrt, und wenn du meine
Lehre befolgst, brauchst du keine Angst zu haben.» Das waren seine tröstenden Worte für die vom Satan oft bis zur Verzweiflung
gepeinigte Frau.

Das mystische Gebet ihrer Zweisamkeit ist in seiner Innigkeit Vorbild für alle mystischen Wege zu allen Zeiten:

«Unsere Schritte mögen gemeinsam gehen.
Unsere Hände mögen gemeinsam sammeln.
Unsere Herzen mögen gemeinsam schlagen.
Unser Innerstes empfinde gemeinsam.

Die Gedanken unseres Geistes seien eins.
Unsere Ohren mögen gemeinsam auf die Stille hören.
Unsere Augen mögen ineinanderschauen
und sich verschmelzen. Unsere Lippen mögen
gemeinsam zum Ewigen Vater um Erbarmen flehen!»

In dieser Begegnung zwischen Gott und seinem auserwählten Geschöpf wurde oft auch der Auftrag formuliert, daß die Prophezeiungen den Menschen mitzuteilen seien. Elisabeth hatte nur vier Jahre die Schule besucht und schrieb gar nicht gern. Sie sagte: «Nur wenn er durch seine Gegenwart mir streng zum Ausdruck bringt, daß er es will, daß ich alles niederschreibe, finde ich wieder den nötigen Schwung», sie meinte die Kraft, um all die Botschaften in ihr Tagebuch zu schreiben. Jesus kündigte ihr auch an, daß sich die Aufnahme seiner Mitteilungen auf ihrem mystischen Weg wandeln werde: «Es wird eine Zeit kommen, in der du meine Worte nicht nur in der Tiefe deiner Seele hören wirst, sondern auch in vernehmlichem Ton.»

Am *15. Januar 1965* sprach es Jesus nochmals ganz klar aus: «Meine Tochter, deine Seele ist ein Empfangsapparat für meine göttlichen Worte. Zittere nicht! Das ist so, wenn du dich auch noch so unwürdig dafür fühlst. Du weißt, daß ich deine Kleinheit, Unwissenheit und Demut für dieses Ziel brauche, und zum Erreichen dieses Zieles sei der Akzent auf das letzte Wort gelegt.» Jesus führte die Seele Elisabeths, die Gottes- und Weltenmutter Maria aber beauftragte sie mit einer ganz großen und neuen Aufgabe. Es war am *13. April 1962,* als Maria mit schluchzender Stimme ihr gleich bei der ersten längeren Mitteilung ihren Welterlösungsplan erklärte:

«Meine kleine Karmeliterin! (Elisabeth gehörte dem 3. Orden der Karmeliter an.) Viel wird gesündigt im Land! Hilf mir, retten wir es!

Ich gebe euch einen Lichtstrahl in die Hand. Er ist die Flamme der Liebe meines Herzens. Zu dieser Liebesflamme gib deine Liebe hinzu und gib sie weiter!»

«Meine Mutter, warum wirkst du nicht Wunder wie in Fátima, damit man dir glaube?»

«Meine Tochter, je größer meine Wunder wären, um so weniger würde man mir glauben. Meine Karmeliterin, den ersten Samstag zu begehen, habe ich erbeten, und man achtet ihn doch nicht. Ich bin eure gütige und liebende Mutter, und mit euch vereint, Hand in Hand, rette ich euch. Euer Land hat der heilige König Stefan mir geweiht, und ich habe ihm versprochen, seine Bitte und die der ungarischen Heiligen im Herzen zu tragen. Ein neues Mittel möchte ich euch in die Hände geben. Ich bitte euch, nehmt es an und habt Verständnis dafür, denn ich schaue traurigen Herzens auf euch herab ... Die zwölf Priester, die mein göttlicher Sohn auserwählt hat, werden die würdigsten bei der Verwirklichung meiner Bitte sein.

Meine Tochter; nimm diese Flamme,
die ich zuerst dir überreiche. Das ist die
Liebesflamme meines Herzens. Zünde damit
das deinige an und gib sie weiter!

Diese gnadenvolle Flamme, die ich euch aus meinem Unbefleckten Herzen gab, soll von Herz zu Herz gehen und alle Herzen im ganzen Land entzünden. Das wird das große Wunder sein, dessen Licht Satan blenden wird. Sie ist das Feuer der Liebe und Eintracht, die ich durch die Verdienste der heiligen Wunden meines göttlichen Sohnes beim Ewigen Vater erwirkt habe.»

Am *1. August 1962* zeigte Maria Elisabeth in einer Vision, wie die Liebesflamme wirkt, und erklärte: «Jetzt ist Satan für einige Stunden geblendet, seine Macht über die Seelen ist erloschen, hauptsächlich ist es die Sünde der Unzucht, die so sehr ihre Opfer fordert. Da Satan jetzt unbeholfen und geblendet ist, horchen die bösen Geister in starrer Untätigkeit auf. Sie wissen nicht, warum Satan ihnen plötzlich keine Befehle gibt. Während die Seelen vom schlechten Einfluß Satans befreit wurden, faßten sie Entschlüsse gegen die Trägheit zum Guten.»

Und dann die große Standortbestimmung dieser Aktion: «Ich sage dir, meine Tochter: Eine solche Gnadenflut, wie die jetzt lodernde Flamme der Liebe meines Herzens, wurde euch noch niemals gegeben seit das Wort Mensch geworden ist. An euch liegt es, sie nicht abzuweisen, denn das würde die große Zerstörung mit sich bringen.»

«Ich bitte den Heiligen Vater, daß er das Fest von der Liebesflamme meines Unbefleckten Herzens am 2. Februar, dem Fest Mariä-Lichtmeß einsetze. Ich wünsche kein zusätzliches Fest.»

Am *3. September 1962* betonte Maria nochmals, damit es nicht überhört werde: «Bitte deinen Seelenführer, sich zu bemühen, mein Anliegen dem Oberhirten des Landes zukommen zu lassen und dem Stellvertreter meines göttlichen Sohnes in Rom. Seit der Menschwerdung des Sohnes Gottes gab es eine solche Gnadenzeit noch nie. Die Verblendung Satans ist ein welterschütterndes Ereignis!»

15. September 1962: «Dennoch wird die Verbreitung meiner Liebesflamme durch deine Kleinlichkeit und Unbeholfenheit anlaufen und sanft und ohne Gewalt in Gang kommen. Sei daher voller Aufmerksamkeit und bleibe in Demut verborgen. Ständige innere und äußere Verdemütigungen wirst du ertragen müssen, denn nur so kannst du für die Weitergabe meiner Liebesflamme dienlich sein.»

19. Oktober 1962: «Meine Tochter, meine Liebesflamme ist so entbrannt, daß ich nicht nur ihr Licht, sondern auch ihre Wärme in voller Kraft auf euch zu übertragen wünsche. Meine Liebesflamme kann ich nicht mehr länger in mir verdrängen, mit ausbrechender Kraft strömt sie zu euch. Diese meine überströmende Liebe sprengt den Haß der Hölle, der die Welt im Banne hält, damit um so mehr Seelen vor der ewigen Verdammnis gerettet werden. Ich sage dir, so etwas gab es noch nie. Das ist mein größtes Wunder, das ich jetzt an euch wirke. (Und sie bat flehentlich, ihre Worte nicht mißzuverstehen.) Meine Worte sind doch klar und vernünftig; ihr dürft sie nicht umändern und fehldeuten, denn ihr tragt große Verantwortung dafür. Stellt euch an zur Arbeit, seid nicht untätig! Ich helfe euch auf eine Weise, die einem Wunder gleicht, das ihr ständig wahrnehmen werdet. Habt Vertrauen zu mir und greift dringend zur Tat! Vertagt mein Anliegen nicht! Satan schaut auch nicht untätig zu. Er macht furchtbare Anstrengungen, da er das Wirken meiner Liebesflamme bereits verspürt. Dies versetzt ihn in schreckliche Wut. Nehmt den Kampf auf, die Sieger werden wir sein. Satan wird in dem Maße blind, in dem ihr euch an der Verbreitung meiner Liebesflamme beteiligt.

Ich will, daß die Liebesflamme meines Unbefleckten Herzens überall bekannt werde, so wie auch mein Name auf der ganzen Welt bekannt ist, die in der Tiefe der Herzen ihre Wunder wirkt. Im Zusammenhang mit diesen Wundern braucht man nicht Untersuchungen durchzuführen. Ihrer Echtheit wird ein jeder in seinem Herzen gewahr werden, und wer sie empfunden hat, der wird sie ohnehin weitergeben, denn die Gnade wird in ihm wirksam. Dazu braucht man keine besondere Beglaubigung. Ich selbst werde sie beglaubigen in einer jeden Seele einzeln, damit ihr das Gnadenwirken meiner Liebesflamme erkennet.»

Maria lehrte die Seherin auch ein neues Stoßgebet:

*«Überflute die ganze Menschheit
mit dem Gnadenwirken deiner Liebesflamme,
jetzt und in der Stunde unseres Todes. Amen.»*

6. / 7. November 1962: «Meine Tochter, das Gnadenwirken meiner Liebesflamme ströme ich zuerst über dich aus und mit dir über alle Seelen. Wenn jemand vor dem Allerheiligsten sühnend eine Anbetungsstunde hält oder das Allerheiligste Altarsakrament besucht, verliert in jener Pfarrgemeinde während dieser Zeit Satan seine Macht über die Seelen, er wird geblendet.»

19. November 1962: «Nur eine Mutter kann wahrlich mit mir empfinden.»

22. November 1962: «Wenn ihr im Stande der Gnade seid und an einer heiligen Messe teilnehmt, die für euch nicht verpflichtend ist, dann strömt die Liebesflamme meines Herzens dermaßen aus, daß ich auch während dieser Zeit Satan verblende, und die Fülle meiner Gnaden strömt auf jene über, für die ihr sie aufopfert. Die Teilnahme am heiligen Meßopfer steigert im allerhöchsten Grade die Verblendung Satans. Satan keucht vor Wut, und seitdem er spürt, daß seine Verblendung bevorsteht, führt er mit seinen üblichen Quälereien einen noch wütenderen Kampf.»

30. November 1962: «Opfert tagsüber eure Arbeit auch zu Ehren Gottes auf! Wenn ihr im Stande der Gnade seid, dann steigert sich auch durch diese Aufopferung die Blendung Satans. Lebt daher in meiner Gnade, damit die Blendung Satans sich immer weiter ausbreite und auf ein immer größeres Gebiet sich erstrecke. Die vielen Gnaden, die ich euch schenke, haben bei euch gute Verwendung, und ihr sollt sie auch immer mehr und besser verwenden, daß sich viele Seelen bessern werden.»

12. Dezember 1962: «Machen wir uns auf den Weg!»

14. Januar 1963: «Du bist die kleinste, unwissendste und am wenigsten verdienstvolle Seele auf der Welt, die ich jeweils für die Weitergabe meiner Gnaden auserwählt habe. Dennoch will ich meine Mitteilungen durch deine Kleinheit und Demut weitergeben.»

24. März 1963: Elisabeth berichtete von den Worten Jesu: «Er sprach über die Gnadenzeit und das Ausströmen des Heiligen Geistes, das man mit dem ersten Pfingsten vergleichen könnte, daß die Erde mit der Kraft des Heiligen Geistes überflutet wird. Bei diesem großen Wunder wird die ganze Menschheit aufhorchen. Dies wird durch das Gnadenwirken der Liebesflamme unserer Heiligsten Jungfrau geschehen ...

Die vom Unglauben schon allmählich verdunkelte Welt wird gewaltige Erschütterungen erleben müssen, und danach wird man glauben. Diese Erschütterung wird durch die Kraft des Glaubens eine neue Welt ins Leben rufen. Das im Glauben gefestigte Vertrauen wird durch die Kraft der Liebesflamme in den Seelen Wurzeln fassen. So wird das Angesicht der Erde erneuert. Denn eine solche Gnadenflut wurde noch nie gegeben, seit das Wort Mensch geworden ist. Diese

Erneuerung der von Leiden überfluteten Erde wird durch die fürbittende Macht und Kraft der Allerseligsten Jungfrau geschehen.»

Erstmals am *16. Mai 1963* erfolgte das «Wir» für Jesus und Maria in der direkten Rede: «Meine kleine Tochter, wir haben dich sehr lieb!»

19. Mai 1963: Elisabeth erzählte von einer bedeutenden Ansprache Mariens: «In der Stille ließ dann die Heiligste Jungfrau ihre Stimme hören, so daß sie das letzte Wort des Herrn mit dem ihrigen verband und sprach: ‹Meine kleine Tochter, zu den Frühaufstehenden gehörst auch du, auf die ich im Dunkel deiner Seelennacht meine Liebesflamme erstrahlen ließ und mit ihrer milden strahlenden Wärme dir neue Kraft verlieh. Es gibt viele solche Seelen, auf die ich den belebenden Strahl meines mütterlichen Herzens, das Gnadenwirken meiner Liebesflamme, senke.

Weißt du, die Erde ähnelt nun der Natur vor einem Sturm. Sie ist auch mit einem ausbrechenden Vulkan zu vergleichen, dessen aufsteigender höllischer Rauch mit seiner herabfallenden Asche würgt, tötet und blendet, und bei dessen Erbeben sich alles um ihn in Ruinen verwandelt. Das ist jetzt die schreckliche Lage der Erde. Der Krater des Hasses kocht. Seine tötende, schwefelhaltige Asche will die zum Ebenbild Gottes erschaffenen Menschen zum Erschauern, zum Erblassen bringen.

Ich, der schöne Strahl
des Morgenrots,
verblende Satan.

Die Menschheit werde ich von der sündigen Lava des Hasses befreien! Kein einziger Sterbender darf verdammt werden. Meine Liebesflamme ist im Begriff zu zünden. Weißt du, meine kleine Tochter, die auserwählten Seelen werden den Fürsten der Finsternis bekämpfen müssen. Das ist ein fürchterlicher Sturm. Nein, kein Sturm, sondern ein Orkan, der alles verwüstet. Er will sogar den Glauben und das Vertrauen der Auserwählten vernichten. Aber in dem sich jetzt an-

schickenden Sturm werdet ihr das aufblitzende Licht meiner Liebesflamme wahrnehmen. Durch das Ausströmen ihres Gnadenwirkens
werde ich die dunkle Nacht eurer Seelen erhellen.

Du verstehst, nicht wahr, was ich jetzt gesagt habe? Meine Liebesflamme sucht mit dem heiligen Josef auf den Straßen Bethlehems
Herberge. Wir flüchten uns vor dem Haß des Herodes. Weißt du, wer
die Verfolger sein werden? Die Feiglinge, die um ihre Bequemlichkeit
fürchten, die Warnenden, die Trägen, die Allesbesserwissenden, die
unter der Maske der Klugheit sich Tarnenden. Ja, diese stoßen gegen
meine Liebesflamme vor, wie einst Herodes gegen den Leib des unschuldigen Jesuskindes. Aber wie damals der himmlische Vater das Jesuskind in seinen Schutz nahm, so beschützt er jetzt meine Liebesflamme. Der himmlische Vater wird für sie Sorge tragen.›

Diese Worte der Allerheiligsten Jungfrau waren so erschütternd,
wie ich sie noch niemals gehört habe. Ich hatte dabei das Empfinden,
daß sie die Königin, die mächtige Fürstin der Welt ist, vor der die
Menschheit reumütig in die Knie sinken wird.

Nach kurzer Stille vernahm ich sie wieder in meinem Inneren:
‹Siehst du, mein Kind, ich hebe euch empor und führe euch in die
ewige Heimat, die mein göttlicher Sohn um den Preis seiner unermeßlichen Leiden euch erworben hat.›

In diesem Ton habe ich die Allerheiligste Jungfrau noch nie sprechen gehört. Ihre Stimme war voller Majestät, Macht und Entschlos-
senheit. In Worten ist es nicht zu schildern, mit welch unaussprechli-
chem Staunen und Zittern ich dies alles vernommen habe. Nach einigen Minuten der Stille sprach sie in ganz anderem, in ihrem gewohnt
mütterlichen Ton, von Milde und Zärtlichkeit gerührt: ‹Meine kleine
Tochter, damit mußt du beginnen. Zittere nicht, mein kleines Werkzeug, vertraue auf meine mütterliche Macht!›.»

22. / 23. Juli 1963: Maria sprach: «Ich will sie mit meiner Liebesflamme beleuchten, weil ich die Fülle meiner mütterlichen Liebe über
euch, unsterbliche Seelen, ergieße, als auf die Frucht des Erlösungs-
werkes meines göttlichen Sohnes. Ihr sprecht so: ... die Frucht deines
Leibes, Jesus. Er ist meine Frucht, ihr seid seine Frucht. Meine kleine

Karmeliterin, ihr Auserwählten, ihr seid seine besonders schmackhafte Frucht. Wild gewachsene Frucht gibt es auch. Laßt euch in sie überall einpfropfen, wo immer ihr könnt! Dadurch wird auch die wild gewachsene Frucht veredelt.

Opfer und Gebet! Das sind eure Mittel. Das Ziel ist, das Erlösungswerk zur Geltung zu bringen. Ach, wenn nur eure Sehnsüchte den Thron des himmlischen Vaters erreichen würden! Dann wäre auch der Erfolg reichlicher!»

12. September 1963: «Siehst du, meine Tochter, wenn die Liebesflamme meines Herzens sich auf Erden entzündet, dann fließt ihre Gnadenwirkung auch den Sterbenden zu. Satan wird geblendet, und mit Hilfe eures wachenden Gebetes hört der Kampf der Sterbenden mit Satan auf. Beim sanften Schein meiner Liebesflamme werden sich die verstocktesten Sünder bekehren.»

16. / 19. und 22. September 1963: (dreimal!) «Meine Tochter, das Gnadenwirken meiner Liebesflamme will ich über alle Völker und Nationen ausbreiten, auch über die Ungetauften.»

Wieder breitet Maria ihre mütterlichen Arme aus und umschließt damit die ganze Welt! Keiner ist ausgegrenzt und ausgeschlossen von der Mutter aller Völker.

19. Oktober 1963: «Meine Karmeliterin, achte auf die Stille deiner Seele. Nicht das leiseste Geräusch soll sie stören, denn unsere Worte werden nur dann auch weiterhin an dich ergehen, wenn du sie in demütiger und heiliger Andacht aufnimmst.»

7. November 1963: «Meine Liebesflamme kann ich nicht mehr länger in mir verdrängen, laßt, daß sie euch zuströme! Macht doch endlich einmal den ersten Schritt! Nur der erste Schritt ist schwer. Meine Tochter, wenn dieser getan ist, bricht meine Liebesflamme tosend durch das Mißtrauen eurer Seele, und danach wird sie als sanfter Schein eure Seele erhellen. Wenn sie keinen Widerstand mehr findet, werden die Herbergsuchenden meiner Liebesflamme, von der Fülle der Gnaden trunken, sie in aller Welt verkünden, wie ich schon so oft gesagt habe: Eine solche Gnadenflut wurde noch niemals gegeben, seit das Wort Mensch geworden ist.»

Januar 1964: Jesus sprach: «Weißt du, die große Sünde der Welt ist die Vernachlässigung meiner Eingebungen. Das und auch die Lauheit der mir geweihten Seelen sind der Grund, weshalb sie im großen Dunkel wandeln. Sie können mir behilflich sein, aber nicht einmal sie halten sich diese große, gefährliche Lauheit vor Augen. Ich bitte dich, dies deinem Seelenführer mitzuteilen. Den Wunsch meines Herzens mögen er und alle, die mit Seelenführung betreut sind, befolgen, in vermehrtem Maß auf meine Eingebungen zu hören und auch die Seelen auf deren Bedeutung aufmerksam zu machen. Ohne diese Einstellung kann man nämlich kein geistliches Leben führen. Mögen die Seelenführer noch so eifrig sein, die Vernachlässigung meiner Eingebungen wird die Verkümmerung ihrer eigenen Seele und der ihnen anvertrauten Seelen zur Folge haben.»

29. Februar 1964: «Du und all ihr Familienmütter, die ihr nach meinem Herzen handelt, wisset, daß eure Arbeit nicht geringer ist als die Tätigkeit der sogar zur höchsten Würde erhobenen Priester! Ihr Eltern, ihr Mütter, begreift doch diesen erhabenen Beruf, den ich euch anvertraut habe! Ihr seid dazu berufen, mein Reich zu bevölkern. Aus eurem Herzen, aus eurem Schoß beginnt ein jeder Schritt meiner Heiligen Kirche. Mein Reich wächst in dem Maße, wie ihr Mütter mit den erschaffenen Seelen umgeht. Ihr habt die größte und eine über alles verantwortungsvolle Aufgabe. In eure Hände habe ich diese Arbeit gelegt, die viele Seelen zum Heil führen soll.»

25. Oktober 1964: «Nach der Verblendung Satans werden die Beschlüsse des Konzils in außergewöhnlichem Maße zur Geltung kommen.»

13. / 14. November 1964: «Die Blendung Satans bedeutet den Triumph meines göttlichen Herzens in der Welt und das Freiwerden der Seelen. Das ist die Erfüllung des Heilsweges.»

6. Dezember 1964: Maria sprach: «Feuer werden wir mit Feuer löschen! Ich werde, mit euch vereint, ein solches Wunder wirken, mit dem die Wissenschaftler der Welt vergebens Versuche machen, sie werden es niemals lösen können. Dies kann nur die Weisheit der reinen und gottliebenden Seelen begreifen, denn sie besitzen Gott und seine Geheimnisse. Ja, meine Tochter, Feuer werden wir mit Feuer löschen: das Feuer des Hasses mit dem Feuer der Liebe. Die vom Feuer des satanischen Hasses erfüllte Flamme schlägt so hoch, daß Satan glaubt, sein Sieg sei sicher, aber meine Liebesflamme verblendet Satan. Diese Liebesflamme habe ich dir übergeben, und in Bälde wird sie ihre Bestimmung erreichen, denn die aus meiner Liebe hervorbrechenden Flammen löschen das Feuer der Hölle. Meine Liebesflamme wird das ganze Erdenrund mit unvorstellbarem Licht und wohltuender Wärme überströmen. Meine Tochter, dazu brauche ich Opfer, dein Opfer, euer Opfer, damit die vom höllischen Haß brennenden Geister und Herzen den sanften Schein meiner Liebesflamme übernehmen.»

1. Januar 1965: «Durch das Ausströmen meiner Liebesflamme lege ich die Krone des Erfolges auf das heilige Konzil.»

9. April 1966: Elisabeth: «Mein anbetungswürdiger Jesus, ich kann dieses Wunder (das Fleisch geworden ist) nicht begreifen.»

Jesus: «Das überrascht mich nicht. Außer meiner Mutter hat dieses große Wunder noch niemand begriffen. Außer ihr ward es noch niemanden gegeben, weil man zu dessen Verständnis auch die Leiden dazu erhalten muß. Nur durch Leiden kann die Seele das große Wunder der Menschwerdung verstehen. Nur durch Vollendung des großen Opfers wird es in deiner Seele klar, was ich für dich, für euch getan habe.»

11. Juli 1975: Jesus: «Ihr seid füreinander verantwortlich. Ihr seid verantwortlich für eure Familie, für euer Vaterland, für die ganze Welt. Alle müssen sich verantwortlich fühlen für das Schicksal der ganzen Menschheit. Gib es weiter: Nach Maßgabe eurer Liebe zu mir werdet ihr euch bessern und Erleuchtungen erhalten.»

15. August 1980: Maria: «Wenn die Priester am Montag bei Brot und Wasser streng fasten, so befreien sie während einer jeden heiligen Messe, die sie in jeder Woche darbringen - und zwar im Augenblick der Konsekration - unzählig viele Seelen aus dem Fegefeuer. Wenn die Gottgeweihten und die Laien am Montag streng fasten, so befreien sie ebenfalls unzählig viele arme Seelen aus dem Fegefeuer

226

während einer jeder heiligen Kommunion in der betreffenden Woche, und zwar im Augenblick des Empfanges des heiligen Leibes unseres Herrn Jesus Christus.»

Das Fasten ist ein Wundermittel! Als die Jünger in der Bibel (Mk. 9,14) Jesus fragten: «Warum haben wir nicht vermocht, ihn (den Teufel) auszutreiben?», entgegnete dieser ihnen: «Diese Art kann nur durch Gebet und Fasten ausgetrieben werden.»

März 1981: Jesus: «Weil die Liebesflamme meiner Mutter die Arche Noah ist!»

12. April 1981: Maria: «Eine große Verantwortung tragen jene Personen, die dieses Gnadenwirken unverantwortlicherweise verhindern.»

Der zuständige Bischof leitete die Liebesflammen-Bitte der Mutter Gottes der Vatikanischen Kongregation in Rom zur Prüfung zu.

Elisabeth Kindelmann starb am 16. April 1985 und liegt in Érd-Ófalú an der Donau, südlich von Budapest, begraben.

Quelle: Geistliches Tagebuch: Die Liebesflamme des Unbefleckten Herzens Mariens

Jungfrau vom Karmel
Garabandál 1961

In einem 250 Einwohner zählenden Dorf im Kantabrischen Gebirge, neunzig Kilometer südwestlich der nordspanisch-baskischen Bischofsstadt Santandér, in San Sebastián de Garabandál brach in den Jahren 1961-1963 das übernatürliche Geschehen durch Maria in einer solchen Stärke herein, daß man die Erscheinungen gar nicht mehr zählen und aufzeichnen konnte. Es betraf in erster Linie die vier Mädchen Conchita Gonzáles (12), Maria Cruz Gonzáles (11), Jacinta Gonzáles (12) und Maria Dolores Mazón (12), die nicht miteinander verwandt waren.

Und wieder zeigt uns Maria, ähnlich wie in Heroldsbach, wie sie mit unschuldigen, von der Zivilisation noch nicht verbildeten, Kindern, natürlich und ungezwungen umgehen kann. Als zum

Beispiel zwei der Mädchen sie fragten, ob sie ihr Sternendiadem einmal haben dürften, gab es ihnen Maria, damit sie es aufsetzen konnten. Dabei «verbrannte» sich ein Mädchen an den funkelnden Sternen. Ein andermal lachten die Seherkinder, während die Gläubigen sangen. Als sie anschließend zur Rede gestellt wurden, antworteten sie, daß sie mit Maria nur über das falsche Singen mitgelacht hätten. So lernten sie das Marianisch-Mütterliche kennen, das größte Innigkeit und Versenkung stets mit völlig lockerer Haltung verbindet.

Die Botschaften von Garabandál sind, wie alle Marienbotschaften, ein Aufruf zur Demut und zum Beten, um zu vermeiden, daß das Strafgericht über die Menschheit immer härter hereinbrechen würde.

Die letzte Marienbotschaft, die sehr eindringlich und klar und zum Schluß wieder in Wir-Form gesprochen wurde, um die Verbundenheit zwischen Maria und Jesus zu verdeutlichen, wurde am *18. Juni 1965* durch den heiligen Erzengel Michael bekanntgegeben: «Da man meine Botschaft vom 18. Oktober 1961 nicht zu Herzen nahm und sie nicht in der Welt verbreitet hat, sage ich euch, daß dies die letzte ist.

Bisher füllte sich der Becher, nun läuft er über. Die Priester, Bischöfe und Kardinäle gehen in großer Zahl den Weg des Verderbens und reißen noch viel mehr Seelen mit auf diesem Weg. Der Eucharistie schenkt man immer weniger Beachtung.

Ihr sollt euch ernstlich bemühen, dem Zorn Gottes über euch zu entgehen.

Wenn ihr ihn mit aufrichtiger Seele um Verzeihung bittet, wird er euch verzeihen.

Ich, euere Mutter, möchte euch durch den heiligen Erzengel Michael sagen lassen, euch zu bessern.

Dies sind schon die letzten Warnungen an euch. Ich liebe euch sehr, und ich will euere Verdammung nicht.

Bittet uns aufrichtig, und wir werden euch geben, um was ihr bittet.

Ihr sollt mehr Opfer bringen, denkt an das Leiden Jesu.» Unterzeichnet von Conchita Gonzáles, 18. Juni 1965.

Am *20. Juni 1962* hatten die Kinder eine Vision des kommenden Strafgerichts, die Maria Dolores («Loli») später so schilderte: «Sie (die heilige Maria) ließ uns auch sehen, daß für die ganze Menschheit ein Strafgericht kommen werde, direkt von Gott. In einem gegebenen Augenblick wird kein Motor, keine Maschine mehr funktionieren. Es wird eine furchtbar große Hitze herrschen, und die Menschen werden brennenden Durst leiden. Sie werden verzweifelt nach Wasser suchen, jedoch durch die intensive Hitze wird es verdampft sein. Da wird die Menschen eine entsetzliche Verzweiflung ergreifen, und sie werden sich gegenseitig töten wollen. Aber in dem Augenblick, in dem sie daran sind, dies zu tun, werden ihnen die Kräfte dazu fehlen, und sie werden zu Boden stürzen. Dann wird Gott ihnen zu erkennen geben, daß er es ist, der all dieses zuläßt. Schließlich sahen wir viele Leute, die, in Flammen eingehüllt, brannten. Sie stürzten sich verzweifelt ins Meer, (ich glaube, es war das Meer, denn man sah viel Wasser) aber beim Kontakt mit dem Wasser löschte das Feuer nicht aus, die Leute brannten weiter, denn das Wasser war siedend und begünstigte das Feuer. Ich bat die Heiligste Jungfrau, die Kinder mit sich zu nehmen. Sie aber sagte, daß diese Kinder zu jener Zeit erwachsen sein werden.» Die Seherinnen waren verständlicherweise zutiefst erschrocken.

Genau wie im slowakischen Ort Turzovka wurden auch hier bei der ersten Erscheinung in Garabandál Informationen auf Tafeln geschrieben, und das Auge Gottes erschien umrahmt von einem leuchtenden Dreieck, diesmal über Maria als «Unsere Liebe Frau vom Berg Karmel», eingerahmt von orientalischen Schriftzeichen.

Garabandál trägt weniger dazu bei, neue Erkenntnisse über die Stellung Mariens zu gewinnen, vielmehr zeigt die Gottesmutter hier auf sehr plastische Weise ihr übernatürliches Eingreifen in diese materialistisch geprägte Welt, was wiederum auf stärkste Abwehr eines obersten Kirchenvertreters, in diesem Fall des «aufgeklärten» Bischofs von Santandér, stieß, dessen Untersuchungs-Kommission zum Großteil gar nicht in Garabandál auftauchte. Ein Mitglied dieser Kommission ließ sogar während einer Ekstase der Seherkinder in der Dorfkirche die abfällige Bemerkung fallen: «Dauert denn diese Komödie immer noch an?» Weitere, sehr ähnliche Aussprüche sind bekannt.

Der langen Rede kurzer Sinn: Man tat die Erscheinungen von Garabandál als «unschuldige Kinderspiele» ab und zwang die jungen und naiven Kinder zu widerrufen! Die vielen Erscheinungen, mit Tausenden anwesender Menschen, soll es also nie gegeben haben.

Allerdings scheint sich heute am Bischofssitz zu Santandér ein Meinungsumschwung anzudeuten. Die endgültige bischöfliche Anerkennung oder Besuchsgenehmigung wird dann auch das erste Signal für das angekündigte große Wunder in Garabandál sein. Es wird nach dem, was die Seherin Conchita von Maria erfahren und gezeigt bekommen hat, unvergleichlich größer und überzeugender sein als das Sonnenwunder in Fátima.

Vorher wird noch eine welterschütternde, unvorstellbar schreckliche Warnung von Jesus und Maria als Reinigung der Seelen über die ganze Welt geschickt. Jeder wird sie am eigenen Leib spüren. Es wird ein Phänomen wie Feuer sein, das das Fleisch nicht verbrennt, aber körperlich und seelisch spürbar wird. Conchita kennt das Datum, an dem diese Drohung Realität wird. Sie sagte auch, daß nicht dieses Feuer den Tod verursachen würde, sondern daß dieser bei vielen Menschen eher aufgrund einer Schockreaktion über ihren eigenen, sichtbar gewordenen Zustand eintreffen würde, es handle sich sozusagen um ein «Vor-Strafgericht».

Erinnert uns diese Schilderung nicht an die Liebesflammen-Aussage Mariens in Budapest: «Feuer werden wir mit Feuer löschen!»?

Das letzte große Gericht wird dann die Überlebenden «wie Adam und Eva im Paradies» hervorgehen lassen, also erbsündenbefreit!

Jesus leitete die Seherin, wie so viele, auf behutsame Weise und begann, sie auf den richtigen Weg zu führen. Als das Mädchen einmal fragte: «Kommt man in den Himmel, wenn man tot ist?» antwortete ihr Jesus mit drei Worten, die auch für alle diese Ereignisse in bezug auf unsere Seelenreise bestimmend sind: «Man stirbt nicht.»

Die Erscheinungen dieser Seherin nahmen am 13. November 1965 ihr Ende, als ihr Maria nochmals ins Gewissen redete: «Conchita, warum besuchst du nicht öfter meinen Sohn im Tabernakel? Warum läßt du dich von Faulheit überkommen und besuchst ihn nicht? Er wartet Tag und Nacht auf euch!» Conchita bat Maria, gleich in den Himmel mitgenommen zu werden. Sie aber antwortete der Seherin, daß sie die Hände voll von guten Werken haben müsse, «vollbracht für deine Brüder und Schwestern und für die Verherrlichung Gottes, Conchita von Conchita (Conchita ist die Abkürzung von Maria Concepción = Maria von der Unbefleckten Empfängnis). Jetzt sind sie leer!»

Quelle: Irmgard Hausmann: Die Ereignisse von Garabandál

Die Taube mit silbernen Schwingen
Zeitoun 1968

Ägypten ist das einzige Land außerhalb Israels, in dem sich die Heilige Familie mit Jesus Christus aufgehalten hat. Zwei Plätze sind es, die aus uralten Quellen als Aufenthaltsorte der heiligen Flüchtlinge bekannt sind: Kasr el Scham'a in Alt-Kairo und Matarieh bei den Ruinen von Heliopolis. Dort steht heute noch der berühmte Muttergottesbaum, unter dem Jesus, Maria und Josef die erste Zeit gelagert hatten, und die Quelle, die bei ihrer Ankunft zu sprudeln begann. Früher gab es in Matarieh noch den einzigen Balsamgarten. Seit den Anfängen des Christentums werden all diese heiligen Stätten bewacht und gepflegt als kostbare Erinnerungszeichen an Maria und ihre Familie, als die sie schon immer von Christen und Mohammedanern verehrt wurden und die damit eine wichtige spirituelle Brücke zwischen den Religionen bildeten und noch bilden.

Und gleich neben Matarieh liegt der eher junge Ort Zeitoun. Hier hat die fromme Khalilfamilie 1925 den Bau einer Koptisch-Orthodoxen Kirche gestiftet, die nach Maria benannt ist. Dabei erhielt ein Mitglied dieser Familie die Prophezeiung, daß hier die Muttergottes erscheinen werde.

So war also eine doppelte Beziehung zu den außergewöhnlichen Ereignissen geschaffen, die in der Nacht vom 2. auf den 3. April 1968 in Zeitoun begannen: Zwei mohammedanische Arbeiter der städtischen Garage sahen, wie sich eine weißgekleidete Dame auf dem Dach der benachbarten Kirche am Kreuz festhielt. Sie dachten an eine Selbstmordkandidatin. Einer lief also schnell zur Rettungsgesellschaft, der andere zum zuständigen Pfarrer. Und dieser erkannte in der lichtvollen Dame die Erscheinung Mariens.

Von da an beobachteten Hunderttausende von Menschen aller Religionen in großer seelischer Bewegung diese Erscheinungen, die manchmal stundenlang andauerten. Sie erfolgten zuerst täglich und dann dreimal wöchentlich bis in den Sommer 1969. Obwohl Maria bei ihrem Auftreten in Ägypten kein einziges Wort gesprochen hat, ist dieses Erscheinungsgeschehen von größter Bedeutung, denn sie verstand es, eine unglaublich große Anzahl von Menschen durch ihre lang anhaltenden optischen Erscheinungen tief zu bewegen, größtenteils Mohammedaner. Auch die Tatsache, daß sie vor so vielen hohen geistlichen Würdenträgern der verschiedenen religiösen Bekenntnisse erschien, war und ist beispiellos.

Lassen wir also die lebensnahen Augenzeugenberichte auf uns wirken, damit wir sehen, was uns Maria mit diesen Bildern sagen will.

Bischof Athanasius der koptisch-katholischen Kirche berichtet von der Erscheinung am 2. April 1968: «Die Vielzahl der Menschen war erdrückend. Es war schwer, sich hindurchzudrängen, doch ich versuchte es, bis ich endlich unter der Gestalt zu stehen kam. Fünf oder sechs Meter oberhalb der Kuppel stand sie, in voller Größe, leuchtend wie eine phosphoreszierende Statue, aber beweglich, lebendig, sowohl die Gestalt als auch das Gewand bewegten sich. Es war schwer, über die ganze Zeit hinweg meinen Platz unter der Figur zu behaupten, denn die Menschenwogen schoben sich die ganze Zeit über hin und her. Ihre Anzahl mochte sich um Hunderttausend bewegen. Ich glaube, daß ich wohl innerhalb einer Stunde acht- bis neunmal vor der Gestalt über der Kuppel zu stehen kam. Dann fing ich an zu ermüden und dachte mir, es sei nun genug. Als ich der Menschenmenge den Rücken gekehrt hatte, hörte ich Rufe. Es erschien mir unrecht fortzugehen, während die Muttergottes noch dort war. Das Gitter, das den Hof begrenzte, war niedergestoßen worden, daher kehrte ich zum Amtsgebäude zurück, das auf der Rückseite der Kirche gelegen ist. Dort drinnen stand ich dann noch eine weitere Stunde von vier bis fünf Uhr, in den Anblick der leuchtenden Gestalt versunken. Unsere liebe Frau wandte sich gen Norden, winkte mit der Hand, segnete die Leute und auch diejenigen in der Richtung, in der wir standen. Sie selbst war ruhig, voller Herrlichkeit. Ihr Gewand bewegte sich im Winde. Es war, ich muß es betonen, ein übernatürlicher, ein himmlischer Anblick.

Ich erblickte auch eine große, eigenartige Taube. Sie war hinter uns hergekommen, ich weiß nicht von wo. Sie flog zur Kirche und wieder zurück. Mehrere helle Lichter zuckten über uns hin. Die Menschen um uns herum beteten. Moslems zitierten Verse aus dem Koran. Griechen beteten in Griechisch. Andere sangen koptische Hymnen. Was uns alle anzog, war ein Etwas, das über ein menschliches Erlebnis hinausging. Es fesselte uns. Da stand ich nun und mühte mich, das Antlitz, die Gesichtszüge der Gestalt zu unterscheiden. Ich sah etwas um die Augen und den Mund herum, aber doch nicht die eigentlichen Züge. Gegen fünf Minuten vor fünf begann die Erscheinung zu verblassen. Das helle Licht machte einer Wolke Platz, die zuerst hell und dann immer blasser wurde, bis sie verschwand. Später war ich noch sehr oft am Erscheinungsort. Diese Erscheinung aber hat doch den größten Eindruck bei mir hinterlassen!»

Der koptische Bischof Gregorius erzählt besonders schön von derselben Erscheinung: «Diese Ereignisse haben nicht ihresgleichen in Ost und West! Die Heilige Jungfrau erschien auf verschiedene

Weisen seit dem 2. April 1968. Sie erscheint noch immer (7. Januar 1969). Die erstaunlichsten und glorreichsten Erscheinungen fanden zwischen dem 27. April und dem 15. Mai 1969 statt. Bevor sie begannen, wurden Vögel wie Tauben gesehen, obwohl ich nicht weiß, was diese eigentlich sind. Machmal erscheinen zwei von ihnen auf der Kuppel, als ob sie gerade herausgeflogen wären. Doch die Kuppel ist dicht verschlossen, die Kuppelfenster lassen sich nicht öffnen. Man hat versucht festzustellen, woher sie kamen! Man konnte sie nach dem Osten fliegen sehen, dann wandten sie sich plötzlich und flogen dem Westen zu. Und während man sie noch beobachtete, sind sie plötzlich verschwunden.

Besonders erinnere ich mich an den 9. Juni, nach dem koptischen Kirchenkalender der Geburtstag der Muttergottes. Ich sah vor der Kirche von Zeitoun stehend zwei Tauben, sehr glänzend, weiß und hell, die Licht auszustrahlen schienen. Fest entschlossen, diese zu beobachten, folgte ich ihnen mit den Augen. Da wurden sie zu winzigen Wolkenflocken, die in den Himmel hinein zu verschwinden schienen. Diese Tauben schlagen nicht mit den Flügeln, eher gleiten sie dahin. Blitzartig erschienen sie und verschwanden ebenso rasch. Sie flogen nicht von der mittleren Kuppel weg, sondern immer um diese herum. Sie blieben stets bei der Kirche und ganz nahe von ihr befinden sie sich immer, wenn sie verschwinden. Manchmal fliegen sie zu sieben in der Formation eines Kreuzes, erscheinen und verschwinden wieder. Was immer sie für eine Formation einnehmen, sie wird behalten. Sie fliegen sehr rasch. Sie leuchten nicht nur auf einer Seite auf, sondern scheinen von innen her durchleuchtet. Federn kann man an ihnen nicht erkennen, nur Helles. Wenn eine von ihnen niedrig fliegt, so kann es vorkommen, daß sie größer und größer wird. Die Menschen sind sich klar darüber, daß dies keine gewöhnlichen Vögel sind. Sie kommen, um die Allerheiligste Jungfrau zu ehren. Gewöhnlich erscheinen sie einige Zeit, bevor eine Erscheinung beginnt.

Ich selbst habe nicht weniger als zehn verschiedene Formen der Erscheinungen erlebt. Einmal erblickte ich eine Öffnung am Himmel, wie die Öffnung zum Heiligtum der koptischen Kirche. Die Allerseligste Jungfrau erschien in dieser Öffnung, größer als lebensgroß, jung, schön, ganz von einem Licht umflossen, das die helle Farbe des ägyptischen Himmels zu haben schien. Auf dem Haupt trug sie ein Gebilde wie einen Schleier. Sie blickte zum Kreuz, das sich auf der Hauptkuppel befindet. Sie schien nicht glücklich zu sein, sie trug die Züge der schmerzensreichen Mutter. An dieser Stelle verblieb sie zwei bis drei Stunden hindurch.

Am Sonnabend, den 4. Mai, haben Menschen ‹Die Frau› in ihrem Strahlenglanz von neun Uhr abends bis zum Morgen acht Stunden lang sehen können. Sie war für Tausende und Abertausende sichtbar. Ich war damals auch dort. Viele gingen nach Hause, um ihre Familien und ihre Freunde zu holen. Die meisten der Anwesenden waren Mohammedaner.

Manchmal erschien ‹Unsere Liebe Frau› auch seitlich der Kirche oder mitten in einem Palmenbaum im Kirchhof. Auch ist ‹Unser Herr Jesus Christus› als Kind gesehen worden. Sie hält ihn im Arm, wohl um sich dadurch vor allem als Muttergottes zu bestätigen. Sie trägt das Kind immer im linken Arm, wohl, weil die Königin nach östlichem Brauch immer an der rechten Seite des Königs steht. Manchesmal trägt sie eine Krone, manchmal auch nicht. Sie mag mehrmals während einer Nacht erscheinen, einmal mit der Krone, manchmal ohne diese. Aber immer sieht sie wie eine Königin aus, sehr schön, sehr aufrecht. Sie bewegt sich so, daß sie alle sehen können. Langsam und würdig. Manchmal hält sie einen Olivenzweig in der rechten Hand. Ein anderes Mal erhebt sie beide Hände zum Segen.»

Diese wunderbare Erscheinung erinnert lebhaft an das Hohe Lied, das, von ägyptischen Liebesliedern beeinflußt, sich zu den wunderbar orientalischen Lobpreisen zwischen der liebenden Seele und Gott in glühenden Worten hochjubelt und die mystische Liebeseinheit besingt. Wo gäbe es ein besseres Vorbild als Maria in ihrer Liebe zu Christus und seine göttlich zärtliche Erwiderung?

«Schön bist du, meine Freundin, ja, du bist schön.
Hinter dem Schleier deine Augen wie Tauben ...

Doch einzig ist meine Taube, die Makellose,
die Einzige ihrer Mutter
die Erwählte ihrer Gebärerin.
Erblicken sie die Mädchen
sie preisen sie
Königinnen und Nebenfrauen rühmen sie.

Wer ist, die da erscheint wie das Morgenrot
wie der Mond so schön,
strahlend rein wie die Sonne,
prächtig wie Himmelsbilder?
In den Nußgarten stieg ich hinab
um nach dem Sprossen der Palme zu sehen ...»

(Hld, 4,1/6,9-11)

Dieses herrliche Liebeslied ist geradezu eine hymnische Schilderung dieser Erscheinungseindrücke!

So verwundert es dann auch nicht, daß eine der schönsten Erscheinungen Mariens am 1. Juni 1968, am Fest der «Flucht der Heiligen Familie nach Ägypten», stattgefunden hat.

Und was die silbernen Tauben betrifft, so sollten sie gerade die koptischen Priester daran erinnern, daß sie in ihrer Liturgie bei allen Marienfesten immer wieder singen: «Du Taube mit silbernen Schwingen, mit goldenem Flügel» (Ps. 68,14).

Die Menschen aller Religionsbekenntnisse waren sichtlich von diesen Marienerscheinungen berührt. Ein protestantischer Ingenieur erzählte, daß bei Erscheinungen Mariens alle zuerst «das ist doch nicht möglich!» riefen, dann, so berichtete er, fingen die Mohammedaner alle zu weinen an. Was sich da wohl in ihren Seelen entladen hat? Vielleicht hatte sie das reine Mütterliche Mariens ins

Innerste getroffen: ein Frauenideal, das sie an so heiß ersehnte Ideale wie Versöhnung, Geborgenheit und Liebe erinnert.

Herr Shumbo, ein Protestant, verstand es ebenso, seiner Begeisterung Ausdruck zu verleihen: «Ich sage euch, ich habe die Jungfrau gesehen. Ich sah sie in ihrer vollen Gestalt. Das waren keine Schatten, die ich sah. Tausende und Abertausende Menschen, Fünfzig- oder Hunderttausende kommen aus den Dörfern und Städten. Sie alle, auch die Mohammedaner, breiten ihre Leinentücher und Gebetsteppiche auf der Straße aus und singen Hymnen zu Ehren der Jungfrau und Muttergottes. Das haben wir noch nie getan, zumindest nicht öffentlich.»

Dazu kommen eine große Zahl beglaubigter Heilungswunder.

Es gibt keinen Zweifel an der Absicht Mariens in Ägypten, gerade hier wollte sie die verschiedenen Religionen versöhnen, besonders natürlich die Christen und die Mohammedaner: in diesem Zusammenhang soll eine der schönsten Stellen des Koran zitiert werden, die bezeichnenderweise Maria gewidmet ist:

«Maria, Gott hat dich erwählt, gereinigt hat er dich und auserwählt vor allen Frauen.

Maria, sei gehorsam deinem Herrn und werfe beugend dich tief vor ihm nieder ...

Maria, Gott gibt Kunde dir, die gute, eines Herrn entsandt von ihm, genannt Messias, Jesus, Sohn Mariens. Geehrt wird er hoch in dieser und der nächsten Welt, ganz dicht gerückt an Gott hin wird er sein. Er wird zu Menschen sprechen von der Wiege her und auch wenn er bereits erwachsen ist, denn von Gerechtigkeit erfüllt wird stets er sein.

‹Herr, Maria sprach's, wie soll es nun geschehen, daß mir ein Sohn wird, da kein Sterblicher mich je berührt?›

Doch sei es so, sagt Gott zu ihr, denn Gott erschafft, was er nur will, zu sagen hat er nur ‹es sei›, und es geschieht» (2; 42-47).

So ist die Anerkennung der Marien-Erscheinungen von Zeitoun erstmals eine die Konfessionen übergreifende: Sie erfolgte am 4. Mai 1968 vom Koptisch-Orthodoxen Patriarchat in Kairo; dann vom katholischen Patriarchen; vom Leiter der evangelischen Kirche Ägyptens. Und sogar die ägyptische Regierung gab die amtliche Bestätigung! Bei dieser Menge von Zeugen und Heilungswundern kein wirkliches Wunder. Oder doch?

Quelle: P. J. Palmer OSB: Zeitoun, die Frau kehrt nach Ägypten zurück; mit freundlicher Genehmigung der Arbeitsgemeinschaft e.V. «Das Große Zeichen - Die Frau aller Völker»

Die Bundeslade
San Nicolas 1983

Zum Abschluß wollen wir noch ein wunderbares Erscheinen Mariens in Argentinien auf uns wirken lassen.

Ganz still und heimlich begann Maria in San Nicolas am Fluß Paraná der 46-jährigen Hausfrau Gladys Quiroga de Motta am 25. September 1983 zu erscheinen.

Sehr bald entwickelte sich unter verantwortungsvoller Mitwirkung des zuständigen Bischofs eine große spirituelle Marienbewegung. Es wurde eine Kirche gebaut, eine Medaille geprägt und eine kirchliche Gemeinschaft gestiftet. Alles auf Bitten Mariens hin, die von dort aus als «Unsere Liebe Frau vom Rosenkranz» die Welt veränderte.

Um die Konturen des neuen Marienbildes unserer Tage, wie es sich in den bisherigen Erscheinungsgeschehen bereits herausbildete, um einen weiteren Schritt zu konkretisieren, seien hier wieder einige Gedanken aus San Nicolas herausgehoben:

Jesus Christus leitete die Ereignisse unter anderem mit folgenden Sätzen ein: «Die gesamten Botschaften meiner Mutter müssen gehört werden. Die Welt soll die Bereicherung entdecken, die sie den Christen bringt.», und wählte dazu den wunderbaren Vergleich: «Dieses Mal bin ich auf festem Boden, nahe bei meiner Bundeslade.» So wird deutlich, daß, wie der Marien-Theologe René Laurentin schreibt, Gott den Bund mit seinem Volk erneuern will, durch Maria, seine

Bundeslade. So wie es in der geheimen Offenbarung heißt: «Der Tempel Gottes im Himmel wurde geöffnet, und in seinem Tempel wurde die Lade seines Bundes sichtbar ...» (Offb. 11,19).

Maria bezeichnete sich in San Nicolas als Arche: «Ich bin die Arche. Hier bin ich vor Anker gegangen. Ich bin die Arche und will meine Kinder zum Herrn führen.» Dieses Selbstzeugnis stellt eine schöne Anspielung auf den nahen Paraná-Fluß dar; außerdem finden sich die zitierten Worte auch in der «Liebesflamme» wieder.

Dann nahm Maria zu dieser Zeit und dieser Welt Stellung: «Meine Tochter, wie damals in Fátima besuche ich heute wieder die Erde. Meine Besuche sind nur häufiger und dauern länger an, weil die Menschheit sich in einer äußerst dramatischen Lage befindet.»

Und die Seherin berichtete: «Ich sehe die Welt in zwei Stücke geteilt: ein Teil stellt zwei Drittel dar, der andere das verbleibende Drittel. In diesem Teil sehe ich die Allerheiligste Jungfrau mit dem Kind. Von ihrer Brust aus richten sich lichtvolle Strahlen in den Teil, der zwei Drittel der Welt darstellt. Sogleich sagt sie zu mir: ‹Gladys, du siehst gerade die halbvernichtete Welt. Mein Herz sendet seine Lichtstrahlen aus, um so viele Seelen wie möglich zu retten.›.»

Noch viele, tiefe Worte sprach Maria in San Nicolas, in diesem südamerikanischen Ort, und mehr als 1.800 warten auf die Herausgabe in deutscher Sprache. Darüber hinaus hat Maria in San Nicolas erstmals Hunderte von Hinweisen auf passende Bibelstellen eingestreut, um einerseits zu einer lebendigen Bibellektüre anzuregen und andererseits ihr Wirken «bibelkonform» auch für kirchenoffizielle Stellen zu dokumentieren.

«Ich bin die Mutter all dessen, was Gott geschaffen hat. Ich bin die Frau, mit der Sonne umkleidet, die neue Eva, diejenige, die die Menschen zum Licht führen und ihnen die Ewigkeit zugänglich machen wird. Amen, Amen! Macht dies bekannt!» Diese Selbstaussage der Gottesmutter soll abschließend nochmals auf eindringliche Weise die Rolle Mariens für uns Menschen und für die Welt unterstreichen.

Quelle: René Laurentin: Ein Ruf Mariens in Argentinien

Maria erscheint weiter

Sie, die wunderbare Retterin dieser ringenden Menschheit, bewegt täglich an vielen weltbekannten Orten, wie zum Beispiel in Medjugorje, oder auch im Verborgenen Millionen von Seelen. Dafür danken wir ihr.

Zum Ausklang seien noch die Worte aus den «Botschaften Marias an die Familien und an die Welt» (Rom, 1986) zitiert: «Der Herr hat in dieser Zeit die Hände voller Gaben. Er will euch verzücken, erleuchten, auf einen neuen, begeisternden, wundervollen Weg führen.» Und er läßt uns voll Freude «auf diese neue Welt schauen, die sich abzeichnet».

Teil III

Maria ruft mich

Ich weiß nicht, wie und wann es geschah. Wie sie, die Wunderbare, mich, den völlig Unwürdigen, angesehen und zu ihrem Diener berufen hat. Beinahe unmerklich trat sie in mein Leben und nahm mich so unbeschreiblich zart an ihre Hand, daß ich im Nachhinein nur mehr Vermutungen anstellen kann.

Vielleicht begann es, als sie mir am 19. Januar 1984 eine spirituelle Mutter als Führerin zur Seite stellte, nennen wir sie die «Mystikerin an der Donau», als diese mich (in ihrem Namen?) umarmte und sagte: «Ich bin deine Mutter». Und als dabei so vieles in mir aufbrach.

Jedenfalls kann ich mich noch sehr gut daran erinnern, daß ich nach diesem Ereignis monatelang, wie von magnetischen Kräften, von Mariens großem Heiligtum in Mariazell angezogen wurde. Bis ich schließlich am 23. Juli 1984 dort hinfuhr.

Im steirischen Gebirge angekommen, trat ich in die große, dunkle Basilika ein und setzte mich vor Mariens Gnadenbild. Ich fühlte es: Maria erfüllt diesen Ort mit ihrer lichten Kraft. Als Herrin aller Universen neigte sie sich damals in ihrer unendlichen Liebenswürdigkeit zu mir, um mich aufzuheben zu ihrer unermeßlichen Demut und Reinheit.

Damals habe ich im Dunkel ihres Hauses geweint, weil mir die Tröstung ihrer Mütterlichkeit und Weiblichkeit so neu, so zart, so rein und so unerreichbar erschien, und doch habe ich das alles, wie sie es uns vorgezeigt hatte, «im Herzen bewahrt» und von da an nicht mehr vergessen!

Sie hält dort, als Madonna von Mariazell, das göttliche Kind in ihren Armen. Eingehüllt in einen seidenen Mantel, versinnbildlicht sie die schützende Mutter aller Völker; weil sie ein großes Privileg innehat: Der Welt- und Schöpfungserlöser hat sich ihr ganz anvertraut. Gold blinkt erhaben, Ruhe umgibt den Pilger. Es war mir, als wäre ich einem großen Geheimnis auf der Spur.

Und plötzlich kam Zuversicht in mir auf. Zaghaft beschritt ich meinen Weg zu Ihm, zu ihrem und meinem Gott, in ihren Mutterarmen. Und die große Mutter nahm mein Vertrauen liebevoll an.

Wie wir bisher gesehen und von Maria gelernt haben, greift der Heilige Geist durch erwählte Menschen, seine Werkzeuge, in die dramatische Entwicklung unserer Tage ein. Die drängende Zeit verlangt nach feinsinniger Durchlässigkeit für das Geistige. Solch ein hochherziges, von Gott ergriffenes Werkzeug durfte ich in der Person von Luise Wittmann, der «Mystikerin an der Donau», über deren Sendung und Werk Maria ihren Schutzmantel gebreitet hat, persönlich kennenlernen und als Seelenführerin annehmen. Maria und besonders ihr göttlicher Sohn haben die Führung dieses begnadeten Menschen und damit letztendlich auch unsere zum Herzen des Vaters übernommen.

So konnte ich also meine spröde, männliche Ahnungslosigkeit Maria gegenüber langsam ablegen. In meinem Inneren erkannte ich es immer deutlicher, daß der Weg zum Vater durch Christus, seinen Sohn und Maria, der Miterlöserin, führt.

Aber wie das konkret und für mich persönlich nachvollziehbar sein könnte, das war und blieb mir ein großes Rätsel.

So lernte ich den mystischen «Rosenkranz der Verheißung» kennen und beten, den Christus und Maria uns durch die «Mystikerin an der Donau» gegeben hatten. Dabei fiel mir ein Satz besonders auf: «Jesus, der mich zur Dienerin seiner Mutter gemacht.» (Die weibliche Form für beide Geschlechter geltend!) Das Dienen angesichts und im Vorbild der höchsten Dienerin Gottes schien mir eine Dimension des Dienens zu eröffnen, die über alles Kleine oder Bemühte meilenweit hinausging. Und doch hatte ich die spezielle Marien-Spiritualität noch nicht erkannt. Ich war zwar, wie mein Namenspatron Georg, Mariens Ritter geworden. Aber ihre Innigkeit ließ sie mich noch nicht spüren.

Medjugorje

Als kleine Gruppe, vorwiegend Freunde der «Mystikerin an der Donau», kamen wir auf das karge Hochplateau von Medjugorje. Wir feierten die Messe im kleinen Erscheinungsraum der Kirche und fühlten uns sofort wie zu Hause.

Einige Tage lang erlebten wir dann dieses Stück Marienland in seiner herben Schönheit. Den roten, sandigen Boden im Tal und das dornige Gebüsch auf den Steinhängen der Erscheinungsberge. Regen und Sonnenglut. Menschen voll Liebe, ohne jede Etikette. Begegnungen aus dem Herzen heraus. Den wunderbaren Gesang der Bäuerinnen aus der Umgebung. Rosenkranzgebete, die die Seele forttrugen. Hunderte von Menschen Schlange stehend zur Beichte. Einfaches Annehmen einer unkapriziösen Marienfröm-migkeit. Menschen aller Konfessionen, evangelische, katholische und orthodoxe Christen, Mohammedaner und auch Religionslose; Einheimische sowie Fremde, sie waren, ohne daß sie es so recht merkten, Brüder und Schwestern Gottes unter der zarten Führung Mariens.

Wieder war ich von dieser unpathetischen Art des religiösen Umgangs miteinander sehr beeindruckt. Diese Eindrücke ver-mochten mein Herz ins Grenzenlose zu weiten. Ich habe diese Ent-krampfung dem Einwirken Mariens zugeschrieben.

Die Schweigetage

Als Schüler von Luise Wittmann ziehen wir uns von Zeit zu Zeit für einige Tage in vollkommene Einsamkeit zurück, was uns auch Maria durch die «Mystikerin an der Donau» mit folgenden Worten ans Herz gelegt hat: «Ich würde euch als Mutter einen guten Rat geben: Geht alle einmal in die Einsamkeit zurück. Wirklich in die Einsamkeit! Schließt euch völlig ab von jedem Menschen. Es genü-gen drei Tage. Aber ich glaube, am dritten Tag habt ihr es erreicht, daß ihr den Götzen Menschen heruntersetzt und dafür Gott in die Höhe. ... Geht nur mit euch und mit meinem Sohn in die Einsamkeit, und ihr werdet wissen, wohin ihr gehört.»

So habe ich es gehalten - und dabei die schönsten Gedanken über Maria und ihr Eingreifen vorgezeichnet bekommen:

Das ist doch ein Zeichen, daß jetzt das Zeitalter der Frau herangebrochen ist und daß mit ihm die Dauererscheinungen der Muttergottes an vielen Orten der Welt erfolgen. Die Welt ist in die Empfängnis-Phase für den Heiligen Geist getreten. Wann werden wir das Göttliche gebären? Ist das dann diese neue Welt, von der Maria so oft spricht? Stehen wir, ihre Kinder, zum Empfangen des Heiligen Geistes bereit? Wirkt bereits in manchen spirituellen Gruppen dieser Heilige Geist? Wird die Kirche, werden die Kirchen durch diesen universalen Feuergeist erneuert? Und wer war erfüllter vom Heiligen Geist als Maria?

Eine neue Welt tat sich in diesen Tagen der Stille für mich auf. Ich merkte, wie Maria diese Christusgeburt in mir vorbereitete. Und plötzlich versetzte sie meinen Geist in die Jugendtage. Leicht und zart war es auf einmal in mir und um mich herum. Ich roch das Keimen des Gartens, wie damals. Ich lief einem Falter hinterher. Und plötzlich verstand ich, daß mir Maria dieses Rückerinnern an die Kindheit gesandt hatte.

Luise Wittmann erklärte mir diesen Vorgang mit folgenden Worten: «Bewahre dir diese Kindlichkeit. Sie ist eine Urkraft, die du durch Maria bekommen hast.»

Warum mag das Kindsein wohl so wichtig sein? Als wertvoller Denkanstoß hierzu dienen die Worte Oda Maria Schneiders aus ihrem Buch «Im Anfang war das Herz»:

«Das Kind schämt sich seiner Schwachheit nicht, es gesteht sie vielmehr gerne zu, weil es mit Freuden mütterlicher und väterlicher Hilfe Raum gibt. Wäre nicht das Kind, es fehlte aller Macht, ... sich zärtlich zu verschenken. ... Der Allmächtige bedarf der Gehilfenschaft des hilflosen Kindes, um ganz erweisen zu können, wie zart seine Liebe ist. ... Nirgends im All kann sich die zarte Güte Gottes

244

Mariazell
Der Gnadenort der «Großen Mutter Österreichs und Ungarns»,
Mariazell, liegt fernab von allen großen Verkehrsstraßen
in wunderbarer Abgeschiedenheit.
Bildquelle: Österreich Werbung/H. & A. Pfeifer

so überwältigend spiegeln, wie in der äußersten Ohnmacht des Kindes, das um die Liebe wirbt. ... All dies hat seine Quelle in Gott, der die Liebe ist, und der im Kinde die Seinsgestalt geschaffen hat, in der er sein Liebstes, seinen Eingeborenen Sohn, den Ewigen Logos, ihm gleich an Majestät, sehen wollte, und die der eingeborene Sohn für sich selbst wünschte, um vom unendlich geliebten Vater in einer neuen Weise abhängig zu sein mit jedem Atemzug, und zu ihm empor zu lächeln, aus äußerster Ohnmacht seine unendliche Liebe heischend.

So ist das Kind Jesus das Geheimnis allen Kindseins und sein Sinn. Nur durch das gottmenschliche Kind gibt es in der Schöpfung Kinder Gottes».

Dieses Geheimnis hat kein erschaffenes Wesen so tief ausgelotet wie die Mutter des göttlichen Kindes, wie Maria. Und deshalb stellt sie dieses «Werdet-wie-die-Kinder» in den Mittelpunkt ihres Wirkens und des für alle Menschen so dringend notwendigen Marienweges.

Es dauerte lange. Aber auf einmal hatte ich es verstanden.

Dazu eine Botschaft Christi durch die «Mystikerin an der Donau»: «Ich möchte gerne, daß auch ihr ganz verstehen lernt, was meine Mutter für jeden Menschen ist: nämlich tatsächlich eine Mutter. Und zwar eine Mutter mit höchster Gewalt. ... Und die beste Anleitung, sich meiner Mutter zu nähern, ist einfach die, ihr alles kindlich anzuvertrauen. ... Denn ich, nie aus dem Göttlichen ausgetreten, kann also die (menschliche) Kindschaft, die euch gehört, nie bis in das Letzte teilen. Aber sie hat es getan und sie steht mitten unter euch, in einer ganz anderen Art als ich, ganz euch gehörend ...»

So will ich denn meinen Marienweg fortsetzen, im Sinne jener Worte, die Totapuris zum großen indischen Heiligen Ramakrishna sprach: «Du hast die heilige Mutter gefühlt; nun mußt du sie denken und verwirklichen. Oder willst du nicht die Einheit mit Gott erlangen?»

TEIL IV

Maria Universalis

Erstmals wird hier nun ein thematisch geordneter Auszug aus den vielen Marienworten durch die «Mystikerin an der Donau» veröffentlicht. Sie ist selbst Mutter vieler Menschen, so auch von mir, und als Schüler empfinde ich für sie große Liebe und Zuneigung. In ihrer glühenden Liebe zu Christus, in ihrem menschlich-nüchternen Humor und in ihrer großen, geistigen Weite, die keine kleinliche, religiöse Ausgrenzung oder selbstgerechte Verurteilungen kennt, ist sie uns allen ein leuchtendes Vorbild.

Ich möchte nochmals Oda Maria Schneider zitieren, selbst Ehefrau, Mystikerin, später Karmelitin in Wien, die in ihrem Werk «Die Macht der Frau» den Bogen spannt von der Ur-Mutter zu Maria. Sie schreibt über das Prophetentum der Frau: «Gott bedarf, nach seinem heiligen Plane des Schweigens der Frau; es soll ihm der Raum für das Unsagbare sein. Dagegen bedarf er des Redens der Männer zur Ausgestaltung seiner Lehre. Wenn er dann einer schweigenden Frau die Lippen öffnet, dann leuchtet die Prophetenkraft ganz eigens aus ihr hervor.»

So verhält es sich auch mit den folgenden Botschaften von und über Maria durch die «Mystikerin an der Donau», meiner geistigen Mutter Luise Wittmann.

AUS BOTSCHAFTEN VON 1952 BIS 1994

Marienvision

Entrückt sah Luise Wittmann am 9. Juni 1952 Maria mit Jesus und sprach dabei folgende Worte des Entzückens:

«O Maria, du Gnadenvolle, dein gekröntes Haupt ist in Liebe herabgeneigt, und deines Sohnes Hände ruhen in den deinen. In himmlischem Frieden seid ihr vereint. Es ist unter euch die wunderbare Liebe. In dieser großen Vereinigung steigt herab!

Es bereiten sich die Scharen der Heiligen und Engel, um euren Weg zu bekränzen mit den Blumen ihrer Liebe und ihrer Verehrung. Die seligen Märtyrer bieten ihre Leiber als Stufen euch an. Ihre Wunden leuchten, gleich hellsten Gestirnen, in lichtester Glut. Während eure Füße im Niederschreiten die Wunden berühren, strömen sie köstlichen Balsam aus. So kommt die göttliche Liebe geschritten!

O Herr, der du selbst deine Mutter kröntest, du bietest uns zum Schemel ihrer Füße an. So ist das Land der Verheißung, das wir von nun an betreten, aus göttlichem Reich zu uns gerückt.

Die Scharen, die zuerst gekommen, lagern sich um die Füße unserer Mutter. Von ihrer Krone schweben Bänder herab, und jeder einzelne aus der Schar nimmt das Ende eines Bandes. Welch weihevoller und heiliger Akt: Die gekrönte Mutter im Arme ihres Sohnes, umlagert von Unzähligen aus göttlichem Reich!

Mutter, deine armseligen Erdenkinder lieben dich! In innigster Demut wenden wir unsere blinden Augen zu dir. Mache sehend und heilend! Aus Tiefen rufen wir zu dir!»

Die himmlische Zwiesprache

10. Juli 1953: «...O mein himmlischer Sohn, ich bin dir Magd und Mutter zugleich. Was ist dein Begehr an mich? Du hauchst mich an mit dem Kuß deiner Sohnesliebe, und mein Mutterherz wird ewig darin glühen. Denn in unaussprechlicher Liebe bin ich dir hingegeben...»

1. Dezember 1953: «O mein Jesus, du bist der Herrlichste, und deine Mutter liebt dich und betet dich an im Geiste der Demut!»

17. Januar 1978: Jesus: «Meine Mutter, ich bekränze dich immer mit meinen Liebesrosen und trage dir alles vor dich her, was du gerne umwandelst, eben Haß in Liebe, Unkeuschheit in Keuschheit. Da bist du, du herrlichste und mütterlichste Frau!»

4. Februar 1978, Jesus: «Noch einmal komme ich, um einen Schleier abzuheben. Meine Mutter ist eingetreten. Als Königin aus dem Reich des Vaters. Alle Sterne sind ihr zu Füßen hingeordnet. Alle Weiten lagern um ihren Platz, über ihr ist das Himmelszelt ausgebreitet mit allen Gewalten. Sie hält Zepter und Reichsapfel in ihren Händen, denn so gebührt es ihr als Königin. Ihr Erlösungswerk ist Berufung, und auch ihr Königtum kommt daraus. Sie hat mich hingeschenkt in ein Opferleben. Das hat ihr die Krone geschenkt. So strahlt sie als Herrscherin, wahrlich so wie ich in meinem Herrschertum über Himmel und Erde. Ich will das Knie vor ihr beugen und ihr Herrschertum anerkennen für uns ...

Meine Mutter, du bist eine wahre Königin. Ich liebe dich mit der herrlichen Liebe des Vaters. Unser Brautlager war das erste und heiligste. Und alle anderen Brautlager sind dem deinen unterstellt. Keine Braut kann auf das Lager schreiten, wenn du sie nicht begrüßen wirst. So ist alles dir zugeeignet von dem Vater, dem Sohne und dem Heiligen Geiste der Liebe. Meine Mutter, Königin, wir lieben dich und beugen das Knie vor dir!»

Die Gottesgebärerin

Jesus, als der Engel des Herrn Maria die Botschaft brachte:

«Das Kind seiner Mutter will euch lehren, mit welch großer Zärtlichkeit und Geduld sie ihn dereinst empfing. Es hauchte die Gnade einen Schein um sie und webte darinnen mein irdisch Gewand. Und siehe, ein Engel stürzte herab vom Himmel, fiel nieder auf die Knie und sprach also im Schein der Gnade:

‹Maria, du bist gesetzt über alle Mütter der Erde. Gegrüßt seist du, Dienerin des allmächtigen Herrn!›

Und er löste ihr die verknüpften Riemen der Sandalen und löste die Schuhe ab und enthüllte ihr Angesicht von dem verdeckenden Schleier. Dann sprach der Engel weiter:

‹Du wirst einen Sohn empfangen, der der Sohn des Allerhöchsten ist.›

Der Engel entfernte sich, die Gnade aber verstärkte sich um Maria, in der ich in meiner irdischen Hülle schon schwang. Maria hauchte ihre zarte Liebe in diese Gnade ein, und voll Verlangen nach ihr drang ich als selige Wolke in meine geliebte Mutter ein.

O Mutter, o Mutter, o Mutter, noch einmal dieses selige Empfinden, daß du mich umschlossest als Kelch, der eine süße Frucht zur Reife hat angenommen! Mutter, wie dankt dir heute noch dein Sohn!

Dieses schenke ich euch als Zeichen meiner besonderen Gnade: Drücket diese unendliche Liebesempfindung zwischen Mutter und Sohn zutiefst in euer Herz ein, denn aus dieser Gnade heraus soll euch ein Strom von Liebe erwachsen, so daß ihr aus Liebe meiner Mutter gleich werdet und mich voll Seligkeit empfangen könnt, wenn ich euch nahe.

Kommet alle zu mir, denn ich bin es, der euch erquicket als süßeste Frucht aus begnadetem Leben!

Maria, meine Mutter, lehre sie beten zum Vater und zu mir!»

Maria, die Mutter des Herrn: 17. Juni 1952: «Mein ewiger Vater, deinem Willen stets gehorsam, will ich deine Menschen lehren, daß sie dir gehorsam sein müssen. Denn nur so lieben sie dich wahrhaft. Und dich, mein himmlischer Sohn, soll ihr Herz grüßen in großer Zärtlichkeit. Auch als Blume mögen sie dich umschließen, Kelchen gleich, die sich beginnen zu vergolden, aus seligster Liebe und himmlischer Hingabe an dich. Oh, fließe über, Strom der Zärtlichkeit und des Glücks, dich zu lieben, geliebter Sohn, geliebter Herr!

Siehe, ich bin die Magd des Herrn, mit mir geschehe nach seinem Wort. Seid gesegnet im Frieden unsres Vaters und meines Sohnes!»

23. Dezember 1952: «O höchster, gnadenvoller Vater, es ist die Stunde, da du deinen Sohn empfängst als ein Geschenk, das ich aus mir geboren.

O gnadenvoller Vater, der du höchste Zärtlichkeit mir geschenkt und mich zur Mutter deines Sohnes auserkoren, nimm hin, nimm hin, o Vater, dies gnadenvolle Geschenk! Deine Erde hebt den Sohn empor, der aus mir ausgegeben wurde. Komm, Vater, nimm dir deinen Sohn! Viele Menschen werden ihn gebären, die, die für dich bestimmt sind. Sie haben ihn empfangen. Denn so wie mich der Geist einst rief, der von dem Vater ausgegangen, so rief er diese Menschen aus der Welt und hat sie nah zu deinem Thron geladen. O Seraphine, die ihr einst das große Wiegenlied bestellt, als Gottes Sohn zur Welt gekommen, erhebt die Glockenstimmen, singt das wundersame Krippenlied, das ihr mir damals habt gesungen, laßt es erschallen für des Vaters Preis und Lob! Laßt es erschallen für des Sohnes erstes, heiligstes Erleben!

Mein süßes Kind, noch einmal reich ich dich dem Vater. Möge er es erblicken, dieses Kind, und sich darinnen selbst erschauen, im Spiegel, der ihm hingestellt. Oh, Glück und Freude für die Welt, daß ich den Heiland konnt gebären!

Mein Vater, hast du dich in deinem Sohn betrachtet, wie er ganz dein Ebenbild, vom Anfang bis zum Ende, stets voll innigstem, beglückendem Sein für dich. Komm Vater, gieß dich ein, in alle diese Leben, die den Jesus tragen. O Vater, siehe, alle sind dein Ebenbild, weil sie den Jesus tragen.»

2. Februar 1992: «An diesem Fest steigt die Erinnerung auf, der Eintritt in einen Tempel. Wie weihevoll und ruhig empfängt er einen, und die Stille ist es, die einen umgibt, die Stille Gottes, die einen umfängt und jede Bewegung, und jede Bewegung, die in den Riten vorgeschrieben, ist heilig und voll der Ruhe. Man geht und taucht seine Hände in das geweihte Wasser und man tritt mit seinen Füßen hinein, und es ist das Reingewaschen werden, das Reingewaschen werden.

Wie steht es doch in eurem Sinne, daß auch ihr um die Reinheit kämpft, und es nicht damit abgetan ist, seine Hände in das Wasser zu stecken und mit seinen Füßen einzutreten in das Wasser, um heilig zu sein. Es ist ein langer Weg, wenn man in das Heilige eintritt, ein langer Weg zur Vollkommenheit und es liegt nicht an einem Feste, daß ich in euch die Lebendige bin, die geboren hat, und die in der Jungfräulichkeit geschritten ist. Auch ihr legt doch ab, was euch an das Leben gebunden hat, und auch ihr müßt eintreten in die Stille eines Tempels. Der Tempel für euch ist mein Sohn, in dem alle Weisheit, alle Herrlichkeit und alle Reinheit liegt. Es ist der Schöpfungsakt für euch, aus dem ihr neu geboren eintretet in die Stille, aus der das Gottesleben kommt. Keine Empfängnis ist laut, sie geschieht ganz in einsamen Stunden, in Stunden, wo man im Geiste Gottes ist und so von ihm erfüllt ist, daß man empfangen hat.

...Wer kann es je ergründen, wieso er Mensch geworden ist, wer kann es je ergründen, daß die Barmherzigkeit aus unserem Vater ihn sein Leben angewiesen, um aus meinem Mutterschoße zu kommen. Wer könnte je begreifen das unsagbare Opfer eines Gottes, sich hinzugeben in die Menschheit, um mitzuleben ihr Menschentum, zu sterben und aufzuerstehen. Wie lösen sich die Fesseln, wenn man abgeglitten ist aus der Zeit der Trauer, aufersteht, um die Wahrheit zu finden, in diesem Erlöstsein von allem, das je bedrückend war. Möget ihr doch meine Hand ergreifen, möget ihr verstehen, wie es still in euch sein muß, damit ihr begreifen könnt das Göttliche, und in diese Stille eingehen, um mit diesem Göttlichen zu sein. Das ist die Vorbereitung auf das geheimnisvolle Leben meines Sohnes, das ist das Ergreifen meiner Hand, damit ihr wißt, das ihr in mir und durch mich zu meinem Sohne findet.

Das ist das große Geheimnis meines Lebens, das Geheimnis meiner Mutterwürde, das erhöht worden ist zu der Mutterwürde über alles, was in der Schöpfung steht. Ein Schoß, der die Gottheit selbst getragen, kann nur der Schoß sein von all dem, was lebt. Ich bin geschaffen für die Reinheit des Lebens, ich bin geschaffen, zu tragen das göttliche Leben in alles, was lebt, ich bin geschaffen, um der Weg zu sein zu meinem Sohne, um der Weg zu sein, daß man das Göttliche ertragen kann. Ich bin gekommen, um meine Mutterschaft an euch zu lösen, so daß ihr eingeht in dieses Leben, aus Reinheit, aus der Wahrheit und aus der herrlichen göttlichen Liebe. Ich bin vereint mit dem Geiste aus diesem Vater und dem Sohne, und in meiner Vermählung mit ihm ist alles enthalten, das lebendig sein und in Gott ruhen und auferstehen kann.

Das mag euch der Eingang in den Tempel gebracht haben, in dem ich meine Hände und meine Füße in dem Wasser der Klarheit und der Reinheit wusch. Möge euch der Gang, den ich getan, zur Hilfe werden, daß auch ihr eintretet, um gewaschen und rein zu sein.

Eure Mutter wünscht euch dies an diesem Erinnerungstage.»

11. Mai 1991: «...Ich möchte euch heute sagen, daß ich wohl die Königin im ganzen All bin, denn mein Sohn hat mir die Krone dazu gereicht und sein Werk der Erlösung ist in mir für euch geworden. Ich wurde das stille Reich seiner ersten Nahrung, und meine Liebe hat ihn begleitet bis zu seinem Erlösertod.

Wenn ihr mich ein wenig lieben könntet, dann will ich in meiner hohen Mutterschaft unentwegt an euch denken. Keine einzige Bitte von euch soll verloren gehen. Ihr sollt wissen, daß ich wahrlich eure Mutter bin, um dieses Jesus willen, der sich geopfert hat in der Hoffnung, im Glauben und in der Liebe. Es gibt nichts Höheres als das Opfer meines Sohnes, durch das alles das wiedergewonnene Leben hat, das hohe, geistige Leben, das aus ihm kommt und daher euch allen zusteht und nicht mehr verloren gehen kann.

Seht ihr, gerade dieses Opfer, das sich fortsetzt auf dem Altar der Kirche, das müßt ihr achten und ihm, wo immer er auch ist, wo immer ihr ihn findet, die Liebe ihm entgegenbringen, die er doch durch dieses Opfer verdient hat. In keinem Herzen soll er vergessen sein, und ich, seine und eure Mutter, möchte immer darum bitten, daß kein Herz ihm verloren geht und keine Seele in der Nacht verbleibt und in der Dunkelheit, in der Schwere. Oh, seid mit euch barmherzig und liebt, liebt euch, den Nächsten und vor allem meinen Sohn, denn er ist der Höchste bei unserem Vater.

Oh, wenn ich euch das mitgeben kann in diese Weihetage, wo ich euch so nahe sein darf, wo ich die glückliche Königin sein darf, die alles einheimsen darf, was sie dann weitergeben kann, so daß alles zum Blühen und zum Leben kommt. Oh, da bin ich mit euch glücklich. Dann weiß ich, daß mein Muttersein Ziel und Zweck und Sinn hat und dann weiß ich, daß ihr meinem Sohn über mich hinweg lieben werdet und sein Opfer anerkennt.

Dann kann ich euch meinen Muttersegen geben aus meiner Liebe heraus und aus meiner Größe heraus, die mir geworden ist, als die Gläubige, die empfangen hat und geboren das Höchste, was die Erde betreten hat.»

Die Mittlerin

11. September 1975: «...Und es ist nun so, daß der Himmel gefügt hat, daß ich in diesem Erkorensein die Mutter aller geworden bin und es nichts gibt an lebendigem Leben, das sich nicht über mich in meinem Sohn lebendig macht. Aber ich bin die Magd, die zum Dienen berufen ist und alles meinem Sohne schenkt in der Hoffnung, daß er es nimmt und zu dem Vater bringt. Es ist immer so: Geburt geht über etwas, das sich hingibt, und ich bin die Magd, die sich hingegeben hat und sich immer wieder hingeben wird im Glauben, in der Liebe und in der Hoffnung, daß alles sich erfüllt, was des Vaters Wille ist und daß es sich durch meinen Sohn erfüllt.

Und auch ihr könnt nur über mich die Erfüllung dessen erreichen, wenn der Engel die Botschaft überbrachte. Ich stehe immer am Throne des Vaters als die Erkorene und werde alles mit jener Nahrung versorgen, die das Leben durch meinen Sohn speist. Das ist Glaube, Liebe und Hoffnung in Eins geschlossen, was über mich durch meinen Sohn geschieht. Daher wird der Vater immer meinen Bitten Gehör schenken. Freilich werde ich nur bitten um das, was in seinem Willen gelegen ist. Aber alles, was euch zugekommen ist, das ist im Willen des Vaters, und so werde ich nicht aufhören zu bitten, am Throne des Vaters für euch ...»

2. Januar 1984: «... Ich freue mich, wenn ich für Menschen bei unserem Vater die Bitten erfüllen kann, die sie zu ihm senden. Und auch für euch will ich diese Gnadenvermittlerin sein, die gerne eure Bitten vor den Vater trägt...»

14. März 1985: «... Wer wird mir ganz nahe kommen, wenn er mir die Perlen seines Rosenkranzes der Verheißung in den Schoß legen wird? Wer wird ihn beten mit der Inbrunst, auf daß mein Sohn wahrlich seine Liebe spürt? Und wer wird dann die Perlen des Rosenkranzes aus meinem Schoße heben, weil seine Hände so würdig geworden sind, und so voll Liebe und Zärtlichkeit das Haupt meines Sohnes berührten? Wer wird in seiner Inbrunst voll Hoffnung und Glauben die höchste Liebe sich errungen haben und nie gezaudert haben, den Willen des Vaters zu tun? Wer wird die süßeste Frucht werden, die mein Sohn hinreichen wird, damit sie der Vater auf die Tafel des Lebens legt? Wer wird aus sich den letzten Tropfen Blutes nehmen, damit der Nächste davon den Atem erhält? Wer wird sich hinbeugen vor jedem, damit er ehrend seinem Vater diesen Nächsten im Gruße schenkt?»

Die Reine

14. März 1985: «... Wie sehr umfange ich euch heute hier in diesem Hause, das mein Sohn mir geöffnet hat und in das ich eingehe als die Königin des Friedens und der höchsten Liebe. Ich bin gekommen, um alles neu zu gestalten für die himmlische Herrschaft meines Sohnes, auf daß aus diesen Mauern das neue, heilige Leben komme. In diesem Augenblick tilgt meine Reinheit alles aus, was nicht standhalten kann der neuen, hohen Entwicklung ...

... Ich habe Millionen und Milliarden Kinder und hülle sie alle ein in meine Mütterlichkeit, schenke ihnen die Freude des Lebens und will sie ganz in das Reine führen. Was könnte es Höheres geben als die Reinheit des Herzens. Darauf kommt es an, wie man eine Handlung tut: Wenn sie reinen Herzens ist, ist sie geadelt.»

3. Januar 1984: «... Und das ist nun mein mütterliches Sein an euch, daß ihr euch immer wieder an mich wenden sollt, wenn eure Tugenden, von denen ihr glaubt, ihr habt sie schon, wieder nachlassen, dann bittet doch um meinen Beistand! Mein Sohn hat es euch heute erklärt, daß ich im hohen Vermögen stehe. Wenn ihr mich also bittet in diesem Sinne, dann werde ich mit aller Macht bei euch sein, die mir zu Gebote ist, und ich habe der Schlange den Kopf zertreten. Damit ist auch die Natur geadelt durch mich, und ich kann euch die Reinheit vermitteln, die mir eigen ist ...

... Seht, meine Geburt, die hat Gott außerhalb der Sünde gestellt, und er stellte mich in das Leben, sündenlos und rein. Aber als ich auf der Erde war, da wußte ich nichts von dem Ausdruck seiner großen Gnade, sondern es schien mir nur unmöglich, das Unreine zu begehen, und es schien mir unmöglich, lieblose Taten zu tun. Und mit dieser einfachen Einstellung einer aus der Sünde gehobenen Natur begann ich meinen Weg der großen Erfüllung für die Erde ...»

6. Mai 1974: «... Und es ist gerade das Bestreben des allmächtigen Vaters, daß er durch meine Allgewalt die Reinheit ausgeben möchte über sein ganzes kosmisches Gebilde. Und so nützt auch ihr vielleicht da, wo meine Kraft am allerstärksten auf der Erde wird und wirkt, daß ihr in der Reinheit vorwärts schreitet ...»

24. April 1991: «... Ich gehe unter euch als die Makellose, von nichts belastet und nur dazu geboren, um das Höchste schenken zu können, und diesen Glauben möchte ich euch heute vermitteln, daß ich die unbefleckt Empfangene bin, an der nichts haftet, allein die Reinheit aus dem Vater.

Seht ihr, das ist im Glauben enthalten, daß man unbedingt in die Reinheit schreiten muß, aber sie gehört nicht allein dem Körperlichen an, sondern im Geiste rein zu sein heißt, makellos zu sein, und jeder Gedanke muß die Reinheit enthalten und jede Handlung muß aus dieser Reinheit kommen. Und dazu muß man im Glauben stark sein, damit das Herz diese Reinheit erhält.

Im Glauben stark zu sein und im Herzen rein, wie könnte man es verstehen, daß diese beiden Begriffe zusammengehören? Das heißt nämlich, nur der, der wirklich glauben kann, beginnt sein Herz zu wandeln und zwar nach dorthin, was ihn der Glaube erfahren läßt. Und damit kommen wir eigentlich zu dem Ursprung der makellosen Reinheit einer Seele.

Sie ist nämlich durchdrungen von dem Gotteslicht, und nur im Glauben kann man das Göttliche erfahren. Dies hat keine wissenschaftliche Bestätigung. Wohl werdet ihr wissen, daß der Glaube eine solche Stärke erfahren kann, daß er vollkommen ein Wissen ersetzt. In dieser, meiner Sprache liegt nichts, was ihr nicht verstehen könnt, denn ich reiche es mit einfachen Worten, so wie eine Mutter es hinbreiten kann vor ihr Kind. Glaube ist kein wissenschaftlicher Begriff.

Es ist die Sprache des Herzens, und damit verbinden wir also Stärke des Glaubens und Reinheit des Herzens. Nur ein reines Herz kann wirklich glauben, und nur aus einem reinen Herzen entwickelt sich ein starker Glaube, der zum Wissen wird. Und wenn ich euch sage, daß ich die Makellose bin von jeher, so bin ich doch jene, die vom Grunde aus auserwählt war, die Herrlichkeit des Höchsten zu tragen.

Die Herrlichkeit zu tragen, wißt ihr auch, wie es ist, beschattet zu werden von dem Geist? Alle müßt ihr es einmal erfahren, die Beschattung aus dem Geist, damit auch ihr das Höchste tragen könnt, nämlich meinen Sohn, den Erlöser des ganzen Menschengeschlechtes, das hingerichtet ist zum Akte der Freiheit in die Göttlichkeit.

Ihr werdet meine Sprache wohl verstehen, denn es kommt doch aus meinem Mutterherzen, daß ich euch heute erklären will, daß nur eine makellose Seele meinen Sohn gebären kann. Er hat so oft zu euch gesprochen, daß ihr wißt um sein Leben, daß ihr wißt, daß er das Heiligste ist, das die Erde je betreten hat. Ihr wißt, daß er die Mitte seines Vaters ist. Ihr wißt, daß er das Herz seines Vaters ist. Und in der Gläubigkeit all dieser Begriffe, die in eurem Herzen aufsteigen kann, könnt ihr meinen makellosen Sohn in euch mit seiner Herrlichkeit gebären und ertragen.

Wieder gehe ich zu dem Glauben zurück, der stark sein muß, um diese Herrlichkeit zu erahnen.

Ich habe nicht geschwiegen, weil ich nichts zu sagen wüßte, sondern damit ihr überdenken könnt, wie ihr die Herrlichkeit meines Sohnes ertragen könnt. Aus meinen Händen quillt der Strom der Reinheit meines Wesens, und ich bin gekommen, damit ihr nicht nur im Verstande den Glauben haben sollt, sondern im Herzen, und diese Ströme meines Lebens der Reinheit mögen heute in eure Herzen dringen. Ich halte heute meine Hände bereit, und als diese Mutter, die euch unendlich liebt, die dankbar ist, daß ihr ihr Gebetsrosen schenkt, will ich euch zu meinen Händen lassen, so daß ihr anhaftet, wie eine Traube, die aufgefüllt wird mit Saft, und es ist der Saft meiner Reinheit, den heute meine Hände euch schenken wollen.

Nehmt meine Hände und gebt diese Kraft, die Heiligkeit meiner Reinheit, in euer Herz.

Gebt eure Hände weiter, seid nicht kärglich damit. Freilich ist es erst der Beginn, der Samen zur Reinheit in eurem Herzen ...

... Wenn ihr aufnehmt dieses Reine aus mir, das mein Gott und Schöpfer mir mitgegeben, so seid ihr nicht mehr nur gerufen, sondern ihr seid erkannt vom Vater. So wie ich erkannt war in meiner Reinheit des Lebens unter euch ...

... Das ist das neue Geschlecht, das kommt und aus meiner Reinheit ist und das Makellose tragen wird und strahlen wird über das ganze All hinaus bis zu unserem Vater, und er wird jeden anerkennen, daß er der Miterlöser war, gleich mir.

Ich kann euch nichts anderes mehr sagen, als daß ich euch meine höchste Liebe vermittelt habe in der Reinheit, die aus mir ausgeströmt in diesem Hause und meinen Dank für die Gebetsrosen, die ihr mir geschenkt, für die Treue zu meinem Sohne und für die Verehrung unseres Vaters ...»

18. Dezember 1974, Maria: «Mein Jesus ist das Allerhöchste. Was Gott gewürdigt hat, daß er diesen Jesus zur Welt setzen soll, das hat dieser Gott so gewürdigt, daß er mir die Krone auf das Haupt drückte, einer ewigen und immerwährenden Mutterschaft, die getragen ist über das ganze Dasein. Neben meinem Sohn bin ich die Königin. Mich hat die Allgewalt Gottes so berufen. Ich komme als die schlichte Mutter zu euch, denn ihr sollt ja meine Sprache verstehen. Ihr sollt aus meinem Leben wissen, wie rein eine Magd sein kann und trotzdem ein Kind erhalten. Und auch eine Frau, die einem Gatten sich schenkt, kann rein sein. Und ein Gatte, der hingeht, um das Leben zu erwecken in seiner Frau, kann rein sein. Ich möchte euch diese Reinheit vermitteln. Keine trüben Gedanken sollen euch beschatten und kein Sündenfall mehr geschehen. Die Liebe ist etwas unendlich Heiliges. Das höchste Gut in der höchsten Reinheit. So geht doch hin und befleißigt euch dieser höchsten, reinen Liebe, die eben alles sein kann: Gatten-, Mutter-, Brautliebe, wie immer sie für euch fällt ...»

1. Februar 1977, Jesus: «So muß doch über all dem die Reinheit mitstrahlen, und dazu hat meine Mutter dieses reinste Licht, das je Gestaltung auf sich genommen hat, den Urquell dazu geschaffen.

Wenn man also meine Mutter verehrt, muß man immer daran denken, daß sie aus dem Reinsten eine Schaffung des Vaters ist, gegeben für das ganze Weltenall als mütterlicher Prozeß, der sich überall hineinbegibt und alles formt und in die Reinheit setzt. Das also ist meine Mutter. Und wenn ihr für sie eine große Liebe und eine Verehrung aufnehmt, so mag es besonders sein, weil sie das Reine und die höchste Liebe ist, die aus dem Vater als Schöpfung ausgegeben. Klammert euch also an dieses Mutterherz, das für alle gegeben ist und in dem auch ich das Erlösungswerk in dieser reinen Geburt vollzogen habe.»

Die Kinder

28. September 1967: «... Kinder haben es nicht gerne, wenn sie immer nur erzogen werden. Sie möchten einfach leben, unter Steinen, Sand, Wasser und ein wenig Schmutz. Es ist schön, wenn der Tag die Sonne hat und wenn alles grünt, alles blüht und sich alles freut. So oft weinen die Kinder, weil sie so viel erzogen werden, und so oft stehen sie in Ecken und wissen nicht warum. Kinder haben eine einfache Betrachtung, viel einfacher als der erwachsene Mensch. Kinder wissen nicht, warum das Kleidchen unbedingt so schön sein muß. Kinder wissen auch nicht, warum die Eltern eitel sind auf sie ...»

Das Vorbild

13. März 1983: «... Deshalb muß ich euch heute mahnen, daß ihr an meinem Leben nicht vorübergehen dürft. Viele Menschen haben mein Leben betrachtet, und ich half ihnen dabei, daß sie es oftmals in der größten Tiefe und in der wahren Fülle erkennen konnten.

Auch heute will ich darin die rechte Mutter sein und euch in dieser Betrachtung helfen. Es ist der ausdrückliche Wunsch des Vaters, daß ihr mit Hilfe des Geistes aus ihm mein Leben verstehen lernt. Deshalb setzt euch gerade dieser kommende und schwer gangbare Pfad auf meine Straße. Und ich will immer bei euch sein, damit ihr alle Weisheiten aus mir lernen könnt. Wenn ihr diese Weisheiten gelernt habt, dann mögen sie auch von euch so Besitz ergreifen, daß ihr aus meinem Bilde kommt, um meinen Sohn so ansehen zu können, als stünde ich vor ihm.

Glaubt mir, Söhne lieben ihre Mütter, und der meine macht keine Ausnahme. Deshalb will mein Sohn alle seine Bräute nach mir gestaltet sehen ...

Ich bin also der heiligste Tabernakel für euren Herrn und Gott geworden. Aber ihr alle seid Tabernakel für ihn! Nehmt ihn ununterbrochen auf und haltet ihn bei euch. Je mehr ihr euch ausschmückt mit Tugenden der Liebe, der Hoffnung und des Glaubens, desto schöner wohnt mein Sohn in euch.

Ihr könnt ja nicht begreifen, wie herrlich er ist! Weil ihr als Menschen so blinde Augen habt. Aber wenn ihr nur einmal einen einzigen, winzigen Lichtstrahl seiner Göttlichkeit klar schauen könntet, dann wüßtet ihr, wie sehr ihr ihm ergeben sein und wie sehr ihr ihm alles tun müßtet, damit er wunderbar in euch wohnt. Er gedenkt ja auch alles mit euch zu tun, zu arbeiten und euch selbst zu vollenden. Nie hat sich ein Mensch noch vollendet, bevor er nicht die göttliche Liebe in sich geweckt hat. Aber wenn er sie wecken kann, dann ist er ganz in Einheit mit meinem Sohn, und das Licht der Liebe wird klar, rein und unumstößlich aus ihm leuchten.

1. Februar 1977: Viele haben heute die Schleppe meines Krönungsornates getragen und sie sind die Bedeutendsten, die heute mitgekommen sind zur Erde, um das Licht wieder in Fülle auszugießen, weil es gilt, ein Fest für mich zu feiern.

Oh, wenn die Erde wüßte, wie der himmlische Vater es liebt, daß man mich ehrt, weil er durch mich in seinem Sohne das größte Heil geschickt und entsendet hat. Aber ihr könnt es doch erahnen, da ich so zu euch sprechen kann, Mund zu Mund, ja fast Aug zu Aug und Atem zu Atem aus reinster Liebe. Welche Seligkeit durchzieht mich, da ich euch doch Kinder nenne. Kinder, weil ihr meinem Jesus ganz nahe gekommen seid. Wenn ihr die Hostie nehmt, die verwandelt ist in sein Fleisch, dann nehmt ihr ja seinen Atemzug von seinen Lippen, dann nehmt ihr das Wort aus seinem Mund, dann fällt euer Blut in das seine und wird reingewaschen von ihm. Das ist doch die Auferstehung, die nun völlig kommen wird. Jeder Tropfen, der fällt auf diese Erde, wird aus seinem Blut rein sein und jede Krume, die den Tropfen aufnimmt, wird die Reinheit in der Fruchtbarkeit tragen. Was also wollt ihr noch mehr? Seid ihr nicht Materie von eurer Erde, und wird die Erde also gerichtet und rein, so wird doch auch eure Materie, aus der ihr den Atem holt, aus der das Auge schaut und aus der euer ganzes Leben kommt, euch die Reinheit auch auf dieser Erde schenken.

Ich bin die Königin der Himmel und der Erden, und das ist das Werk meines Sohnes, der mich zu all dem erhoben hat.»

15. August 1975: Jesus: «Das Angesicht meiner Mutter leuchtet von diesem Festtage an jedem. Ob er sie erkannte oder nicht. Meine Mutter wird es sein, in der sich alle Religionen vereinen werden und deren Leben von jedem anerkannt wird, wenn die Erde ihr neues Leben, ihr neues Sein hat ...»

Die Schützende

17. Januar 1978: «... Das freut mich, meine Kinder, daß ich bei euch eintreten kann und zu euch sprechen kann, aus all dem, was in meiner mütterlichen Liebe verborgen lebt. Ihr sammelt ja alle noch wie die kleinen Kinder. Und dieses Gesammelte erfahre ich und nehme es an meine Brust. Ihr sollt nie leer ausgehen. Ich will euch ja mit dem, was ich besitze, in die Liebe führen.

Seht, das Geheimnis meines Wesens ist groß, viel größer, als die Erde denkt, und mein Erscheinen zeitigt an, daß ich gekommen bin, um die Welt zu schützen. Mögen sich auch rundherum Differenzen schwerster Art lagern, so werde ich doch immer jene krönen, die mir treu sind und treu waren. Wer es noch im letzten Augenblick erkennt, daß ich die gekrönte Königin des Alls bin, dem kann ich noch immer meinen großen Schutz verheißen ...»

24. April 1994: «... Ich bitte dich, mein Vater, für alle, die ich dir nun reinweisen konnte, daß du sie annimmst als deine Söhne und Töchter, die um dich kreisen, als Sterne deiner Liebe. Mögen sie ihre Kraft verschenken, jene Kraft, die du ihnen gegeben hast, durch den Geist und die Kraft deiner Liebe.

Damit werfe ich meinen Mantel über euch, möge er euch schützen vor jeder inneren und äußeren Gefahr, auf daß ihr die Entsühnten bleiben möget.

Nehmt an die ganze Liebe eurer Mutter. Geht ein mit mir als Schützer für eure Erde! ...»

7. Oktober 1974: «... Es ist so und entwickelt sich so, wie es eben im Wunsche des Vaters ist. Es ist das Heil über die Welt geflossen durch meinen Sohn und wird sich in alle Ewigkeit erneuern. Ihr müßt mit in dieser Erneuerung sein und sie zur Vollendung führen.

Seht, es ist der Beginn gekommen, der Beginn, da die Welt sich alles von ihren Schranken aus so abgelöst hat, daß sie in ihrer Form zwar bestehen bleibt, aber eine Welt des Aufstiegs und der Gnade sein wird.

Ringsum haben sich die Funken bereits entzündet, die das große Feuer um die Erde legen. Ihr verharrt noch, denn noch ist die Zeit nicht reif, aber ihr seid auch noch selbst nicht reif. Erst wenn ihr wißt, daß alles rund um euch und in euch bloß das Eine braucht, nämlich die Bereitschaft für den Vater, dann wird alles das sein, und auch die Zeit wird reif sein.

Aber denkt nicht viel darüber nach. Glaubt nicht, daß ihr den Feuerball um eure Erde selbst entzünden müßt, glaubt nicht, daß ihr ihn verhindern könnt. Denkt nichts anderes, als daß ihr Geschöpfe seid, die für den Vater da sind und durch den Sohn die übergroße Gnade erreicht haben, in das Erlösungswerk miteingegliedert zu sein ...

... Nehmt alles noch einmal hin. Meine ganze Liebe, meinen schützenden Schleier, meinen Mantel und das Stirnband, das euch kennzeichnet, daß ihr mir gehört, der Schutzgewaltigen über die Welt.»

Die große Mutter

24. April 1994: «Meine Worte sagen heute nichts anderes, als daß ihr zu mir kommen sollt, weil ich die Mutter bin, die die Allgewalt mit dem Höchsten teilen darf und euch entsühnen kann von Schulden, die nicht ausgetilgt. Diese Worte mögen tief in euch fallen und euch die Wahrheit meines Standes vermitteln, jenes Standes, der mich zur Königin über das ganze All gesetzt.

Ihr kommt also mit eurer Bitte nicht zu einer menschlichen Mutter, der Grenzen gesetzt sind, wenn ihre Liebe auch unendlich groß ist. Meine Liebe ist unendlich in das ganze All gesetzt, und mit der Allgewalt des Allmächtigen kann ich aufheben, was noch nicht entsühnt. Meine Sprache wird wohl von euch verstanden werden, denn ihr seid im Wissen gewachsen, auch in jenem Wissen, daß man tilgen muß, was man Schweres in das All gesetzt.

Ich bin die Mutter des ganzen Alls, und aus meiner Krone leuchten alle Gestirne. Und diese Krone ist das Haupt und die Einheit für die ganze Bevölkerung des ganzen Alls.

Ihr seht mich als die Mutter, die barmherzig war, unter dem Kreuz ihres Sohnes gelitten, und es fließt mir dadurch eure menschliche Liebe zu, und diese Liebe kann ich überall hinschütten und sie verzweigt sich im ganzen All. Und was ich aufheben kann mit dieser Liebe, das soll euch heute zu eurem Wachstum helfen, und zur Tilgung von unentsühnter Schuld.

Ich danke euch heute also für jedwede Liebe, die ihr mir entgegengebracht, sie mag die einfachste Form gehabt haben, und die tiefste und heiligste. Ich will sie nehmen und zusammenschütten, auf daß alles in eine einzige, große Wirksamkeit tritt.

Wer mich liebt, soll heute kommen und meinen Schoß berühren, denn von dort her kommt die ganze Mütterlichkeit, die ganze Wirksamkeit und die Entwicklung für das ganze All.»

30. April 1980, Jesus: «Ich möchte gerne, daß auch ihr heute ganz verstehen lernt, was meine Mutter für jeden Menschen ist, nämlich tatsächlich eine Mutter. Und zwar eine Mutter mit höchster Gewalt, mit größtem Ansehen, der man also wirklich alles geben kann und jede Hoffnung auf sie setzen kann ...

... Ich möchte, daß ihr die Größe meiner Mutter erkennt und sie nicht nur in euch erkennt, sondern es in eurer Sprache kund wird, was meine Mutter ist; so wie ich ausgesandt bin aus der Barmherzigkeit des Vaters, so ist auch sie hingegeben in der Liebe, so daß sie unendlich groß ist im Wirken dieser Liebe.

Mein Vater gedenkt immer wieder, ihr nichts zu verweigern, wenn es nur in irgendeiner Weise noch möglich ist, das Schicksal eines Menschen zu wenden.

Und so steht es auch immer wieder in dem großen Schicksal der ganzen Völker, daß sie eingereiht sind unter die Obhut meiner Mutter und manches noch abgewendet werden kann, das so düster über dieser Welt schon schwebt.

Gebt doch von vornherein jedes Kind in den Schoß meiner Mutter. Laßt es gläubig aufwachsen und schauen in die göttliche Liebe meiner Mutter, in ihre unversehrte Liebe. Legt doch alles hinein in ihre Mutterhände. Liebt sie über die natürliche Liebe hinausgehend in einem umfassenden Wesen, so wie es eben eigentlich der Liebe zukommen würde. Und laßt alles hinwegschreiten aus dieser Liebe heraus. Kennt keinen Feind mehr!

So wie ihr in meine Wunden alles eintauchen könnt, so könnt ihr in den Schoß meiner Mutter alles eintauchen, und alles wird umgebildet, neu, rein, friedvoll und im letzten Ende dann für mich bereitet.

Wißt ihr, was es bedeutet, daß man als Sohn eine Mutter hat, daß man diese Liebe kennenlernen kann, die alles verzeihen und vergeben kann und immer wieder neu aufbaut im Herzen des Kindes. Unvergeßlich ist doch immer eine Mutter, und wenn es soweit ist auf der Welt, daß kein Sohn mehr die Hand aufhebt gegen seine Mutter, und wenn es soweit ist, daß jeder Sohn weiß, daß er seine Mutter ehren muß, dann ist auch das Reich meines Vaters gekommen.

So wünsche ich es doch, daß dieses Fest mit seinen vielen Tagen, dieses herrliche Rosenkranzfest meiner Mutter, von euch im Herzen wirklich vorbereitet wird. Daß ihr den Weg sucht, wo jede Straße dann bei meiner Mutter endet, und wo alles in ihre Liebe eingelegt wird und in ihre Fürbitte, und wo ich dann in Ruhe meine Welt betrachten kann, weil eben alles im Schoße meiner Mutter liegt. Ich glaube, ich habe euch gezeigt, wie teuer und wert mir meine Mutter ist und ich glaube, ich habe euch auch dargetan, wie wert sie unserem himmlischen Vater ist ...»

29. April 1980, Maria: «... Ich glaube wohl, daß ich das Tal bisher gut beschützt habe, im Sinne meines Sohnes, und ich denke wohl daran, daß ich gerade in dieses Tal hier wiederkommen will, als die große Mutter, die so sehr in Erscheinung tritt, daß jede Fürbitte, die man zu ihrem Mutterherzen tut, auch wirklich von mir weitergetragen wird zum höchsten Throne ...»

8. Mai 1978, Jesus: «Wenn ihr also in den Händen meiner Mutter seid, so ist auch sie aus der vollkommenen Idee des Vaters etwas Vollkommenes. Ihr werdet also verstehen, daß ich euch völlig zufrieden und im Einklang mit meinem Vater in die Hände meiner Mutter gegeben habe. Denn nachdem ihr selbst noch so sehr im Stofflichen verankert seid und dieses Stoffliche weit hinausreicht in die Gebiete des Alls, muß meine Mutter lange Arbeit an euch leisten, bis ihr dann eben jene Linie übersteigt, wo man gesagt hat, es sei das Niemandsland vor Gottes Glorie. Aber bis dahin müßt ihr immer wieder meiner Mutter begegnen. Und es ist gut, wenn alle Straßen in die ihre einmünden, also auch eure Straßen alle in die meiner Mutter eingelegt sind. Grüßt also innigst meine Mutter und vergeßt nicht, daß dieser Monat ihr geweiht ist.

Meine Mutter, ich grüße dich! Ich danke dir für deine Treue und Güte.»

266

13. Mai 1990, Maria: «Mein Vater, segne uns Mütter, die wir geliebt, gekämpft und gelitten und doch alle Freude gefunden haben in diesem Muttersein. Dein Wille mag immer herrschen über uns, und in deiner Liebe wollen wir Mütter alle schreiten und fest verbunden sein, denn du hast mir ja die Krone der höchsten Mütterlichkeit auf mein Haupt gegeben, und ich darf mich Mutter deiner ganzen Schöpfung nennen.

Gieße aus über mich, was deine Gnade und Liebe in dieser hohen Stellung mir zugedacht, auf daß aller Segen aus meinen Händen fließe und jede Mütterlichkeit ihr Wachstum annimmt und im Gebären stark, fest und gläubig ist.

Höre meine Bitte, denn ich habe sie gegeben im Namen meines Sohnes, und ihn hast du gesetzt als König über alles. Meine Liebe und meine Mütterlichkeit hat die Demut eines Dienens. Gib allen Müttern diese Kraft, daß sie dienen in ihrer Mütterlichkeit und ihre Liebe stark bleibt in diesem Dienen. Hilf ihnen, diesen Segen ihrer Mütterlichkeit zu streuen, und daß sie gebären im Schutze deines Geistes. Hilf ihnen, die Treue in das Herz ihres Kindes zu pflanzen und den Glauben an dich.

Damit segnen meine Mutterhände euch alle, denn ihr seid meine Kinder, da ich doch die Mutterschaft trage für das All und damit auch für die Welt. Mein Segen schütze euch, und er verbleibe euch.»

8. Mai 1990: «Es ist der Wille meines Sohnes, daß ich zu euch spreche. Es sind ja Tage, die man mir weiht, und mein ganzes Sein erfüllt in diesen Tagen das Licht der Erde.

Ich schätze mich unendlich glücklich, daß ich bei euch, bei euch Menschen, als Mutter meines Sohnes meine Liebe zeigen kann. Wie möchte ich euch führen, so wie es mir gegeben worden ist durch den Geist, der mich erleuchtet hat. Und auch heute kommen meine Worte nur durch diese große Erleuchtung, die mir der Vater, unser aller Vater, zuteil werden ließ.

Wie sehnsuchtsvoll warte ich darauf, daß die Menschenherzen verstehen, daß sie fühlen und lieben müssen. Das Fühlen und Lieben hat eine eigene Sprache, und ich möchte euch so gerne diese Liebessprache lehren, die so fein und zart in den ersten Tagen eines kleinen Kindes die verstehenden Laute sind, die dieses kleine Wesen schon begreift.

Es ist doch eigentlich dann eine Muttersprache, die ich euch lehren will, ganz gleichgültig, ob ihr Mann oder Frau seid. Es ist eine Sehnsucht in mir, euch die Muttersprache zu lehren, die allein aus der Liebe kommt.

Wer könnte sein Kind verstoßen, das so schutzlos ihm im Schoße liegt? Ich möcht euch lehren, daß ihr eure Kinder nie verstoßt. Ich möchte euch lehren, daß ihr in den ersten zärtlichen Lauten die größte Liebe einlegt, denn das ist der Keim, womit die Seele wachsen kann. Das braucht nicht das Wort, das braucht nur die Liebe.

Und ich möchte euch weiter belehren, daß ihr zueinander stehen müßt, besonders dann, wenn ein winziges Kind in euer Leben getreten ist, und daß Mann und Frau ein Fleisch sind.

Oh, ich habe gezeugt das lebendigste Leben, und in mir war die Zeugung durch den Geist. Wißt ihr auch, daß bei euch in der Menschen Zeugung der Geist das Eigentliche ist, womit das Leben seinen Grund erfährt und seine Heiligung hat, denn nichts kann bestehen, wenn es nicht die Heiligung erfährt. Gebt doch euren Kindern die Sicherheit mit, daß ihr im Heiligen Geiste eure Kinder zeugt und gebärt, und laßt mir, der Mutter über allem, nicht die schwere Sorge auf das Haupt fallen, daß ihr eure Kinder zeugt und nichts von Heiligkeit dabei das Leben erfährt. Wie wacht ein Kind doch anders auf zum Leben, wenn es in der Heiligkeit gezeugt und geboren ist! Wie wird des Kindes Sprache anders, wie rein wird sein Herz bleiben, und wie selig werdet ihr selber sein, und wie freudig werde auch ich euch umarmen können, wenn ihr ein kleines Kind in eurem Schoße liegen habt.

Ich bin die Mutter aller, ich kann kommen und trösten, wenn ihr schlecht gewesen seid. Das ist mein Kommen, daß ich euch sagen wollte, was junges Leben braucht, und daß ich kommen will, um euch zu krönen in eurer Vater- und Mutterschaft, und daß die Erde leben soll in Reinheit und Frieden, und meines Sohnes Werk, die Erlösung für den Menschen, schon dort liegt, wo es Ungeborenes gibt.

Friede euch, Friede, Segen und Heil. Das wünsche ich euch, ich, die ich euer aller Mutter bin ...»

Die Miterlöserin

17. Januar 1978, Jesus: «Nun ist meine Mutter da. Sie ist der Begriff der Reinheit, sie ist das schöpferische Signal der gewaltigen Liebe, die in nichts sich zurücknimmt, sondern lauter Liebe ist. Sie ist von hoch oben aus meines Vaters innerstem Schöpfungsdrange entstanden und das erste Prinzip, das in die Erschaffung getreten ist. Kümmert euch also um meine Mutter und verehrt sie in fortwährender Liebe, denn dann ist es allein möglich, daß heute noch gesunde Menschen auf die Erde kommen. Gebt euch nur in ihren Schutz, sie ist der Friede, der himmlische Friede.»

17. Januar 1978, Maria: «So wie ich der Erde erscheine, erscheine ich dem ganzen All. Den Frieden senke ich ein, der aus mir selbst gekommen ist, weil das Göttliche aus mir geworden ist. Aber nicht ist es so geworden, daß es nur ein winziges Kind auf der Erde war, sondern alles ist hinausgestrahlt, was aus dem göttlichen Bereich sich in mein Leben eingegeben hat, und niemals war ich nur der kleine Mensch auf dieser Welt.

Ein strahlendes Geheimnis, so hat mich der Vater ausgegeben, um seine höchsten Begriffe, die er in sich hält, auszustreuen in das All. Ich bin eine immerwährende Erscheinung, die so lebensnotwendig ist wie mein Sohn, der die Erlösung geschenkt hat im wahren Sinne. Ich bin der Untergrund und der Boden, auf dem sich alles Gestalten erhebt, und alles, was mein Sohn in der Tat und aus der Schöpfungskraft des Vaters hinlenkt in die Erscheinung, das wird durch mich.

So gehe ich auch in jeden Mutterleib ein, damit er Mutter sein kann. Wenn man es verstehen würde, so wüßte man, wie schön es wäre, wenn man mich erkennen würde in meiner Strahlung, damit das Kind auch wird.

So bin ich also sehr verbunden mit allem. Nicht nur, daß mein Sohn das lebendige Leben ist, ich gebe den Untergrund dazu, damit sein lebendiges Leben überall bestehen kann.

So bin ich also eingeschlossen in das unendliche Geheimnis des Vaters und seiner Schöpferkraft. Ihr könnt euch denken, daß ich daher die unendliche Liebe aus dem Vater, dem Sohn und dem Geist, mit dem sie alles erhalten und schaffen, in mir tragen muß.

So bin ich also eingegliedert in die Welt, in alle Welten, und in alle Räume und in jede Zeit.

Ich trage euch also auf, daß ihr unter meinem Schutz die Gebete hinsendet in das All und über eure Erde. Dann wird sich alles sichern, was gesichert werden muß, und es wird alles verbleiben, was bleiben muß. Ich stelle es euch ganz frei, die ihr die Gebete in meinem Namen hinaussendet, ob mit oder ohne Worte, aber zur gleichen Stunde.

Geht hin in meinem Frieden und erwartet die Geheimnisse, die um euch so lebendig sind. Ihr seid ja dargetan, damit ihr so hingeboten werdet, wie ich einstens hingeboten worden bin zur Erde als die Jungfrau Maria, die unberührt war und unberührt geblieben ist. Allein der Geist des himmlischen Vaters hat mich beschattet.

Dieses gebe ich als Dokument nicht nur für euch, sondern für die Kirche meines Sohnes ...»

Das große Geheimnis

Manche Geheimnisse sind so groß, daß sie nicht in Worten auszudrücken sind. So ist es auch mit der unauslotbaren Stellung Mariens im großen Erlösungs- und Schöpfungsgeschehen.

Wir wollen hier noch einige Schriften auf uns wirken lassen, die der universellen Stellung Mariens Ausdruck zu verleihen versuchen und ihr zitiertes Selbstzeugnis zu bestätigen beginnen.

In der geistigen Welt befindet sich da, wo Maria ist, auch der Erzengel Gabriel, eines der höchsten Wesen, die direkt «im Angesicht des Vaters» durch ihr Liebeswerk dem Allerhöchsten dienen. Gabriel erklärt uns wichtige Marienaussagen durch die «Mystikerin an der Donau». Und wer diese großartigen Texte liest, wird von der Tragweite ihres Inhalts überwältigt.

Zuerst sehen wir mit Freude und Erstaunen, wie innig er von Maria spricht:

19. Juni 1974: «Sie ist so voll Güte, daß ihr es euch nicht vorstellen könnt. Wir, die wir doch die Herrlichkeit eigentlich schauen dürfen, sind immer wieder von der wunderbaren Art der Mutter des Herrn überwältigt. Sie ist es, die in den Strömen der Liebe ihr vollendetes Wesen hat. Sie wacht, daß keiner leer ausgeht. Sie ist es, die immer wieder das Herz des Vaters rührt, daß er oft den Moment der Zeiten- und der Weltenwende verschiebt. Versteht ihr, was die Mutter des Herrn ist? Ein schützendes Dach über allem, das geschaffen worden ist von dem Vater her.»

Wie spricht doch Sophia, die Weisheit, in einem wunderbaren Hymnus in der Bibel über sich selbst: «Der Herr hat mich geschaffen als Anfang seiner Wege, vor seinen Werken in der Urzeit ... als er die Fundamente der Erde abmaß, da war ich als geliebtes Kind bei ihm. Ich war seine Freude Tag für Tag und spielte vor ihm allezeit ... und meine Freude war es, bei den Menschen zu sein.» (Spr. 8,22,30,31)

Das sind doch Parallelen zum Greifen nahe!

Und Walter Nigg, der evangelische Theologe und Schriftsteller, zitiert den großen Marienheiligen Grignion de Montfort im gleichen, großen Zusammenhang: «Aber da Gott, der Sohn, die Ewige Weisheit, sich Maria, als seiner Mutter, vollkommen unterworfen hat, so hat er ihr eine mütterliche und natürliche Gewalt über sich selbst gegeben, die unbegreiflich ist.»

271

Ja, da ist einiges unbegreiflich, aber wunderschön. Wie schreibt hierzu Walter Nigg weiter: «Das Mütterliche darf in der Christenheit nicht verloren gehen, sonst sinkt das Christentum zu einer bloß männlichen Willensreligion herab. Die Maria-Phobie des Neuprotestantismus stellt eine Verkürzung der Wahrheit dar und ist nur als Reaktion auf die gelegentlichen marianischen Übertreibungen im Katholizismus zu erklären. Zur Tat und Wahrheit gehören Jesus und Maria in dem Sinne zusammen, daß Maria die erschaffene Weisheit und Jesus die unerschaffene Weisheit ist.»

Und dann hören wir mit staunender Ehrfurcht, was der Erzengel Gabriel über dieses Geheimnis von seiner hohen Warte aus zu sagen weiß: «Und der Vater begann das große Werk der stofflichen Durchstrahlung durch den Herrn.»

Er hat zwei Pole in sich wachgerufen: Den Mutter-Pol und den befruchtenden Pol aus den Werken der Erlösung. Und es tauchten vor uns aus dem All, aus dem Universum, die beiden Gestalten Maria und Jesus auf. Von Anbeginn an. Als das Größte, das der Vater in sein All gesendet.

Alle Ströme, die der Vater ausfließen läßt, gehen über diesen Mutter-Pol. Maria hält alles Lebendige in dem gnädigen Akt der Erhaltung.

Was der Vater schaffen will, das wird er alles über seinen Sohn Jesus tun. Dorthin fließen die Kräfte, die das Leben beinhalten. Sie setzen sich fortwährend um in neue Taten. Das neue Leben ist vom Vater her in eine Besonderheit eingekleidet, nämlich, daß es in der Hand des Sohnes erst wirklich zum Leben erwacht.

So wie Jesus es am 23. August 1973 ausdrückte: «Ohne mich werdet ihr das Leben nicht haben.»

Das Erlösungspaar, seit allen Zeiten und vor allen Zeiten dazu bestimmt, steht auf einmal vor uns, wie es die Muttergottes immer wieder hervorgehoben hat. Es fordert auch uns auf, Miterlöser zu werden!

Wir wollen zum Schluß noch durch den orthodoxen Theologen Pawel Florensky (zitiert von Walter Nigg) visionär Sophia, die

Weisheit, schauen: «Aber als vierte, kreatürliche und folglich nicht wesenseine Person ‹bildet› sie nicht die göttliche Einheit, ‹ist› sie nicht die Liebe, sondern tritt nur in die Gemeinschaft der Liebe ein ... Die Gottesmutter ist die höchste Offenbarung der Sophia ...»

Und deshalb schreibt Arthur Schult: «Der Gruß des Engels an Maria ist der Akt, in dem sich Sophia wieder in der irdischen Jungfrau Maria mit der menschlichen Natur verbindet und dem Logos den Weg zur Inkarnation bereitet.»

Oder C. G. Jung: «Die Annäherung der Sophia bedeutet neue Schöpfung.» Ihr Wiederauftreten im göttlichen Raume «weist auf kommende Schöpfungsereignisse» hin!

Ave Maria, gratia plena!
Gegrüsset seist du Maria, voll der Gnade!

Über das Grab Mariens

Damit Maria im jungen Christentum nicht als Göttin verehrt würde, hat die göttliche Vorsehung den Ort ihres Todes, ihrer Verklärung und ihres Grabes lange Zeit in Vergessenheit geraten lassen. Jetzt scheint die Zeit gekommen zu sein, daß auch diese Geheimnisse um Maria gelöst werden.

Im Jahr 1819 und beinahe 100 Jahre später erhielten die zwei Mystikerinnen Anna Katharina Emmerick (1774-1824) und Rosalie Püt (1868-1919) detailreiche Visionen über das Leben Mariens nach der Verklärung Jesu Christi sowie von ihrem Tode und ihrer Himmelfahrt. Die sorgfältige Betrachtung dieser Visionen gibt Aufschluß darüber, wo das Grab Mariens beheimatet ist - eine Frage, auf die es seit eh und je zwei Antworten gab: Jerusalem oder Ephesus.

Daß Jerusalem die Stätte der «Himmelfahrt» Mariens sei, diese Ansicht ist auch heute noch weit verbreitet. Die Schilderungen der Seherinnen allerdings bringen etwas anderes ans Tageslicht. Danach hat Maria zusammen mit dem Apostel Johannes in der Nähe der heute türkischen Stadt Ephesus gelebt und dort, nachdem sie für kurze Zeit nach Jerusalem zurückgekommen war, ihr Leben auch vollendet; bezeichnenderweise in dem Ort, wo sich der griechische und der asiatische Kulturkreis berührten - in Ephesus, am Anfang der alten Seidenstraße.

Am 18. Oktober 1881 entdeckte der französische Priester Julien Gouget nach den Angaben von Anna Katharina Emmerick das Haus, in dem Maria ihre letzten Lebensjahre verbracht hatte, doch wurde dies von der Kirche damals nicht zur Kenntnis genommen. Erst nach weiteren Nachforschungen beschäftigte man sich auch in Kirchenkreisen mit diesem Fund.

Dieselben Details lassen sich auch aus Rosalie Püts Darstellungen herauslesen, die sich nahtlos an die Visionen Emmericks anschließen. So wußte auch sie exakt, wo das Grab Mariens liegt, gab dieses Wissen aber nur auf päpstlichen Auftrag hin dem Priester

Rektor Bräumer preis, der diese Informationen an den Vatikan weiterleitete. Dies geschah 1913, seither ist jedoch wenig von dieser Seite zur Auffindung unternommen worden, wohl weil Jerusalem auch weiterhin als Todesort der Gottesmutter vorgezogen wird.

Auf übernatürliche Weise prägte sich der Kreuzweg, den Maria zum Gedenken an ihren verstorbenen Sohn um ihr Haus in Ephesus herum angelegt hatte, auf dem Arm der Seherin ein, woraufhin auch dieser entdeckt werden konnte. Er besteht, anstatt wie bisher aus zwölf, aus vierzehn Stationen, wobei die beiden letzten erst offenbar werden, wenn das Grab der Gottesmutter gefunden sein wird.

Rosalie Püt betonte mehrmals, daß der genaue Ort des Grabes nicht durch wissenschaftliche Nachforschungen, sondern nur durch heiligmäßige Priester und auf Betreiben des Papstes hin gefunden werden würde. Es müßte bis dahin noch viel Eitelkeit und Selbstsucht weggeräumt werden. Durch die Auffindung der Grabstätte würde Maria einen weiteren Triumph erleben, so die Prophezeiung der Seherin.

Quelle: Helene Hofmann: Meine Besuche bei der belgischen stigmatisierten Rosalie Püt

Offene Fragen

Ein Fazit aus der Fülle der marianischen Worte, ihren Botschaften und Prophezeiungen zu ziehen, ist sicherlich ein schwieriges Unterfangen. Eines aber wird an den dokumentierten Erscheinungen und vor allem am Selbstzeugnis der Gottesmutter sehr deutlich: stets zeigt sie sich als Mittlerin, sie ist die Miterlöserin.

Als «Frau aller Völker» offenbarte sie sich uns in Amsterdam und verlieh sich somit einen besonderen Titel, der in einer Zeit, da Rassen, Völker und Kulturen immer mehr aufeinander angewiesen sind, ein helles Licht auf die universale Mutterschaft von Maria sowie ihre einzigartige Rolle im Heilsplan Gottes wirft.

Konnte die überragende Stellung Mariens beleuchtet und aufgeklärt werden sowie ihre Verbindung zu uns Menschen und der ganzen Schöpfung, die - denken wir an die Bezeichnung «Königin des Weltalls» - gerade heute in kosmischen Dimensionen gesehen werden muß, so bleiben dennoch Fragen, die den Abschluß bilden und ein Zeichen dafür sein sollen, daß man dem «Geheimnis Maria» zwar auf die Spur kommen kann, jeder einzelne aber trotzdem dazu aufgerufen ist, dem hier geschaffenen Bild der Gottesmutter individuelle Konturen zu geben und sie in seinem Lebensplan zu integrieren.

Warum ist der Ort der Himmelfahrt Mariens immer noch strittig, und was besagen die vom Vatikan nicht veröffentlichten Geheimnisse von La Salette und Fátima?

Warum spricht Maria von sich selbst als «Frau aller Völker, die einst Maria war»?

Was bedeutet es, daß Maria nicht nur zu dieser Erde, sondern zur gesamten Schöpfung spricht?

Wieso kann Maria in dieser Zeit sagen: «Unser ist der Sieg»?

Was bedeutet das Selbstzeugnis der großen Frau für jeden einzelnen von uns? - der Frau, die einst den einzigartigen Magnificat Hymnus sang:

«Meine Seele preist die Größe des Herrn,
und mein Geist jubelt über Gott,
meinen Retter.»

Der Autor bietet Vorträge und Seminare an.
Bitte wenden Sie sich an:

Institut für spirituelle Lebenshilfe
c/o Kompetenz Verlag
Lehrer-Zöpf-Straße 16
D-84405 Dorfen

Autorenanschrift:
Georg Schmertzing
Hohe Warte 22
A-1190 Wien

VERZEICHNIS DER ERSCHEINUNGSORTE

1830 PARIS / FRANKREICH
Seherin Cathérine Labouré heiliggesprochen;
Marienfest: 27. November
«Maria von der wunderbaren Medaille»

1840 PARIS / FRANKREICH
kirchlich anerkannt;
Marienfest: 16. Juli «Skapulierfest»

1842 ROM / ITALIEN
gut bezeugt

1846 LA SALETTE / FRANKREICH
kirchlich anerkannt

1850 LICHEN / POLEN
kirchlich anerkannt

1858 LOURDES / FRANKREICH
kirchlich anerkannt;
Marienfest: 11. Februar
«Fest der Erscheinung Mariens in Lourdes»

1863 ANGLET / FRANKREICH
gut bezeugt;
Marienfest: 2. August «Maria von den Engeln»

1872 VALLE DI POMPEI / ITALIEN
kirchlich anerkannt;
Marienfest: 7. Oktober «Rosenkranzfest»

1873 SAINT-BAUZILLE / FRANKREICH
keine Hinweise auf Haltung der Kirche bekannt

1873 BLAIN-LA FRAUDAIS / FRANKREICH
kirchlich toleriert;
Marienfest: 16. Oktober «Fest der Reinheit Mariens»

1876 PELLEVOISIN / FRANKREICH
gut bezeugt, Skapulier kirchlich gutgeheißen

1879 CNOC MHUIRE / IRLAND
kirchlich anerkannt

1888 CASTELPETROSO / ITALIEN
kirchlich (lokal) anerkannt;

1906 QUITO / ECUADOR
gut bezeugt;
Marienfest: 15. September
«Fest der sieben Schmerzen Mariens»

1910 BRÜSSEL / BELGIEN
gut bezeugt;

1917 KOLOMENSKOJE (MOSKAU) / RUSSLAND
keine Hinweise auf Haltung der Kirche bekannt

1917 FÁTIMA / PORTUGAL
kirchlich anerkannt;
Marienfest: 9. Juli «Maria, Königin des Friedens»

1930 CAMPINAS / BRASILIEN
gut bezeugt;
Marienfest: 20. Februar
«Unsere Liebe Frau von den Tränen»

1932 BEAURAING / BELGIEN
kirchlich anerkannt

1933 BANNEUX / BELGIEN
kirchlich anerkannt

1937 HEEDE / DEUTSCHLAND
gut bezeugt;
Marienfest: 22. August «Maria als Königin des Weltalls»;
Samstag nach Allerheiligen «Maria von der Fürbitte»

1938 KÉRIZINEN / FRANKREICH
gut bezeugt;
Marienfest: 15. August «Mariä Himmelfahrt»

1940 MARIENFRIED / DEUTSCHLAND
gut bezeugt;
Marienfest: 20. Oktober «Maria, die wunderbare Mutter»

1942 SONNENHALB / SCHWEIZ
gut bezeugt

1945 AMSTERDAM / NIEDERLANDE
gut bezeugt;
Marienfest: 1. Erscheinungstag am 25. März «Fest Verkündigung»,
letzter Erscheinungstag am 31. Mai «Fest Maria Königin»

1947 MONTICHIARI-FONTANELLE / ITALIEN
gut bezeugt;
Marienfest: 13. Juli «Maria, die geheimnisvolle Rose»

1947 TRE FONTANE (ROM) / ITALIEN
gut bezeugt, kirchlich gefördert

1948 CAIAZZO-CASERTA / ITALIEN
gut bezeugt

1949 HEROLDSBACH / DEUTSCHLAND
gut bezeugt

1958 TURZOVKA / SLOWAKEI
gut bezeugt

1961 BUDAPEST / UNGARN
gut bezeugt;
Marienfest: 2. Februar «Mariae Lichtmeß»
31. Mai «Maria, Mutter der schönen Liebe»

1961 GARABANDÁL / SPANIEN
gut bezeugt, kirchlich nicht endgültig entschieden;
Marienfest: 16. Juli «Unsere Liebe Frau vom Berge Karmel»

1968 ZEITOUN / ÄGYPTEN
kirchlich (ökumenisch, lokal) anerkannt

1983 SAN NICOLAS / ARGENTINIEN
gut bezeugt

Bibliographie und Literaturempfehlungen

ADLER, Manfred: Das dritte Geheimnis von Fátima,
  Pro Fide Catholica Verlag, Durach 1988

AGREDA, Maria von: Leben der Jungfrau
  und Gottesmutter Maria,
  Albert Magnus Verein, Gosheim 1978

BARBET, Jean: Die über alles schöne Frau,
  Christiana Verlag, Stein am Rhein 1979

DIE BIBEL, Einheitsübersetzung,
  Herder Verlag, Freiburg 1980

BOTSCHAFTEN Marias an die Familien und an die Welt,
  Parvis Verlag, Hauteville 1986

CUYLEN, Maria Dr.: Die heilige Katharina Labouré und die
  Wunderbare Medaille der Unbefleckten,
  Kanisius Verlag, Freiburg 1983

EIZEREIF, Heinrich Dr. phil. / BRINKMANN, Johannes Pfr.:
  Maria in Heede. Geschichte und Entwicklung,
  Weto-Verlag, Meersburg 1993

ERNST, Robert: Maria redet zu uns,
  Hovine Verlag, Marquain (Belgien) 1996
  Mediatrix Verlag, Altötting

ERNST, Robert: Lexikon der Marienerscheinungen,
  Anton Ruhland Verlag, Altötting 1989

FLAGEL, P. Odilo OSB: Gnadenreiche Stunden bei der
  weinenden Mutter von La Salette,
  Lins Verlag, Feldkirch 1966

GEISTLICHES Tagebuch: Die Liebesflamme des Unbefleckten
Herzens Mariens,
Mediatrix Verlag, St. Andrä-Wördern o.J.

GONZAGA da Fonseca, Prof. Dr. L.:
Maria spricht zur Welt,
Paulusverlag, Freiburg 1988

GRIGNION von Montfort, Ludwig Maria: Das goldene Buch,
Lins Verlag, Feldkirch 1987

GRUFIK, Franz: Turzovka. Das tschechoslowakische Lourdes
Christiana Verlag, Stein am Rhein 1972

GUBLER, Marie-Louise: Der Name der Jungfrau war Maria,
Matthias Grünewald Verlag, Mainz 1989

HAUSMANN, Irmgard: Die Ereignisse von Garabandál,
Verlag Siegfried Hacker, Gröbenzell 1986

HEYDER, Fr.: Gang durch den Herrengarten,
Heyder Verlag, Regensburg 1983

HÖCHT, Johannes Maria: Die Große Botschaft von La Salette,
Christiana Verlag, Stein am Rhein 1990

HOFMANN, Helene: Meine Besuche bei der belgischen
stigmatisierten Rosalie Püt,
Christiana Verlag, Stein am Rhein 1990

JANICKI, Henryk: Die Erscheinungen
der Gottesmutter in Lichen,
Miriam Verlag, Jestetten 1990

JANTSCH, Franz: Wir fahren nach Lourdes,
Styria Verlag, Graz 1954

JULLIEN, S. J., Der Muttergottesbaum in Matarieh,
vorm. Manz Verlag Regensburg 1906

JUNG, C. G., Gesammelte Werke, Band 11,
Walter Verlag, Olten 1988

KÉRIZINEN: Erscheinungen und Botschaften
Parvis Verlag, Hauteville 1983

KRATZER, Ernst: Wir durchleben die letzten Sekunden vor der
Katastrophe,
E. Kratzer, Konstanz 1967

KÜNZLI, Josef Franz: Die Erscheinung in Marienfried,
Miriam Verlag, Jestetten 1985

KÜNZLI, Josef Franz: Die Botschaften der Frau aller Völker,
Miriam Verlag, Jestetten 1989

KÜNZLI, Josef Franz: Eucharistische Erlebnisse,
Miriam Verlag, Jestetten 1986

KÜNZLI, Josef Franz: Eucharistische Erlebnisse
vom 31. Mai 1972 - 30. Oktober 1976,
Miriam Verlag, Jestetten o. J.

KÜNZLI, Josef Franz: Offenbarungen der göttlichen Liebe nach
den Aufzeichnungen von Maria Graf,
Miriam Verlag, Jestetten 1989

LANGHOJER, Norbert: Reich der Mystik.
Die Botschaft von Heroldsbach,
Verlag Arche Josef, Heroldsbach 1971

LAURENTIN, René: Ein Ruf Mariens in Argentinien,
Parvis Verlag, Hauteville 1992

LIESTING, Dr, G. Th. H.:
Es wird sich mit den Jahren herausstellen,
Miriam Verlag, Jestetten 1973

LÜTHOLD-MINDER, Ida: Die Rosenkranzkönigin von Pompei
und ihr Advokat Bartolo Longo,
Parvis Verlag, Hauteville 1981

LÜTHOLD-MINDER, Ida:
Siegeszug der Wunderbaren Medaille,
Miriam Verlag, Jestetten 1987

MAGNIS, Franz Graf von (Hrsg.): Die vollständigen Botschaften
der Frau aller Völker,
DSGA e.V. - Die Frau aller Völker, Würzburg
(in Vorbereitung)

MALATY, Tadras Y.: Die Gottesmutter bei den Vätern und in der
Koptischen Kirche,
Pustet Verlag, Regensburg 1989

MEHRING, Horst: Maria, Rosa Mystica,
St.Grignion Verlag, Altötting 1988

MUKERJI, Dhan Gopal: Das Antlitz des Schweigens,
O.W.Barth Verlag, München 1938

NIGG, Walter: Drei große Zeichen, Elias-Hiob-Sophia,
Walter Verlag, Olten 1972

PALMER OSB, P. J.: Zeitoun,
Die Frau kehrt nach Ägypten zurück,
Arbeitsgemeinschaft e.V. «Das große Zeichen - Die Frau
aller Völker»,
Würzburg 1970 (DSAG e.V., Würzburg)

RAHNER, Hugo: Maria und die Kirche,
Marianischer Verlag, Innsbruck 1951

RAHNER, Karl: Visionen und Prophezeiungen,
Tyrolia Verlag, Innsbruck 1952

ROBERDEL, Pierre: Marie-Julie Jahenny,
   Parvis Verlag, Hauteville 1989

ROSSI, Fausto Mgr.: Die Jungfrau der Offenbarung,
   Parvis Verlag, Hauteville 1985

SCHIPFLINGER, Thomas: Sophia-Maria,
   Eine ganzheitliche Vision der Schöpfung,
   Neue Stadt Verlag, München-Zürich 1988

SCHNEIDER, Oda Maria: Im Anfang war das Herz,
   Otto Müller Verlag, Salzburg 1951

SCHNEIDER, Oda Maria: Die Macht der Frau,
   Otto Müller Verlag, Salzburg 1938

SCHULT, Arthur: Maria Sophia,
   Turm Verlag, Bietigheim-Bissingen 1986

SPECKBACHER, Franz: Visionen über das
   Leben der Gottesmutter,
   Mediatrix Verlag, St. Andrä-Wördern 1985

SPECKBACHER, Franz: Erscheinungen in Heroldsbach,
   Mediatrix Verlag, St. Andrä-Wördern 1989

STAUDINGER, P. Odo OSB:
   Die Mutter mit dem goldenen Herzen,
   Verlag Franz Reisinger, Wels 1950

STAUDINGER, P. Odo OSB: Heede,
   Verlag Franz Reisinger, Wels 1981

STOLZ, Benedikt: Teresa Musco, mit Christus gekreuzigt,
   Miriam Verlag, Jestetten 1983

WEIGL, A. M. / BRANZ, P .F.:
   Volk unter prophetischem Anruf,
   St. Grignionverlag, Altötting 1982

Weitere Bücher aus dem Kompetenz Verlag

Georg Schmertzing
Aufbruch zur inneren Erfahrung

Dieses Buch ist aus zweifacher Sicht außergewöhnlich: Erstens, wann trifft schon ein Mitteleuropäer in seiner Heimat eine Erleuchtete, die sich als christliche Mystikerin zu erkennen gibt und zweitens, wer erlebt schon durch so eine Begegnung den Beginn einer radikalen spirituellen Wandlung mitten im hektischen Alltag. Ganz nach Karl Rahners Wort: "Der Christ der Zukunft wird ein Mystiker sein oder er wird nicht mehr sein."
In Tagebuchform beschreibt der Autor das Kennenlernen von Luise Wittmann, die ihm durch ihr Lebensbeispiel, durch ihre Charismen und durch mediale Botschaften eine lebendige Art der Religiösität und der Innenerfahrung gelehrt hat. Als Frucht seiner Gespräche und Übungen mit der Mystikerin hat der Autor im zweiten Teil des Buches Anregungen und Anleitungen für den Leser mitgegeben, mit denen jeder selbst beginnen kann, seinen Weg der inneren Erfahrung zu gehen.

240 Seiten Hardcover
DM 39,80/ÖS 291,–/SFr. 37,–
ISBN 3-931142-04-3

Luise Wittmann:
Das zukünftige Leben der Seele,

Auf einer Stufe stehend, die in unvorstellbaren Dimensionen zu sein scheint, berichtet Luise Wittmann über die Erfahrungen übernatürlichen Lebens, die über alle Grenzen des Irdischen gehen und sich hinstrecken über Zeit und Raum. Die Fähigkeit des Hinüberschauens in die jenseitige Welt, mystische Erlebnisse, wie die der Stigmatisierung, und mediale Erfahrungen dokumentiert die Autorin in ihren ergreifenden Aufzeichnungen, die ihre Ergänzung und Vollendung in den Kundgaben über das Weiterleben im Jenseits finden.

geb., 288 Seiten
DM 39,80/ÖS 291.–/SFr 37.–
ISBN 3-931142-07-8

KARIN KOLLAND
UND DER HIMMEL FÜHRT REGIE

Das ist die bewegte und äußerst spannend geschriebene Lebensgeschichte der Karin Kolland, die auf einfühlsame Art von ihren ungewöhnlichen Erfahrungen erzählt. Zutiefst ehrlich und offen enthüllt sie dem Leser Erlebnisse vergangener Inkarnationen und verbindet diese Spuren mit den Ereignissen ihres jetzigen Lebens. Immer deutlicher erkennt sie auf diesem Wege die geheimnisvolle Führung des Himmels und erfährt eines Tages die lebendige Existenz der Mutter Gottes.
In ihrem Buch zeigt die Autorin, daß jeder, der bereit ist, sich der Spiritualität zu öffnen, die Möglichkeit hat, seine persönliche Erfahrung mit der göttlichen Wahrheit zu machen. Jeder kann Meistern, Heiligen, ja selbst Maria und Jesus begegnen, gleichgültig welchem Bekenntnis er angehört.

288 Seiten Hardcover
DM 39,80/ÖS 291.–/SFr. 37,–
ISBN 3-931142-00-0

FELIX AESCHBACHER
INTUITIVE LIEBE UND PARTNERSCHAFT

Ausgehend von der existentiellen, jedoch oft ignorierten Wahrheit, daß Gedanken durch ihr Energiepotential nach Verwirklichung streben, entwirft Felix Aeschbacher ein Konzept, das nicht nur die Möglichkeit aufzeigt, dem Leben durch bewußte Gedankenkontrolle eine positive Wende zu geben, sondern sich vor allem auch darauf konzentriert, diese Erkenntnisse in partnerschaftlichen Bereichen umzusetzen.
Sich intuitiv auf den Partner einzulassen, sich in ihn einzufühlen, seine Bedürfnisse zu erkennen, ohne dabei das eigene Ich aufzugeben und sich gegenseitig den Freiraum zur Selbstentfaltung zuzugestehen - dies sind die Ideale, für deren Realisierung dieses Buch mit großem Engagement eintritt.
Anhand gezielter Übungen und Meditationsformen wird dargestellt, wie durch die Aktivierung der intuitiven Wahrnehmungsfähigkeit die Beziehung zum Partner um eine spirituelle Dimension bereichert werden kann.

160 Seiten Hardcover
DM 29,80/ÖS 218,– / SFr. 27,50
ISBN 3-931142-03-5